获客拉新

医疗美容机构的精准营销

PRECISION MARKETING OF THE PLASTIC SURGERY INSTITUTIONS

崔天葆 陈珍荣 / 著

1部分 需求为根 市场营销的研发

2部分 价值为本 客户关系的管理

3部分 流量为源 营销渠道的落地

4部分 科技为泉 数字营销的策略

图书在版编目（CIP）数据

获客拉新：医疗美容机构的精准营销/崔天葆，陈珍荣著．—北京：经济管理出版社，2020.8

ISBN 978-7-5096-7265-5

Ⅰ.①获… Ⅱ.①崔… ②陈… Ⅲ.①美容院—营销管理 Ⅳ.①F719.9

中国版本图书馆 CIP 数据核字（2020）第 126969 号

组稿编辑：杨国强
责任编辑：杨国强　张瑞军
责任印制：黄章平
责任校对：张晓燕

出版发行：经济管理出版社
（北京市海淀区北蜂窝 8 号中雅大厦 A 座 11 层　100038）
网　　址：www. E-mp. com. cn
电　　话：（010）51915602
印　　刷：三河市延风印装有限公司
经　　销：新华书店
开　　本：720mm×1000mm/16
印　　张：16.25
字　　数：301 千字
版　　次：2020 年 8 月第 1 版　　2020 年 8 月第 1 次印刷
书　　号：ISBN 978-7-5096-7265-5
定　　价：68.00 元

序

继《医疗美容机构的管理赋能》出版以来，许多医疗美容行业的同行和朋友都期待能再研究一下市场营销。的确，无论过去、现在还是将来，市场营销工作都是医疗美容行业发展的一扇窗口。

通过这扇窗口，外面的人看到的是光鲜的广告、热闹的活动、繁忙的促销，里面的人看到的是激烈的竞争、高企的成本、严苛的指标如同一座围城，城外的人想冲进去，城里的人想逃出来。我们则希望打开这扇窗，让读者呼吸更清新的空气，领略更壮丽的景色，触碰到一个不一样的营销新世界。

学问之道就是在学中寻问，市场营销领域历来不乏杰出的营销大师，也涌现出许多优秀的营销人才，面对市场不断发生的巨大变化和日趋激烈的竞争环境，营销的理论知识、结构框架、实践案例都在不断完善与更新。诚然，任何一种基础理论的形成都需要数十年甚至上百年的时间，在这一过程中，不乏局限与矛盾、狭隘与偏激，但这都是历史的产物、历史的影子，我们既不能以今时今日之认识去否定过去，也不能以舍本逐末之认知去制造浮夸，那样会使我们的学问思想泡沫化，因此本书力求把继承与创新相结合，从表象问题、逻辑问题、实战问题出发，于细微之处观察营销新世界。

长期以来，医疗美容机构一谈到营销，大多聚焦于如何快速提升业绩、增长多少点、拉新多少人，并愿意为此投入精力和财力，也愿意不断学习新的营销知识和技巧，但却鲜有思考营销的本质问题，很少考量那些“变与不变”的关系问题。这样就会在实际工作中遇到一连串困惑，想要业绩却控制不住成本，想要增长却不清楚动力在哪，想要拉新却不知道是该投钱还是投时间。事实上，消费者受到更深层次思维和隐喻的影响，看起来大同小异，但行为和动机差别极大，如果我们不去思考客户于当下发生了什么样的变化，整个客户价值体系就会缺乏逻辑性，如果不了解营销新世界的消费者，不了解营销驱动力量产生的个中缘由和就里，那么，所有的营销活动都会像无根的浮萍一样，只能随风飘摆，不能自驱而动。

一花一世界，一叶一菩提。我们所讲的营销新世界就蕴藏在“变与不变”之中，比如，为顾客创造价值的营销核心没有变，但顾客可感知的价值和消费的决策动机正在变化；医疗美容产业规模扩大的走向没有变，但新老交替的市场形态和不同区域的市场结构正在变化；求美者对于美好生活的向往和消费升级趋势没有变，但符合审美潮流的观念和消费偏好正在变化；竞争作为主旋律的本质没有变，但产业价值分工和渠道资源分布正在变化；获客拉新作为营销前端的目标没有变，但品牌接触点和营销工具正在变化；等等。

今天营销正在经历一场真正的颠覆式变革，互联网、移动营销、社交营销加速了这一进程，数字化、场景化成了新的核心特征，大量的企业都在尽一切努力跟上它的步伐。

一方面，市场变化的趋势出现了许多令人瞩目的契机，品牌、渠道、流量、客户关系等术语被赋予了新的含义，分享、裂变、场景、内容营销等词汇成了炙手可热的新话题；另一方面，市场环境的不确定性加剧了产业的分化组合以及营销工作的难度，随着线上线下营销渠道的丰富和消费者获取信息来源的增多，整个消费者旅程变得错综复杂，消费者从知晓到购买并成为忠诚顾客经过多种路径，许多无意识因素影响着真正的购买决策，消费者喜新厌旧的程度已经大大超过了企业的预测。

心有猛虎，细嗅蔷薇，我们聚焦“变与不变”的命题，就是希望医疗美容机构能够抓住市场营销工作中关键性、时代性的东西，不断实现新的价值创造。因此，在本书的主体内容中，第一部分讨论市场营销的研发，这是曾经最为不被重视的一环，如今许多企业都把它作为比拼营销胜负的关键一招，原因是它可以创造出新的经营价值；第二部分讨论客户关系的管理，阐明了只有客户全生命周期价值大于获客成本，市场营销活动才能产生新的在用价值；第三部分讨论营销渠道的落地，其价值点在于明晰哪种渠道要把时间花在现有顾客上，哪种渠道要把费用花在潜在顾客上，以求获得新的投资价值；第四部分讨论数字营销的策略，核心论点是数据可以创造竞争优势，通过大数据、人工智能等技术工具的运用，挖掘数据价值，增强数据变现能力，进而形成新的附加价值。

剪一段时光缓缓流淌，用一首歌的时间读一段文字，这是我们意图打造的学习场景。当今的营销工作，如果医疗美容机构不能场景化，营销人员没有场景感，那必然会与整个消费环境脱节，所以，我们在每一个章节都穿插了一首歌，书中的附录里整理了一份歌单，读者朋友们可以伴随着音乐慢慢阅读、细细品味，这样学习过程中就不会显得枯燥无趣，也希望这种沉浸式的学习体验有助于学习知识、展开想象。

知识和想象力密不可分，想象可以促使人们突破个别经验认识的框框，通过有限而深入到无限，推及过去，预示未来，摆脱具体事物的束缚而自由地重新组合，想象力越丰富，越能把有限的知识和经验充分调动起来并加以利用，人类正是具备了超凡的想象力，才会有超凡的创举，才会有人类的今天与未来。营销新世界就是我们共同的想象，广阔天地、大有作为，我们不但善于破坏一个旧世界，我们还善于建设一个新世界。

一切过往，皆为序章，踏歌而行，亦舞亦狂。

作者

2020 年于上海

目　录

导　言

第一部分　市场营销的研发

第二部分　客户关系的管理

第三部分 营销渠道的落地

第四部分　数字营销的策略

导　言

"市场营销不是推销，而是提供一种解决方案。"

第一章　直　觉

你的眼睛背叛了你的心

直觉很重要，许多时候直觉会给人们带来很美妙的感受和体验，但凡事都仅仅依靠直觉来判断，那将会是一件非常不靠谱的事。同样，努力也很重要，但如果努力的方向错了，那么就会南辕北辙，到头来“竹篮打水一场空”，这些道理通俗易懂，而问题在于，有些医疗美容机构的营销工作往往就是依靠于直觉和努力。所谓直觉就是不会放弃任何一个营销热点，千方百计地通过各种渠道获客拉新，不可谓不敏感，也不可谓不努力，但在直觉的驱动下，这样的努力真的会带来预期的收益吗？

有一首歌——《你的眼睛背叛了你的心》，歌词中写道：

别装作仍然温柔
别装作一切平静如旧
我们曾捱过了多少个年头
了解你不会不算足够
请原谅我的坦白
别以为我什么都不明白
感觉渐渐缺少的一点点
告诉我你都已经在改变
你的眼睛背叛了你的心

音乐在缓缓流淌，人们常说：“眼睛是心灵的窗户”，但如果眼睛背叛了心灵，那么无论窗外的景色多么美丽，都只能是幻象一场。与之类似的还有成语“一叶障目，不见泰山”，被比喻为受局部现象所惑，而看不到全局的整体，这是医疗美容机构传统市场营销活动中常有的场景。

“我太难了！”这是一句网络流行语，也是许多医疗美容机构营销人员的心声，顾客不来让人着急，顾客来了却没有消费也着急，消费单子太小了还着急，月度指标完不成更着急。这种状态持续不是一天两天了，甚至有些江河日下的意味。当然主观上自己已经很拼了，如果要分析客观原因不胜枚举，似乎毛病不是出自内部。但我们不能总归咎于市场竞争激烈或者行业大环境不好，毕竟这样是解决不了切实问题的，关键要找出问题的症结，对症下药、精准施策。

“行百里者半九十”。其实大多数营销人员已经走了很长一段营销之路，一路走来到今天，不仅仅凭借直觉和努力，还有方法和经验，此时，胜利的旗帜就在前方。但“最后一公里”的问题犹在，关键的那几步必须走好。下面，先让我们来看几组数据。

如表1－1所示，这是取自于医疗美容机构的来院数据。可以看出，当月来院的渠道中，直客占比是最高的，超过了半壁江山，其次是网络引流，再次是广告推广，最后是第三方推介。通过表1－1，我们能够对当月顾客来院情况有大致了解，可以分析出这是一家较具规模的医疗美容机构，且具有相当的品牌影响和市场营销力度。

表1－1　某机构1月来院人数分析　　单位：人，%

来院渠道	数量	占比
直客	1223	56.9
网络	484	22.5
广告	369	17.1
第三方	73	3.5

进一步分析，如表1－2所示，增加了成交情况，在不同的顾客来院渠道中，网络的成交率最高，广告、第三方和直客的占比大体相当，从占比和成交率的对照看，我们可以确定的结论是，引流人数多的渠道未必成交率就高，由此也可以破除第一个直觉偏误：并非来院的人数越多越好。

表 1－2 某机构 1 月来院订单分析 单位：人，%

来院渠道	数量	占比	成交率	成交	未成交
网络	484	22.5	56.6	274	210
直客	1223	56.9	29.9	366	857
广告	369	17.1	30.6	113	256
第三方	73	3.5	28.7	21	52

听到第一声喝彩

既然并非来院的人数越多越好，那么我们就有必要深入分析一下不同引流渠道的成交率如何，这需要在分类的基础上对渠道进行细分。

如表 1－3 所示，我们把网络渠道细分为自营网店、其他网站和 APP，直客渠道细分为自然来院、网电营销和会员转介绍，广告渠道细分为线上广告、市场促销。当然，这种细分方法并非需要严格遵循什么标准，不同的医疗美容机构可以根据自身的实际情况来划分，并且还可以进一步细化，比如，市场促销究竟是哪些促销项目或促销活动，第三方的合作机构可以列举出具体的中介机构或合作单位，等等。

表 1－3 某机构 1 月来院渠道分析 单位：人，%

来院渠道		数量	成交率	成交	未成交
网络	自营网店	108	66.7	72	36
	其他网站	53	35.8	19	34
	APP	323	56.6	183	140
直客	自然来院	413	22.5	93	320
	网电营销	298	28.5	85	213
	会员转介绍	512	36.7	188	324
广告	线上广告	279	33.6	94	185
	市场促销	90	21.1	19	71
第三方	合作机构	73	28.7	21	52

这种方法有助于我们聚焦到具体渠道的成交率，从表 1－3 中可以看出，自

营网店和 APP 的成交率较高，市场促销和自然来院的成交率较低。这样的成交率结果不难理解，自营网店或 APP 都属于线上销售渠道的类型，大多是线上购买或预约来院的顾客，其成交率的基数是来院顾客的总人数，有些顾客到院后又因为各种原因未产生实际消费，因此会出现未成交人数，这就如同电商购物中发生了退货的情形一样。因此，我们就其渠道类型看，自营网店渠道 66.7% 和 APP 渠道 56.6% 的成交率并不算高，这相当于每售出 10 件商品中就会有 3 ~4 件退货，如此看来不是成交率高了，而是未成交率高了。

市场促销和自然来院的成交率的确不够高，但高到什么样的比例才是好并无定论。尽管如此，这两者的成交率数据至少可以提供两个方面的信息：一方面，成交率不高的背后必有原因，需要进一步具体分析；另一方面，两者的成交率还有较大的提升空间。

我们由此可以破除第二个直觉偏误：并非成交率越高越好。

我们已经讲到了两个直觉偏误，第一个是并非来院的人数越多越好，第二个是并非成交率越高越好。之所以讲这两种直觉会产生误导，是因为它们都缺少消费金额这个必要的前提条件，也就是说，要有足够的消费金额保证，来院人数越多以及成交率越高才有意义和价值，否则可能是赔本赚吆喝，得不偿失。

如表 1 -4 所示，我们进一步完善了表格信息，增加了一列客单均价。

表 1 -4　某机构 1 月渠道价值分析　　单位：人，%

来院渠道		数量	占比	成交率	客单均价（元）
网络	自营网店	108	5.0	66.7	1006
	其他网站	53	2.5	35.8	1134
	APP	323	15.0	56.6	858
直客	自然来院	413	19.2	22.5	2643
	网电营销	298	13.9	28.5	1901
	会员转介绍	512	23.8	36.7	2209
广告	线上广告	279	13.0	33.6	1745
	市场促销	90	4.2	21.1	4037
第三方	合作机构	73	3.4	28.7	1821

从表 1 -4 中可以看出，一些占比和成交率都比较高的渠道，其客单均价并不高，而另一些占比和成交率都不高的渠道，其客单均价反而较高。由此，我们把数量、成交率、客单均价三者进行乘积，就能够大体计算出各种渠道的收入贡献，得出这个结果诚然比之前有了很大的进步，可以让《掌声响起来》了。

好像初次的舞台
听到第一声喝彩
我的眼泪忍不住掉下来
经过多少失败
经过多少的等待
告诉自己要忍耐
掌声响起来
我心更明白
你的爱将与我同在

尽管“你的爱将与我同在”，但仍不得不告诉你一个残酷的现实，各种渠道的收入贡献让你挣到了钱，但并不意味着你赚到了钱。“挣”和“赚”是有区别的，辛苦程度暂且不谈，挣到的只是收入，赚到的才是利润，只有收入没有利润那就面临亏损，收入多了利润少了那就不可持续，因此我们需要破解第三个直觉偏误：并非收入规模越大越好。

意念中的热热乎乎

为了简便计算和比较，我们把渠道占比、成交率、客单均价三者进行了乘积计算，根据结果对来院渠道进行了收入贡献的排名，如表 1－5 所示，会员转介绍的收入贡献最大，其成交率的客单均价并不突出，主要得益于占比较高；自然来院的收入贡献紧随其后，各项指标相对均衡；线上广告的收入贡献位居第三，市场促销的收入贡献位居第六。之所以要特别提到线上广告和市场促销这两个渠道，是因为我们需要思考一下这样两个问题：第一个问题是如果加大对线上广告的投入力度，那么其收入贡献会更大，这样做合理与否？第二个问题是对照市场促销渠道的各项指标，客单均价是所有渠道中最高的，那么又是否因为其客单均价较高而影响了其占比和成交率呢？

如此看来，尽管我们对各个渠道进行了排名，但并未完全解释通我们心中的疑问，因为只体现出了收入，而没有体现成本和利润，我们依然无法有效地区分渠道价值，进而无法有效判断哪些渠道更值得加大投入，此时如果还是依靠直觉，那么就会产生新的认知偏误。

表 1-5 某机构 1 月渠道收入排名 单位：元,%

收入排名	来院渠道	占比	成交率	客单均价	收入贡献
		A	B	C	D = A × B × C
1	会员转介绍	23.8	36.7	2209	192.9
2	自然来院	19.2	22.5	2643	114.2
3	线上广告	13.0	33.6	1745	76.2
4	网电营销	13.9	28.5	1901	75.3
5	APP	15.0	56.6	858	72.8
6	市场促销	4.2	21.1	4037	35.8
7	自营网店	5.0	66.7	1006	33.6
8	合作机构	3.4	28.7	1821	17.8
9	其他网站	2.5	35.8	1134	10.1

当然，要计算出各种渠道所形成的利润说起来并非难事，只是做起来非常复杂且需要较好的财务管理基础和较多的工作量。换句话说，也许并不需要那么精确的数字，但应该知道的是，利润才是真实反映渠道价值的重要因素，不能再依靠对人数、收入等指标的直觉来进行营销管理了，否则颠来倒去的就是一份《糊涂的爱》。

忘不掉的一幕一幕
却留不住往日的温度
意念中的热热乎乎
是真是假是甜还是苦
这就是爱
说也说不清楚
这就是爱
糊里又糊涂

医疗美容机构应该从“不惜一切代价追求增长”这种普遍但又危险的思维模式，转变为对于收入持久性和单位经济效益的追求，这样所带来的增长才是高质量的增长，因为不惜一切代价换来的增长只是虚假繁荣。

这里，我们介绍一种简要判断渠道价值的方法，在渠道占比、成交率、客单均价三者中，对利润影响最大的是客单均价，由此我们可以按客单均价高低排序赋予相应的权重值。

如表 1－6 所示，权重值从高到低分别为 9～1 分，然后把渠道占比、成交率、客单均价、价格权重四者进行乘积处理，根据乘积结果对来源渠道进行价值排名，这时差异性明显体现出来了。价值排名靠前的渠道多是那些营销成本较低或成本较为固定的渠道，比如会员转介绍、自然来院基本不发生直接的营销费用，即使对转介绍进行返利，那也是相对固定的成本支出。再如网电营销，虽然会有一些网络设备的支出和人员工资，但这都是正常的管理费用，也并不属于直接发生的营销费用。

表 1－6　某机构 1 月渠道价值排名　　单位：元，%

价值排名	来院渠道	占比	成交率	客单均价	价格权重	渠道价值
		A	B	C	D	E = A × B × C × D
1	会员转介绍	23.8	36.7	2209	7	1350.6
2	自然来院	19.2	22.5	2643	8	913.4
3	网电营销	13.9	28.5	1901	6	451.8
4	市场促销	4.2	21.1	4037	9	322.0
5	线上广告	13.0	33.6	1745	4	304.9
6	合作机构	3.4	28.7	1821	5	88.8
7	APP	15.0	56.6	858	1	72.8
8	自营网店	5.0	66.7	1006	2	67.1
9	其他网站	2.5	35.8	1134	3	30.4

与此同时，价值排名相对靠后的渠道，其共同的特点有两个，一是会发生直接的营销费用，二是多采用了低价引流的方法，导致渠道的营利性较弱。

进一步分析看，如表 1－7 所示，我们对价值排名和收入排名进行了对比，发现会员转介绍和自然来院两种渠道，无论是收入排名还是价值排名均位居前列且较为稳定，表明这两种渠道是该机构主要的收入和利润来源，必须始终抓紧、抓好；同时，有些渠道的价值被低估或高估了，比如，市场促销渠道，如果仅仅看收入贡献的话，这个渠道价值就会被低估，而实际上如果能加大投入，提高后端的转化能力，那么这一渠道很有可能成为新的利润增长点。

至此，我们关于直觉问题的讨论告一段落，整个过程中并非想表达出直觉不重要的意思，而是要说明直觉有时候会带来认知偏误，不能仅仅依赖直觉做出营销判断；同时，也会发现，当一层层剥掉直觉偏误的外壳后，我们就越接近核心的果实，这就是去粗取精、去伪存真的操作方法，目的是要不断逼近事物的本质。

表 1-7　某机构 1 月渠道排名变动情况对比　　单位：位

价值排名	来院渠道	收入排名	变动情况
1	会员转介绍	1	0
2	自然来院	2	0
3	网电营销	4	+1
4	市场促销	6	+2
5	线上广告	3	-2
6	合作机构	8	+2
7	APP	5	-2
8	自营网店	7	-1
9	其他网站	9	0

第二章　本　质

如果太计较就有悔恨

有没有最好的营销模式？当然有，成本最低的营销模式就是最好的，或者说成本越低的营销模式越好。对于好的营销模式，一个普遍的认识是：卖产品不如卖技术，卖技术不如卖服务，卖服务不如卖品牌，卖品牌不如卖标准，卖标准不如卖文化。

哈佛商学院有一篇案例《艾肯的管道产品部门》，哈佛商业评论对此进行了改编，旨在探讨当某个长期合作的客户无法再为公司带来收益，甚至会造成亏损时，公司该不该终止双方的合作？

在案例中，艾肯公司有的产品赚钱，有的产品不赚钱，单品里的1%产生了100%的营业利润，最赚钱的20%单品产生的利润是营业利润的2倍多，但多出的利润都被那些不赚钱的产品抵消了，并且这部分的损失额相当于120%的利润，这就是案例所述的“客户成本核算的力量”。

时至今日，许多医疗美容机构仍在采用低价引流的方式，甚至不惜赔本赚吆喝，但真的应该这么做或是该放弃这种方法，还应先算算再说。

比如，某个医疗美容项目，售价850元，其价格组成为材料费200元，人工及其他管理费500元，净利润150元。也就是说，净利润率为17.6%。应该说，这个价格在医疗美容项目中算是很便宜的那种了，如果在此基础上打折引流，很容易亏本，但为什么医疗美容机构还会这么做？因为主流的声音是，要把这个项目作为开口项目，引流来了顾客以后再进行二次开发，否则人都不来，连开发的机会也没有了。

这种看法，似乎也不无道理，我们继续核算下去看看。按照原价850元进行折扣，如新的促销价为 255 元，则每单亏损 445 元，十单就亏损 4450 元。此时情况发生了变化，如果十单里面有一个顾客被成功进行了二次开发，就意味着此次低价引流的成交转化率为 10%。但更为重要的是，对这个顾客进行二次开发，如果要保持原项目 17.6% 的净利润率，那么对应二次开发项目的价格是 25284 元。

3 万多元的价格，对于医疗美容项目而言也许并不很高，但如果是对一个之前消费 255 元体验的顾客来说，这个价格提高了 99 倍。99 倍是个什么样的概念？相当于顾客本来想吃一碗面，最后却点了一桌子的菜；本来想买一个汽车模型，最后却买了一辆汽车，这样的跨幅确实太大了，给顾客带来的心理感觉一定是《太委屈》。

人说恋爱就像放风筝
如果太计较就有悔恨
只是你们都忘了告诉我
放纵的爱
也会让天空划满伤痕
太委屈
连分手也是让我
最后得到消息

当然，我们要看到这个例子中，涉及几个关键性指标，第一个是净利润率，第二个是折扣率，第三个是转化率，三个指标数值分别是 17.6%、70%、10%。净利润率指标是医疗美容机构要确保的底线，那么变动第二个和第三个再看看，如折扣率为 50%，转化率为 30%，此时，新的促销价为 425 元，每单亏损 275 元，十单亏损 2750 元，按照成交转化率为 30%，则二次开发的平均客单价为 5208 元，是折扣价格的 12 倍。

能够通过 50% 的折扣率，实现 30% 的转化率，情况已经是很好的了，但能不能达到 12 倍的升单价，这是一个很大的未知数，并且这个倍数还与转化率密切相关。

事实上，不同行业都会使用促销引流的方法，特别是小商品零售业，但其中蕴含着一个朴素的道理是，任何低于成本的单品促销都是亏损的，之所以商家愿意接受亏损，是希望通过带动其他价位相当且有一定利润率的商品销售来弥补。对于医疗美容机构来说，要采取这种方式则需要认识到，愿意支付 255 元和愿意支付 25284 元的是不是同一消费群体，这种倍增会有多少存在的合理性？

讲到这里，需要说明的是，我们并非全盘否定低价引流的这种方式，而是想提醒医疗美容机构的运营人员，一定要能够算出总账。引流的目的大家都清楚，但引流的效果不仅仅是看到店量、看转化率，最终是能够实现总体盈利才行，这才是问题的本质所在。

强要留住一抹红

市场营销的本质是把好的产品或服务以好的价格卖出去，运营管理的本质是以低的成本把好的产品或服务生产出来，简单地说，前者重点在开源，后者重点在节流。

我们先提出一个思考问题，为什么在医疗美容机构中，有人负责开源，有人负责节流，这些职责由谁来确定的？任务由谁来分派的？其中涉及的本质问题是什么？

带着这些思考，我们来分析一下市场营销本质的这句话："把好的产品或服务以好的价格卖出去"。很明显，在"好的产品或服务"与"好的价格"两者之间，市场营销的任务重心在于"好的价格"，这一定位非常重要。

那么什么才是好的价格呢？

是不是价格越高越好？如果价格高到顾客不愿意消费，那么这样的高价格就是"单相思"。反之，是不是价格越低越好？诚然，低价可以吸引到更多顾客来消费，但如果低价导致了亏损，那么这样的低价格就成了"东施效颦"，如同《水中花》歌词中所写的：

我看见水中的花朵
强要留住一抹红
奈何辗转在风尘
不再有往日颜色
我看见泪光中的我
无力留住些什么
只在恍惚醉意中
还有些旧梦

如此看来，什么才是"好的价格"似乎实难定义。可实际问题在于，无论是产品还是服务，终究会有一个确定的价格。在这个基础上，你能够把商品卖出去，满足了顾客需求，为顾客创造了价值，这个价格就是好的价格；如果你把当下的价格再提高一些，顾客仍然愿意接受，那么这时的价格就可称为更好的价格。

需要注意一点，尽管我们有了更好的价格，但价格绝不是市场营销本质问题的全部。因为这个价格的高低还取决于产品或服务本身的品质，以及营销渠道、定价策略、市场规模、竞争环境等一系列因素。对应到之前提到的思考问题来看，我们所讨论的市场营销的本质问题，不仅是个学术问题，还是个科学问题，更是个历史性的话题。

西方现代市场营销学中不乏各种理论，比如，杰罗姆·麦卡锡的4P理论，即产品（Product）、价格（Price）、促销（Promotion）、渠道（Place）；劳特朋的4C理论，即消费者（Consumer）、成本（Cost）、便利（Convenience）、沟通（Communication）；唐·舒尔茨的4R理论，即关系（Relationship）、节省（Retrenchment）、关联（Relevancy）、报酬（Rewards）。此外，还有4I理论，即趣味原则（Interesting）、利益原则（Interests）、互动原则（Interaction）、个性原则（Individuality）；4V理论，即差异化（Variation）、功能化（Versatility）、附加价值（Value）、共鸣（Vibration），以及杰克·特劳特的定位理论、奥格威的品牌形象理论、科特勒的营销管理理论、迈克尔·波特的竞争价值链理论，等等。

实际上，在中国自古就有着非常丰富的营销理念，只是由于东西方文化差异，西方更侧重于营销理论，东方则更侧重于营销策略。比如，《道德经》云："欲贵者以贱为本，欲高者以低为机"；《太函集》云："古之货殖者，必因天时，乘地利，务转毂与时逐，毋系一隅"；《士商类要》云："凡货极贱时，终须转贵；快极时，决然有迟"。这些论述大多讲的意思就是，经商逐利要把握时机，市场需要什么，就经营什么。同时，还强调"公平交易"的商业信誉，"薄利多销"的竞争原则，"广行招徕"的促销策略，"童叟无欺"的服务口号，"只此一家"的广告宣传，等等。

无论是西方的营销理论还是东方的营销策略，其所涉及的都是市场营销中的根基问题，而并非本质问题。或者我们这样比喻就会更容易理解，如同一株植物，有了根基才能支撑枝干，有了枝干才能叶茂果实，而我们讲的本质问题就是最早播下的那颗种子。

可别小看了播下的这颗种子，英国哲人查尔斯里德说："播下一种思想，收获一种行为；播下一种行为，收获一种习惯；播下一种习惯，收获一种性格；播下一种性格，收获一种命运。"这段话成为许多教育工作者的从业共识，仔细想想，我们在从事市场营销工作时，又何尝不是一种教育过程呢？

特别是医疗美容机构中的市场营销人员，难道不需要教育顾客正确树立求美的观念吗？难道不需要正确传递变美的知识吗？我们对待职业要有敬畏之心，对待顾客要有教者之心，要相信每一颗珍珠都是由沙子变来的。

教育是教导和培育，要具备这样的能力，市场营销人员就要不断地学习、思考、实践、再学习、再思考、再实践，如此往复才能持续提高营销工作的专业化能力。

当沧海都已成桑田

既然讲到学习，那就需要知道学什么、怎么学。学习的目的全在应用，这句话非常重要。有人会说，我想要学习插花，也不见得就一定要去应用嘛！这是偷换概念，我们谈的是学习的目的，而插花是指学习的兴趣。具体而言，我们这里讲的学习，是特指有关市场营销的学习，而并非泛泛的学习概念。

市场营销学不是一门孤立的学科，自 20 世纪初产生以来，它就充分吸收了经济学、心理学、传播学和社会学等学科的研究成果，博采众家之长，逐步形成为一门具有特定研究对象和研究方法的独立学科。经济学是市场营销学重要的理论基础，并且由于早期市场营销方面的学者基本上都是经济学家，因而市场营销学长期被作为经济学的一个分支来看待。但事实上，市场营销学并不是经济学的分支学科。

概括地说，市场营销学的研究对象“是以消费者需求为中心的市场营销关系、市场营销规律及市场营销策略”，其研究方法是“在买方市场条件下，营销者如何适应其营销环境，捕捉市场机会，设计、生产适销对路的产品或服务，并在最适当的时间和地点，以最适当的价格、最灵活的方式，将其送到顾客手中，从而获得赢利”。因此，市场营销学的学科本质是需求管理。

从理论架构上，市场营销知识体系包括了调研与预测、计划与组织、执行与控制、环境分析、购买行为分析、竞争战略分析、目标市场营销、产品策略、定价策略、分销策略、促销策略以及市场营销道德等内容。

下面，我们来回答之前那个思考问题，就是“在医疗美容机构中，有人负责开源，有人负责节流，涉及的本质问题是什么?”

其涉及的本质问题就是“分工”。“分工”可以说是现代经济学中提出的首要问题，也是开启人类经济活动研究大门的一把钥匙。

远在农业社会，人们自给自足的时候是没有所谓分工的，后来渐渐地出现了物品交换，既可能是食物和食物的交换，也可能是食物和牲畜的交换，逐步发展成为有人专门种粮食，有人专门养牲畜，开始形成了自然分工。

有分工，才有货币。因为，有了分工，必有交换；有了交换，就要货币；所以，货币是助长分工所必需的。这样的论述，自然进展到交换的条件，那就是价值论及价格论。有了价格，对应就形成了市场，因为市场的本意就是价格形成的机制；有了市场，自然就会产生竞争，包括完全竞争和不完全竞争；有竞争就要有主体，这个主体可以是个人、企业、行业、国家等。具体到个人，就涉及劳动、报酬、分配等；具体到企业，就涉及利润、亏损、成本等；具体到行业，就涉及垄断、投资、均衡等；具体到国家，就涉及失业就业、政府职能、国际贸易等。

我们简要梳理一下其中的逻辑关系，就是从“分工 > 交换 > 货币 > 价格 > 市场 > 竞争 > 企业 > 利润 > 分配 > 再分工”，这是一个理论模型式的价值链条。在实际商业社会中，涉及的内容远比这个模型链条复杂得多，我们在此只是想要阐述分工的重要性。

《国富论》被誉为“第一部系统的伟大的经济学著作”，这本书的全称是《国民财富的性质和原因的研究》，由英国的经济学家亚当·斯密所著。

亚当·斯密认为，分工促进劳动生产力的原因有三个方面：第一，劳动者的技巧因专业而日进，就是说可以成为熟练工或者某一方面的技术专家；第二，由一种工作转到另一种工作，通常需损失不少时间，有了分工，就可以免除这种损失，按照当今的说法就是减少了转换成本和培训成本；第三，许多简化劳动和缩减劳动的发明，只有在分工的基础上方才可能，通俗地讲，就是在一个人的专业范围内，才会碰到更多需要解决的实际问题，改进或革新更能有的放矢。同时，亚当·斯密提出，分工带来了劳动的专业化和精细化、灵活化、机械化，但专业化程度是有限制的，因此分工的程度也必须始终受到市场范围的限制。

既然分工如此重要，那么在市场营销中又应该如何分工呢？

许多时候，也许你所从事的工作并非是你喜欢的，又或者这份工作只能提供微薄的收入，但不能因此而说分工是不好的，因为在一个大的系统里面，分工促进了市场资源的流动和配置，如果能够《一天一点爱恋》，人们总可以通过分工找到自己适合或喜爱的工作。

如果有一天
世界已改变
当沧海都已成桑田
你还会不会
在我的身边

陪着我度过长夜
如果有一天
时光都走远
岁月改变青春的脸
你还会不会
在我的身边
细数昨日的缠绵

遵循分工理论，可以知道，市场营销学的产生，本身就是适应社会化分工的需要，医疗美容机构作为社会生产活动中分工的一种，市场营销则是医疗美容机构经营管理活动中分工的一种。具体到市场营销内部的分工，因为我们聚焦的是如何精准营销，因此可以把它分为“市场营销的研发，客户关系的管理，营销渠道的落地，数字营销的策略”四个部分，这就是本书将要讨论的内容架构。

此外，还有一点需要预先说明，传统商业世界中营销格局的变化，最典型的特征是从以产品为中心向以客户为中心转变，这种营销主体的变化不仅是从“物”到“人”，而且“人”还有多重身份，“消费者、用户、客户、顾客”这些角色分存于不同的营销场景之中，它们的细微差别就是实施精准营销的切入点，有时要在特定的语境下使用特定的称谓才会感觉贴切，比如，用“消费者”泛指那些已经购买、潜在购买和不可能购买的群体就更为准确，用“用户”指互联网上的使用群体就更为合适，用“客户关系管理”就比较符合约定俗成的讲法。或者我们举一个示例就更加直观，如图 2－1 所示，在不同转化环节采用不同称谓，对应的是营销主体不同的行为状态，也对应着不同的营销活动分工。

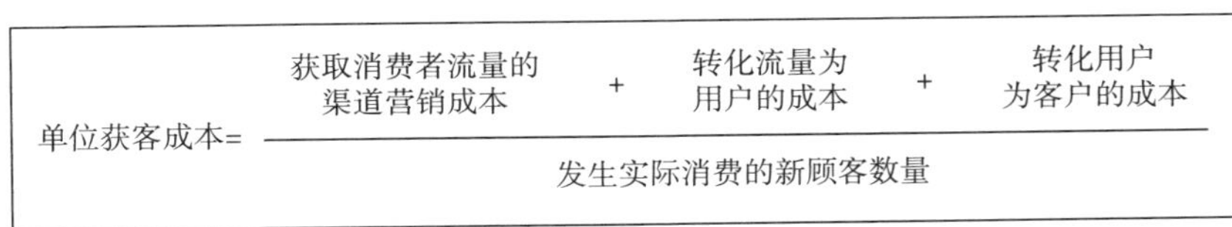

图 2－1　单位获客成本的计算

因此，在书中我们会根据上下文的意思灵活使用“消费者、用户、客户、顾客”等称谓，尽管看起来没那么统一，但讲到精准营销，前提是也要做到精准表述才行。

第一部分

市场营销的研发

“与闺蜜一起比与家人在一起，更能增加冲动性购物。”

第三章　决　策

我却为何偏偏喜欢你

市场营销需不需要研发？这个话题如果放在多年前，很少有人关注或者会被认为是个伪命题，但时至今日，关于市场营销的研发事宜，已经成为越来越多人的共识，市场营销的研发是企业研发工作的一部分，不仅必要而且非常重要。

医疗美容机构开门营业，每天迎来送往许多顾客，可为什么有的顾客来院后成交了，而有的顾客来院后却没有成交？当然，成交或未成交与否，我们看到的只是结果，有成交的，自然也就有未成交的，这完全符合事物一分为二的观点，毕竟成交与未成交本身就是对立统一的。

这样看来，成交与未成交都是再正常不过的事，似乎只要顺其自然就可以了。再往深一层去想，我们接受的只是成交与未成交这个结果，对于为什么会造成这样结果的过程并不明了。由此，我们会想，如果能够把这一过程了解清楚，那么是否就会有好的办法来改变这一结果呢？当然，我们想要改变的结果一定是朝着正向努力的，也就是说，要更多地提高顾客来院后成交的占比，这一比值也称为“转化率”。

无论成交还是未成交，其过程都是顾客决策的过程。

顾客决策是指在面对某一产品或服务时，顾客谨慎地对其属性进行评价，进而进行理性的选择，即用最少的钱购买满足其特定需要的产品或服务的过程，其属性包括功能、品牌、价值、样式等多重因素。

通常，人们在购买大宗商品时会遵循这样的决策过程，比如，购置房产、汽车等有形资产以及预定婚宴场所等无形服务，往往会花费较多的精力，综合考虑理性和属性两个方面，并做出购买决策和消费行为。

大多情况下，理性的表现形式是通过对比进行的，价格是基本的门槛，在此基础上，对比的就是商品的属性。比如，顾客想要购买智能手机，就会在不同品牌、不同软硬件配置间进行比较，这取决于商品的种类特点。有时顾客甚至也不太关心商品的属性，做出购买决策只是基于这是一款最新的智能手机。

此外，也有纯粹的价格比较，对选定了具体型号的商品，比如，购买一本指定名称的书籍，那么主要比较的就是不同销售渠道中这款商品的价格。尽管是单纯的比价，但这种对比行为仍属于理性的决策过程。

如此说来，大多数的购买行为都可以包括在理性的购买决策之中。而在实际应用中，有的顾客并不是完全遵循这样的决策过程，有些时候，顾客更容易受到购买场景、服务环境、使用感受、个人情绪所影响，选择某个商品仅仅是因为“我就喜欢这个品牌”“它让我感觉很舒服”“我的家人会钟意这个礼物”。这就如同《偏偏喜欢你》歌词中所写的：

为何我心分秒想着过去
为何你一点都不记起
情义已失去
恩爱都失去
我却为何偏偏喜欢你

许多购买决策也许只是一句“我喜欢”就可以触发的，也可能是因为出于“别人喜欢”或是“我需要”。日常生活里，人们会因为口渴而走进一家便利店，这时的购买决策仅仅是为了解决单一的需求问题，面对货架上的矿泉水、可乐、冰红茶等饮品时，有的顾客会随意选择一瓶矿泉水，有的顾客会直接选择喜欢的品牌饮料品，还有的顾客会稍稍比较一下，可能被一款新品所吸引，这都是司空见惯的购买场景；而如果此时是在一个炎热的天气里，想要解决口渴的顾客，通常会直接去选择那些冷藏的饮品，决策过程并没有因此更复杂，相反地更容易放弃对某些品牌的偏好。

无论是大宗商品还是小件日用品，顾客在做出购买决策时，经常会受到天气、温度、时间、品牌、价格等各种因素的影响，这些因素有些是毫无关联的，有些是相互交织的，既可以是基于理性和属性的双重考虑，也可以是对情绪、环境、偏好的关注。

这是对冲动最好的惩罚

对于医疗美容机构的来院顾客，无论成交还是未成交，其状态都是购买决策的过程反映，很多时候，无论是营销人员还是顾客自己，都会觉得购买医疗美容项目就是一种“冲动消费”。

在营销人员看来，如果顾客能在来院时做出购买决策和消费行为，那是最好不过的。而一旦顾客离开，那么再次返回来购买的概率是极低的。同样，对于顾客而言，如果当时选择了在医疗美容机构购买或消费，那么项目买了也就买了，治疗做了也就做了，即便有些犹豫但还不至于放弃，而如果当时就举棋不定，过后再想想，自己可能就没有之前那么强烈的消费意愿了。在两方面看来，这样的情形就如同《冲动的惩罚》歌词中所写的：

直到你转身离去那一刻起
逐渐地清醒
才知道把我世界强加给你
还需要勇气
就把你忘记吧
应该把你忘了
这是对冲动最好的惩罚

这种情况并不特殊，仔细想来，人们似乎都有过“冲动消费”的经历，如果都以实用或必要的程度来判定的话，那么类似“冲动消费”的次数或许还不少，比如，服装、鞋子、箱包，大多都早已超出了必需必备的数量，甚至还有一些尚未使用就被束之高阁的；再如，更换手机、电脑，许多情况也并非是因为原来的设备无法使用而新购，这些无实际必要的消费行为貌似都可以归结为“冲动消费”的类型。

但严格上讲，这样的消费行为并非是“冲动消费”，因为从定义上看，冲动消费是指顾客在外界因素促发下所进行的事先没有计划的购买行为，简而言之，冲动消费就是无计划的消费行为。

此时，我们再来看一下医疗美容机构的来院顾客，来院时并不是无计划的，因此不能算是冲动消费，而在来院面诊的过程中，如果成交了一些计划之外的治疗项目，那么对于这一部分则可称为冲动消费。

事实上，无论冲动消费与否，也无论是有计划还是无计划的购买行为，都离不开决策过程，其差别在于，有计划的购买决策受理性和属性的因素影响较大，计划外的购买决策受场景、环境、感受、情绪等因素的影响较大，这些差异正是我们进行市场营销研发时所需要关注的重点内容。

虽然影响顾客决策的因素多种多样、千差万别，但顾客开始进行购买决策的那个触发点却是一致的，这个触发点就是动机。

动机的产生出于各种需要，有主动的有被动的，有内在的有外在的，如果明确了顾客动机，就可以很好地解释其购买行为。问题在于，如果我们把顾客作为一个主体，关于这个主体的购买动机，营销人员只能试图去观察、去理解，而不能去激发。也就是说，营销工作无法创造顾客的购买动机，这一点我们应有清醒的认知，否则容易偏离市场营销研发的靶心。

尽管市场营销工作无法创造购买动机，但并不妨碍我们对动机的分析和研究，因为一旦顾客产生了购买动机，随之而来的就是购买需求，虽然很多时候动机与需求是相互交织的，但我们知道，市场营销工作是可以创造顾客需求的。

这样一来，我们关于市场营销的研发逻辑就愈加清晰了，如图 3－1 所示。

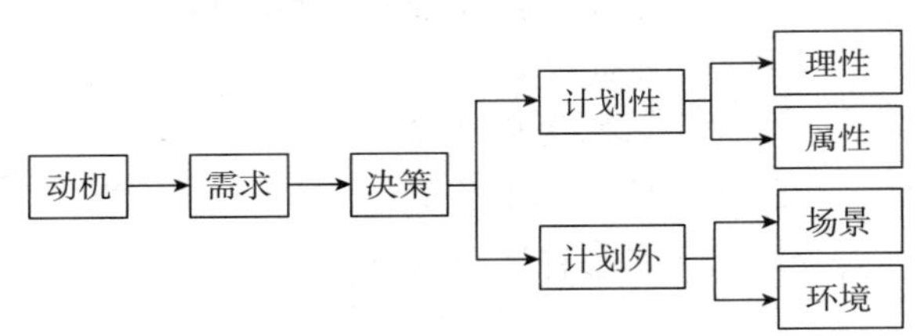

图 3－1　市场营销的研发逻辑

顾客的购买动机产生需求，需求引发决策，决策又受到计划性和计划外多重因素的影响。对于市场营销人员来说，了解和掌握顾客是如何做出决策的，无疑是工作的重中之重。因此，本章先从决策这个环节起步，深入分析顾客决策的过程，然后向决策的两端延伸，一端是讨论动机与需求，另一端主要讨论场景与环境。关于理性和属性的内容将放在后面的几个部分展开论述。

有一百万个可能

从事市场营销工作，要牢记顾客决策的三个特点：第一，顾客并非总是以理性的方式来寻找最优解决方案；第二，顾客的认知和时间是否受限，影响着决策的质量和结果；第三，顾客决策的过程具有可塑性，可能在一瞬间发生变化，特别是会受到场景的影响。如同歌曲《一百万个可能》中所写的：

在一瞬间
有一百万个可能
该向前走
或者继续等
这冬夜里
有百万个不确定
渐入深夜
或期盼天明

顾客决策的结果具有一定的不确定性，一瞬间的时间虽然短，但在这一时间点的前后，确有很多因素影响着顾客的购买决策，比如，从众效应、赌徒谬误、刻板印象、诱饵效应等，均从不同角度表明，顾客由于认知资源和获取信息的受限，理性的消费决策常会被许多情况所左右，进而做出非理性的消费行为或决定。这里的理性和非理性并没有任何褒贬义的色彩，所表达的只是对消费决策的分类。

下面，我们看一下这些因素影响的情形，以进一步分析购买行为发生的原因。

第一个问题：顾客为何会来？

从众效应是指当个体受到群体的影响，会怀疑并改变自己的观点、判断和行为，朝着与群体大多数人一致的方向变化。这种效应既有积极的一面也有消极的一面，如有人去做公益活动你也去做了，这就是积极的，而有人在公园摘花，自己也跟着去摘了，这就是消极的。

美国作家詹姆斯·瑟伯曾用一段文字来描述人的从众心理：

突然，一个人跑了起来。也许是他猛然想起了与情人的约会，现在已经过时很久了。不管他想些什么吧，反正他在大街上跑了起来，向东跑去。另一个人也跑了起来，这可能是个兴致勃勃的报童。第三个人，一个有急事的胖胖的绅士，也小跑起来……十分钟之内，这条大街上所有的人都跑了起来。嘈杂的声音逐渐清晰了，可以听清"大堤"这个词。"决堤了！"这充满恐怖的声音，可能是电车上一位老妇人喊的，或许是一个交通警说的，也可能是一个男孩子说的。没有人知道是谁说的，也没有人知道真正发生了什么事。但是两千多人都突然奔逃起来。"向东！"人群喊叫了起来。东边远离大河，东边安全。"向东去！向东去！"

日常的决策，很多情况下都缺乏足够的信息以进行分析，对"当下"应该做出何种决策时，总是会"随大溜"。"从众心理"是进化上形成的类本能，在日常决策中时不时会表现出来。比如在当下，我们无从准确判断股票或者房产的价格走向一样，我们是否买股票或者房产，取决于大家的热情是不是高涨。

基于从众心理映射到消费上就会形成攀比心理，人们由此会做出相应的消费行为，这种行为常是基于其所在群体为参照而表现出来的。比如，女性对于名牌包包的喜爱，又或者是年轻人对智能手机的更换，有时并非完全出于实用的需要，甚至还可能超出其实际购买力的水平，但仍然保持了热衷并发生了实际购买行为。

对于许多年轻的女孩子，求美的自我概念在某种程度上是消极的，因为实际的自我和理想的自我之间会存在差异，所以经常会在对比过程中产生消极的成分，而要抵消这种消极的影响，大多会采取从众的办法来选择医疗美容项目。

第二个问题：顾客为何而来？

赌徒谬误是指以为随机序列中一个事件发生的概率与之前发生的事件有关，即其发生的概率会随着之前没有发生该事件的次数而上升。比如，抛一个公平硬币，正面朝上的机会是0.5，连续两次抛出正面的机会是0.5×0.5=0.25，连续三次抛出正面的机会等于0.5×0.5×0.5=0.125，如此类推。现在假设，我们已经连续四次抛出正面。赌徒谬误的人认为，连续四次正面朝上是很不寻常的，而第五次极可能出现背面朝上的情况，因此加大赌注，但结果仍可能是第五次抛出了正面。

即使有一些概率的认识，也可能会做出谬误的判断，问题的实质在于，每一次抛掷硬币都是独立的事件，经过大量的投掷，硬币的确有50%的结果是正面向上，而错就在把适用于大量事件发生时才有效的规律运用到了少量的事件上。在五次投掷中全部正面朝上或全部背面朝上并不是绝对不可能，因为概率还没有小到可以忽略不计。

对于许多医疗美容机构的顾客来说，看到许多他人成功变美的案例会增加自己的信心和期望值，这就是一种典型的赌徒谬误心理，因为他人的变美并不必然导致自己就会变美，这就好比你见过再多人的创业成功，也不代表着你的创业就一定会成功。尽管如此，在强大的市场营销环境下，许多顾客仍然会受到赌徒谬误的影响，带着美好的期望走进医疗美容机构的大门，这就是为什么求美者会趋之若鹜、纷至沓来的原因所在。

这种暧昧的迷离

第三个问题：顾客为何来了却没有成交就走了？

刻板印象是指顾客面对某款产品或服务时心中已有一种概括、笼统以及比较固定的看法，进而会认为该类产品或服务均具有这些特征。

比如，中国的京剧脸谱，红色代表忠贞，蓝色代表刚强，黑色代表正直，白色代表奸诈，黄色代表枭勇等，这些就是一种刻板印象。又如，在消费中，保健品行业会根据一般老年人患病概率比较大的疾病，如高血压、糖尿病、骨质疏松等症状研发出相应产品，从而拉动老年人消费，这也是基于刻板印象的市场营销行为。

对于求美的顾客来说，在信息高度通达的当下，来院之前一定是带着对某些医疗美容项目或产品的刻板印象，这种印象既有积极的表现，也有消极的表现。如果面诊时，了解到的与其所期望的较为一致，那么就会简化认知过程，直接进入购买决策环节；而如果忽视了自身的个体差异，那么顾客就会产生认知上的错觉，妨碍做出正确的评价，进而推迟购买以回避决策，这就是为什么有的顾客来了却又走了的道理。

回避决策对于顾客和营销人员虽不是两难境地，但总是一个比较尴尬的局面，因为彼此都心知肚明，但又不会轻易说破，此情此景正应了歌曲《晚安》所写的：

声色太慌张
你眼神逃避
却如此地令人着迷
为何总留恋
这种暧昧的迷离

曾经多少个牵肠拉扯不舍夜晚
到现在热情褪成陌路的感叹
何必拿真心与寂寞去纠缠

第四个问题：顾客为何总倾向于低价项目？

诱饵效应就是指人们对两个不相上下的选项进行选择时，因为第三个新选项（诱饵）的加入，会使某个旧选项显得更有吸引力。比如，对一份杂志刊物的全年订阅方式如下：

A. 单订电子版，59 元

B. 单订印刷版，125 元

C. “印刷版 + 电子版套餐”，125 元

根据测验统计数据，100 名顾客的消费选择是：

选 A 单订电子版的人数，16 人

选 B 单订印刷版的人数，0 人

选 C “印刷版 + 电子版套餐” 的人数，84 人

的确，按照常规的思维逻辑，没有人选择 B 订阅方式，因为同等价格条件下，C 订阅方式显然会得到更多实惠。如此看来，B 订阅方式就显得十分鸡肋甚至荒唐，进而可以推测出，即使去掉 B 订阅方式，也不会影响其他订阅方式。但现实中的情况却并非推测的那样，其结果发生了很大变化，倾向于低价位的人数大幅增加。

选 A 单订电子版的人数，68 人

选 C “印刷版 + 电子版套餐” 的人数，32 人

此时，我们可以看出，一个看似无用的选项，实际上却发挥着重要的作用，因为 B 订阅方式 “单订印刷版，125 元” 绝非是无用项，而是充当了一个 “诱饵”，它的出现并不是为了被选中，而是增加了 C 订阅方式被选上的概率。

许多医疗美容机构的营销人员时常会感到困惑，好像顾客总是倾向于选择低价的项目，事实上，低价与否并不具有可比性，如果把超声刀项目和洁牙项目进行对比的话，无疑洁牙的价格要远低于超声刀，即使顾客选择了洁牙项目，也不能因此推论出其就是偏向于低价项目。

真正的差异性比较在于同类项目之间，比如，瘦脸项目中，国产的肉毒素和进口的肉毒素，由于价格差异，许多顾客会选择价位较低的国产肉毒素。无论如何总会有顾客倾向于低价的产品，这很难改变。但如同诱饵效应揭示的那样，如果没有诱饵选项的话，倾向于低价的顾客占比自然就会较高。如果加入了诱饵选项，那么选择低价产品的顾客比例就会降低，相应地选择高价产品的顾客比例就

会上升，即使我们不能把选择低价产品的顾客比例降为零，但选择低价产品的人数有所减少对于扩大收益总是有利的。

当然，这里面有个假设前提，就是高价产品的利润率或利润值更大，这样才有必要把顾客导向高价产品。

综合这四个问题来看，影响顾客决策的过程因素是多方面的，远比我们提到的从众效应、赌徒谬误、刻板印象、诱饵效应还多还复杂。但也并非没有规律可循，大体上我们可以把它分为两类，一类是在决策时敢冒风险的，另一类是在决策时规避风险的。之所以会产生这两类情况，其根源就在于动因不同。

第四章　动　因

为了更好的明天拼命努力

动因包括动机和需求。动机的产生是源于顾客自身，取决于个人想法及其面对的不同情况，在市场营销工作中，发现顾客的购买动机非常重要，一般可以通过调研、问询等方式进行，但对顾客来说，有时动机很明显，称为“显性动机”，有时动机不明显，称为“隐性动机”。当然也会存在顾客愿不愿意对你说出其购买动机的情况，那么愿意提及的就属于显性动机，不愿意或者自身也不甚清楚的都属于隐性动机。

比如，顾客购买了一款名牌手表，其显性动机可能是出于“我的很多朋友都买了”“我一直买这个牌子的产品”，同时其隐性动机可能是“这款手表更能显示我的身份”“这是限量款会更引人注目”。可以看出，显性或隐性动机既可以单独出现，也可以同时存在的。

我们识别顾客购买动机的目的在于，希望能够更好地了解顾客的购买决策。

表4－1列出了两种动机类型对于决策制定的影响，这些动机的区别对于营销具有很重要的影响。激进型和保守型两种动机在本质上有非常大的区别，前者尽最大可能追求最好结果，后者尽可能避免消极结果和错误，这就决定了它们在决策风格上对于风险认知存在差异。这种差异性可以表现在方方面面，比如理财、投资、户外运动等具体到医疗美容领域，尽管众所周知任何医疗美容项目都会有一定风险，整形失败的案例也不胜枚举，但顾客对此的接受和认知程度仍然因人而异。

当然，我们要讨论的范畴是放在正规的医疗美容机构和有资质的医生之中，这个前提保证了所涉及的风险是在正常的医疗风险范围之内，或者说这里的风险并不包括可能会造成的重大医疗责任事故，仅仅考虑顾客对于治疗效果中所涉及的风险。

表 4－1　动机类型对决策制定的影响

动机维度		
名称	激进型	保守型
本质区别	尽最大可能追求最好结果	尽可能避免消极结果和错误
导向影响	长期	短期
心理形象	抽象	具体
理想状态	变化	稳定
自我特征	敢想敢做	自我控制
决策制定		
决策风格	敢冒风险	规避风险
目标期望	求快而非准	求准而非快
影响因素	主观感受	客观产品
品牌依赖	强	弱
计划性	中间	较强

比如，顾客选择祛眼袋项目，激进型决策风格的人会更多考虑祛除眼袋以后的效果有多好，而保守型决策风格的人会考虑到是不是会留下疤痕、会不会手术失败、是否出现大小眼、以后还会不会形成新的眼袋等诸多问题。这样一来，两种决策风格的人，决策时间就会有长有短，决策频次就会有多有少。

那么，究竟是什么造成这两种动机的差异呢？根本上其背后涉及的是一个哲学问题，激进型和保守型两种动机背后分别对应的是功利主义和实用主义两种倾向，如图 4－1 所示，实用主义与功利主义的倾向属性对购买产品、购买服务、购买体验有着不同的影响。

实用主义--功利主义		
购买产品	购买服务	购买体验
低◄-------------------现实环境重要度-------------------►高		

图 4－1　实用主义与功利主义的演进

追本溯源，我们有必要简要了解一下实用主义和功利主义的哲学思想。实用主义产生于19世纪70年代，主要的代表人物有查尔斯·桑德斯·皮尔士、威廉·詹姆士和约翰·杜威，最早发轫于皮尔士在哈佛大学建立的“形而上学俱乐部”，后来詹姆士和杜威又进行了系统论证与推广。一般来说，实用主义哲学兼容了很多其他哲学派别的观点，它更强调立足于现实生活，主张把确定信念作为出发点，把采取行动当做主要手段。“实用主义”这一名称源于希腊词语“行动”，因此行动概念在实用主义哲学思想中占据主导地位。

在杜威看来，环境对有机体产生刺激，有机体对这种刺激做出反应以适应环境，这就是行动，它包括人的全部认识和实践。动物只能做出本能的反应以适应环境，而人具有情感和意志，能运用反思和推理等“创造智慧”，因此人不应在环境面前显得无能为力，而应主动地使环境适应自己的需要。经验不只是记载过去已发生的事，更重要的是把过去引向未来。某种程度，这样的观点所表达出的思绪就如同歌曲《和自己赛跑的人》所写的：

我们都是和自己赛跑的人
为了更好的未来拼命努力
争取一种意义非凡的胜利
我们都是和自己赛跑的人
为了更好的明天拼命努力
前方没有终点
奋斗永不停息

“实用主义”这个讲法的确容易让人望文生义，有些人常把实用主义当做市侩哲学，但实用主义哲学家的理论主旨并非如此。相反地，实用主义强调要超越传统意义，特别是利己主义意义上的个人主义，强调个人与社会之间的协调和人的实践与行动的社会性。

詹姆士是由研究心理学而走上哲学道路的，他认为人的心理活动不能分析为简单的、不变的观念，它们总是流动不居的、混一的，思想总是有选择性的，总与人的利益和兴趣相关。詹姆士在实用主义发展中的作用，主要是把皮尔士指出的实用主义方法论及原则，发展成为一个较为系统的实用主义理论体系，并用它分析具体问题。

詹姆士提出，实用主义是一种方法，进一步说是一种解决争论的方法，同时，这种方法不是什么特别的结果，只是一种确定方向的态度。这种态度不是去看最先的事物、原则、“范畴”和假定是必需的东西，而是去看最后的事物、收获、效果和事实。

也就是说，实用属性的消费动机更注重消费的结果，很大程度上是以产品主要功能为主的基本属性进行选择，而并非特定的产品功能来假定。

你快乐于是我快乐

功利主义起源于快乐情绪。伊壁鸠鲁认为，快乐是至善，也是永恒的美好。他强调，在追求短暂快乐的同时，也必须考虑是否可能获得更大、更持久、更强烈的快乐。肉体的快乐大部分是强加于我们的，而精神的快乐则可以被我们所支配，因此，交朋友、欣赏艺术等也是一种乐趣。

虽然伊壁鸠鲁把快乐与幸福相提并论，但他却坚决反对把快乐与享乐相等同。伊壁鸠鲁区分了三种不同的快乐：第一种是自然的与必需的，如食欲；第二种是自然的但却不是必需的，如性欲；第三种则既不是自然的又不是必需的，如虚荣心。

大卫·休谟说：人类的道德实践以快乐和痛苦、愉快和不愉快的情感为基础。快乐和痛苦是一种最为强烈的感觉印象，趋利避害是人的自然本性，也是道德的基础。凡是能够增加人们快乐和利益的就是善，反之就是恶。实际上，这种情感主义在一定程度上已经包含了功利主义的萌芽，因为《你快乐所以我快乐》。

你眉头开了
所以我笑了
你眼睛红了
我的天灰了
啊天晓得
既然说
你快乐于是我快乐
玫瑰都开了
我还想怎么呢
求之不得
求不得
天造地设一样的难得
喜怒和哀乐
有我来重蹈你覆辙

从产生的时间来看，功利主义要早于实用主义。自15～16世纪英国的“圈地运动”开始，把农民从土地上驱赶出来，这为资本主义工业的发展提供了充足的廉价劳动力，同时也造成了旧式贵族的没落和工业资产阶级的兴起。到了17世纪，英国资产阶级进行了以取得政权为目的的“光荣革命”，以君主立宪政体取代了专制王权的统治，从而为经济上的变革开辟了道路。但这场革命并不彻底，资产阶级并未占有经济和政治上的领导权力，封建保守势力仍很强大，这为18世纪的英国社会留下了进一步反对封建特权和思想意识形态的艰巨任务。

在这样的背景下，功利主义的产生具有鲜明的时代特征，反映了那个时代的基本经济、社会要求和思想状况，并推动了社会经济、政治和思想观念各方面的变革；它的产生同时具有明显的历史继承性，即承袭了英国乃至自古希腊以来经验主义和快乐主义伦理学的传统。同时，放眼整个欧洲的那个时代，资产阶级联合其他社会阶层试图推翻旧的封建统治，建立新的生产关系和经济制度，与这一变革要求相适应的思想启蒙运动，从18世纪延伸到19世纪，从英国发展到德国。

杰里米·边沁是功利主义哲学的创立者，他出生在英国伦敦，父亲是一名律师，边沁12岁进入牛津大学学习，后来子承父业也成为一名律师。他生活在一个新兴的工业化的英国，在那里，6岁大的孩子在有钱人开设的地狱般的工厂里劳动、受苦、死去。边沁哲学的第一条核心原则是：每个人都算一个，没有人多于一个。意思是说，任何人的快乐都不比其他人的快乐更重要。

边沁在《道德和立法原理导论》中写道：“在所有事物之中都存在的一种特性，凭借这种特性能够产生收益、好处、快乐、善或者幸福等等，或者能够阻止损害、痛苦、邪恶或忧愁的发生。”在边沁看来，道德的最高原则就是使幸福最大化，使快乐总体上超过痛苦，他认为正当的行为就是任何使功利最大化的行为。他所说的“功利”是指任何能够产生快乐或幸福，并阻止痛苦或苦难的东西。

同时，英国还有一位哲学家约翰·斯图亚特·穆勒，他积极参加了他的父亲与边沁共同发起的思想家团体，这个团体被称为哲学激进派。穆勒在1843年发表了第一部著作《逻辑学体系》，这为他赢得了19世纪英国著名哲学家的称号，当然也算名副其实，穆勒后来又接连出版了《论自由》《功利主义》《女性的屈从地位》《论社会主义》等著作。

在穆勒看来，如果每个人都追求他自己的幸福，那么，整个人类将能一起促进整个社会幸福水平的提高，多数人不应当封杀那些有不同意见的人。他在《论自由》中写道：“如果整个人类，除一人之外，意见都一致，而只有那一个人持相反意见，人类也没有理由不让那个人说话。正如那个人一旦大权在握，也没有理由不让人类说话一样。”穆勒的这种个人自由观念是建立在“最大多数人的最大幸福”这一功利主义原则之上的。

由此看来，功利属性的消费动机更注重消费的过程，很大程度上是以产品可自由选择的权益优于其主要功能，而并非产品功能的技术特征。

在这里，我们通过了解实用主义和功利主义的哲学思想，来洞察其对消费动机的影响，之所以采取这样的方式来深化我们的认知，借用詹姆士在《实用主义》中的一段话就可以很好地说明，他这样写道：“哲学在人类事业中是最崇高而又最平凡的。它在最细微的地方下功夫，而展开了最宽广的远景。人们说哲学‘烤不出面包’，但它却能鼓舞我们的灵魂，使我们勇敢起来。对于一般人说来，它的态度，它的疑惑和诘难，它的诡辩和辩证，常常是令人讨厌的，但是，如果没有哲学远射的光辉照耀着世界的前景，我们是无法前进的。”

钻石钻石亮晶晶

如果我们把显性动机、隐性动机同激进型、保守型两个维度结合起来看，就会发现“顾客并不是要购买产品本身，而要满足其需求或解决其问题”。

这一结论非常重要，它会使我们营销的关注点发生重大变化，比如，在瘦脸项目中，产品的表现为国产肉毒素或进口肉毒素，我们如果只关注购买决策过程，那么就会偏重于顾客会购买哪一款产品，但通过对购买动机的分析发现，无论选择何款产品，顾客并不是要把产品购买回去，而是通过购买行为满足其瘦脸的需求。

也就是说，顾客关注的不是产品本身而是其价值，这种价值概念是产品、服务和顾客体验的综合体。现代经济学创始人亚当·斯密在《国富论》中写道：“应当注意，价值一词有两个不同的意义。它有时表示特定物品的效用，有时又表示由于占有某物而取得的对他种货物的购买力。前者可叫做使用价值，后者可叫做交换价值。使用价值很大的东西，往往具有极小的交换价值，甚或没有；反之，交换价值很大的东西，往往具有极小的使用价值，甚或没有。例如，水的用途最大，但我们不能以水购买任何物品，也不会拿任何物品与水交换。反之，钻石虽几乎无使用价值可言，但须有大量其他货物才能与之交换。”

这段话的意思，简单说就是水比钻石有用，但水的价格却为何远低于钻石？这个问题在亚当·斯密那里一直未能解开，也困扰了后世200多年来的众多经济学家，这一问题被称为“水与钻石之谜”。这里不禁想到一首歌曲《钻石》：

钻石钻石亮晶晶
好像天上摘下的星
天上的星儿摘不着
不如钻石值黄金
钻石钻石亮光光
好似彩虹一模样
彩虹只在刹那间
不如钻石常光芒

今天，我们仍然会看到，商店里一瓶水的价格远低于一颗钻石的价格，当然我们也知道，购买一瓶水的动机和购买一颗钻石的动机完全不同，那么是否说明动机的不同导致了价格的差异呢？

事情的逻辑是这样的，首先是顾客自发地产生了购买动机，进而产生想要购买某种产品或服务的意愿，这一过程就是需求形成的过程。同时，这一过程中也会形成对某种商品价值的认识，这种认识正是基于该商品能否满足其需求。那么，如何来判断是否能满足其需求？

有人说用价格来判断。答案是否定的，因为价格并不影响购买动机和购买需求的产生，价格真正起作用是在购买决策阶段。如此看来，能否满足需求的判断自然不是价格。那么是价值吗？如果说是用价值来判断的话，那究竟是使用价值还是交换价值？这样，就又回到了“水与钻石之谜”的问题，似乎仍是一个未知数。

事实上，水与钻石这个谜题已经被以一种全新的方式破解了，那就是“边际效用”。

我们要理解“边际效用”这个概念，看看经济学家庞巴维克讲述的一个十分通俗的例子就容易得多，他在《资本实证论》中论证到：

一个殖民地的农民，他的木屋孤立地处在原始森林中，距人们常到的热闹地方很远。他刚收获好五袋谷物。这些谷物要用到来年秋天。他是一个节俭的人，他安排了一个在一年之中使用这些谷物的计划。第一袋是他一年生活所绝对必需的。第二袋是在生活所必需之外用来保持强壮和充沛的精力的。此外，他不想再要更多的谷物来为自己做面包和其他面食了。另外，他却愿意有些肉食品，所以他留下第三袋谷物来饲养家禽。第四袋谷物他预定用来酿造酒类。现在假定他的各种个人需要已由这四袋谷物所满足了。对于第五袋他想不出更好的处理办法，除非用它来饲养一些他喜爱的鹦鹉。当然，这些谷物的不同用途，其重要性是不

同的。如果用数字来简单地说明一点，我们拟定一个具有十级重要性的分级表，不用说，这个农民对维持生活的重要性要给予最高数字10，对保持健康的给予数字8，然后往下降，他对增加肉类改善他的菜肴，可能给予数字6，对他从酒类得到的享受，给予数字4，最后，对饲养鹦鹉，他要给出最低可能的数字1。现在让我们自己站在农民的立场上来设想，我们试问，在这些情况下，对他的福利来说，一袋谷物的重要性是什么呢？

庞巴维克认为，只要知道一袋谷物遭到损失会失去多少效用，就能知道它的重要性了。如果说一定要损失一袋谷物，那么农民会放弃养鹦鹉的那一袋，因为这袋对他的效用最低；如果要失去两袋，那么就是养鹦鹉的那一袋和酿酒的那一袋，以此类推。但要注意的是，上文中所说的第五袋、第四袋等并不是特指哪一袋，这就意味着如果要损失一袋，损失的可以是五袋中的任何一袋。由此可以看出，对于五袋谷物而言，每一袋的效用是由最后的或边际的效用所决定。

意思是说，对于农民的这五袋谷物，自己生活必需的那袋谷物边际效用最大，养鹦鹉的那袋谷物边际效用最小，如果农民要出售一袋谷物，那么他将按照第五袋的最小边际效用，便宜地出让五袋谷物中的任何一袋。

如果我们从农民居住的原始森林转到一个高度组织的经济城市之中，就可以得出一条经验，即物品的数量和物品的价值成反比，也就是中国古语所说的“物以稀为贵”的意思。

此时，我们再来看看水与钻石之谜，水除了维持生命的效用以外，还有其他许多种效用，比如洗衣、灌溉、浇花、泳池、喷泉等，因为水的数量和效用相比钻石来说要多，而价值取决于它的边际效用。这样一来，水的边际效用就远远小于钻石的边际效用，因为大多数人可以拥有足够数量的水。

亚当·斯密认为，水比钻石有用，实际上是在比较水的总效用和钻石的总效用，而两者的价值比较是取决于它们的边际效用。总效用和边际效用的概念经常被混淆，对一个饥肠辘辘的人来说，他吃了第一个面包，又吃了第二个面包，直到吃了第三个面包才饱了，但不能因此就说第三个面包的效用最大，因为他之所以获得吃饱了的满足感，是取决于他吃了三个面包后的总效用。从边际效用来说，肯定是第一个面包的边际效用最大，第三个面包的边际效用最小，而此时，如果再让他吃第四个、第五个面包，那么这时的边际效用就会更小。

而谁在为我守候

关于边际效用，虽然是一个经济学的概念，但在市场营销甚至是日常生活中都普遍存在。比如，当你和同事刚刚参加完一场招投标活动以后，晚上你们一起聚餐吃火锅，大家都感觉心情非常愉快。此时，火锅将有助于保持一个好心情，它对心情的边际效应是正值；当你们吃到一半时，手机上收到了一条招投标成功的消息，你们看到后更加高兴，胃口大开，又多点了一些菜，并决定吃完后再去酒吧庆祝一下。此时，招投标成功的结果增加了吃火锅对心情的总效用。

进一步分析来看，我们需要思考两个问题：第一个问题是如果不断地点更多的菜，会不会对你们吃火锅的心情带来影响？第二个问题是为什么会决定吃完后再去酒吧庆祝一下？答案不言而喻，如果菜多得到了大家都吃不下的地步，那么并不能增加心情的愉悦，可能会适得其反；而之所以会选择吃完后还要再去酒吧庆祝，是因为大家都感到心情尚未充分愉悦，此时原有的火锅的边际效用已经不能完全满足了，那就需要增加新的边际效用。

这一过程就是边际效用递减的过程，导致这种边际效用的本质原因与人的生物特性有关，按照心理学上的韦伯定律来说，神经元对等量外界刺激的条件反射程度，随刺激次数的增加而递减。

实际上，任何产品或服务对顾客来说，都会存在消费行为边际效用递减的情况。这就提示我们要特别关注两种情况：一是对于医疗美容的新客而言，边际效用的影响是最大的，因此也就解释了为什么要非常注重拉新；二是医疗美容机构要不断推出新的品项，才能不断形成新的边际效用供给，因此，对于新客的定义不应仅局限于初次来院的顾客，而应是初次消费某个项目的顾客。

同样的应用还可以是在面对顾客咨询的时候，当营销人员不厌其烦地向顾客介绍推荐、讲解展示时，也应该意识到，讲得越多，语言的边际效用就会越小。很多时候，人们都不愿意听到别人唠叨个没完，还有些时候，人们更关心叙事的结果而非叙述的过程，这些都是边际效用递减所造成的。

看到这里，也许有人会产生疑问，难道是话说得越少越好，又或者有人会反驳说，难道营销的话术不重要吗？事实上，这样的问题与我们所讨论的边际效用以及边际效用递减并不矛盾，反而是可以得到支撑和印证的。

营销的话术当然重要，之所以把说话称为术就在于变化，俗语讲的“见什么人说什么话”“到什么山唱什么歌”皆通此理。

对于医疗美容机构的营销活动，这种变化就是围绕如何快速准确地洞察出顾客的购买动机，识别出顾客的真实需求，再辅之以语言上的互动和引导，这样才能有助于成交率的提升。如此一来，整个思维脉络就更加清晰了，顾客由产生动机到产生需求，这一过程中，动机是营销人员无法营造和引导的，它完完全全源于顾客自身，而需求则是可以营造和引导的。满足顾客需求的过程中，营销人员必须要知道最大的边际效用在哪里，以及最适当的刺激方式是什么，营销语言和行为要学会取舍，否则就会感到《我和我追逐的梦》总有那么多擦肩而过的时候。

孤独依旧
多希望你能靠在我的胸口
却不愿痴心得到你的温柔
人群之中装作冷漠
泪不敢流
让命运牵引着我南北西东
看世间悲欢离合难分难舍
而谁在为我守候
我和我追逐的梦擦肩而过
永远也不能重逢
我和我追逐的梦一再错过
只留下我独自寂寞
却不敢回头

如表4-2所示，对于具有实用主义倾向和显性动机的顾客，通过价格上的优惠可以更好地发挥边际效用的影响；对于具有实用主义倾向和隐性动机的顾客，通过产品品牌或企业品牌的影响力可以更好地刺激其需求的转化；对于具有功利主义倾向和显性动机的顾客，通过真实诊疗案例的介绍，远胜于价格上的吸引力；对于具有功利主义倾向和隐性动机的顾客，产生边际效用影响最大的就是其所处的环境，包括直接的作业环境、服务环境以及间接的装饰环境。

表4-2　发挥边际效用影响的主要刺激方式

分类	实用主义	功利主义
显性动机	价格刺激	案例刺激
隐性动机	品牌刺激	环境刺激

第五章　场　景

特别的爱给特别的你

市场营销学的一个重要发现是，顾客的反应和行为通常会受到场景的变化而变化，这种由不同时间、不同地点、不同刺激物组成的场景会直接影响到顾客的购买决策。

对于优秀的营销人员来说，一定会具有非常好的场景感，或者说，如果本身具备了好的场景想象力，那么就有可能成为一名出色的营销人员。在市场营销的研发工作中，营销人员必须能够想象得出哪些产品适用于哪些场景。当然绝不是凭空想象，要了解这方面情况，可以通过观察法、访谈法、数据分析法等找出顾客是如何使用产品的。

一些特定的日期，比如元旦、春节、中秋节等是特定的节日消费场景，再如生日、结婚周年、毕业季等是特定的纪念日消费场景。围绕这些消费场景，营销人员可以设定适当的广告和产品定位策略，开展市场推广活动。

同样，一些特定的人群，比如不同年龄段、不同职业等都会有不同的消费倾向和行为偏好。营销人员需要深入理解产品在不同消费场景下是如何被顾客使用的，这样才能更好地制定营销策略。

实际上，如果我们把特定的日期与特定的人群组合在一起分析，则更容易聚焦到哪些才是影响顾客消费的场景，贯穿这一过程的方法就是对市场的细分。

表5－1中，我们以微整形项目为例，细分了顾客群体在使用场景下的消费意愿，按重要度从低到高分为三个星级，这种方法有助于我们评价每一个单元格的销量、价格程度和成本竞争力。比如，对于准新娘来说，结婚典礼的日子一定是非常重要的。为了迎接这样喜庆的时刻，她会有一系列的美丽需求，对此就可

以量身定做相应的组合套餐。同时应要注意的是，有些微整形项目在治疗后，可能会出现面部肿胀、红点等症状，虽然这属于正常情况且在短时期内会逐渐消退，但必须把握好这个时间差，对于诸如准新娘这类顾客群体应该履行必要的告知义务，及时进行善意的提醒。

表 5－1 微整形项目的场景重要度细分

使用场景	美白嫩肤项目的顾客				
	准新娘	应届毕业生	年轻白领	家庭主妇	场景利益
工作	★	★★★	★★	★	获得更好的岗位机会
生活	★	★	★	★★★	展现更好的生活状态
社交	★★	★	★★★	★★	扩大朋友圈
特定日	★★★	★★	★	★	留下好印象

这也说明，我们对场景细分的重要性不仅在于产品的应用，而且还在于设身处地地为顾客着想。因为顾客由于认知受限或过于期待治疗效果，往往容易忽视潜在的风险，而一旦忽视风险，则会增大实际效果与期望效果之间的差距，由此产生不满意或者客诉的情况。

对于营销人员而言，加强对不同场景下细分市场的研究，要更加关注顾客的个性化特点以及个性化需求，做到这一点通常是知易行难。

细分市场不是根据产品品种、产品系列进行的，而是从消费者的角度进行划分，即消费者的需求、动机、购买行为的多元性和差异性划分的。也就是说，我们对市场细分是针对消费需求情况进行的细分，在此基础上，围绕细分市场再制定产品的营销策略。如果这个关系搞反了，那就本末倒置了，可能出现产品流通性差、产品滞销、营销费用增加等情况，进而会使营销人员对自家产品的竞争力产生怀疑，这种场景就如同歌曲《特别的爱给特别的你》所写的：

没有承诺
却被你抓得更紧
没有了你
我的世界雨下个不停
我付出一生的时间
想要忘记你
但是回忆回忆回忆
从我心里跳出来拥抱你

特别的爱给特别的你
我的寂寞逃不过你的眼睛
特别的爱给特别的你
你让我越来越不相信自己

大凡从事过市场营销的人员，多多少少都对细分市场有一定的认识，但我们讲知易行难的意思是因为，细分市场的概念经常容易被混淆。根本的原因在于细分市场的对象被搞混了，这就是一个先有鸡还是先有蛋的问题。

这是飞一样的感觉

这里，我们要讲到市场细分的两个重要特征：一是市场越成熟，就会越细分；二是市场竞争越激烈，就会出现更细的细分。比如，对于求美的顾客群体而言，化妆品市场就集中呈现出这两个方面的特征。

在计划经济时代，大家都搽雪花膏，早上起来往手上擦点儿蛤蜊油、往脸上擦点儿雪花膏润润肤就很不错了。但随着市场经济的活跃和人们生活水平的提高，好的产品逐渐被认识，人们对美的认识也改变了，对一些高档化妆品从被动需求变成主动需求，这个时候市场就逐渐成熟起来了。市场成熟之后，产品开始丰富起来，人们的需求方式随之改变，既有需要润肤的人群，也有需要保养的、需要防衰老的等，这样就出现了更多细分的产品。

一些世界知名的化妆品公司率先从产品的使用对象进行市场细分，主要分成普通消费者用的化妆品和专业使用的化妆品，其中，专业使用的化妆品主要是指美容院等场所使用的产品。

此后，对化妆产品的品种进行细分，如彩妆、护肤、染发护发等，同时，对每一品种按照化妆部位、颜色等再进一步细分，如按照人体部位不同将彩妆分为口红、眼膏、睫毛膏等；就口红而言，进一步按照颜色细分为粉红、大红、无色等，此外，还按照口红性质差异将其分为保湿型、明亮型、滋润型等。如此步步细分，仅口红就可以达到100多种，而且还不断向市场推出新的款式，将化妆品的品种细分几乎推向极限地步，市场竞争也更加激烈。

对于中国医疗美容市场来说，较早的消费需求是从眼部整形开始的，开双眼皮、祛眼袋当时还只是小众人群的需求，后来逐渐发展到面部整形，从供给端看，这些都属于医院整形外科的范畴。之后，随着民营医疗美容机构的兴起和发

展，供给方的增多同步激发了消费群体的增加，市场逐渐开始细分，形成了外科手术类、注射填充类、光电仪器类等医疗美容项目，消费群体从小众化发展到大众化，消费地域从一、二线城市延伸到三、四线城市，整个医疗美容市场逐步壮大成熟，营销场景也越来越丰富。

随之而来的是医疗美容市场竞争也越发激烈，供给方的快速增多导致行业内机构良莠不齐，过度营销与恶意竞争使市场进一步细分产生了重大偏差，一个不良的后果是价格战大行其道，均未给供给方和需求方带来实惠，价值链的偏离拖累了整个行业服务质量和水平的提升。

简单而言，中国医疗美容市场目前有了初步的细分，今后将出现进一步的细分，这种进一步的细分就源自差异化。

表 5－2 所列出的市场细分维度，就是基于消费需求存在差异性，因此会表现出不同的市场细分程度。比如，顾客所在的城市规模与总体的购买力水平相关，顾客的教育程度与其消费态度相关，对服装、化妆品、珠宝首饰的需求则与年龄性别结构相关，食品、家具等购买数量与家庭人口情况相关，等等。这些维度的细分变量，构成了细分市场的基础因素，因此也形成了差异化需求的可能。

表 5－2　市场的细分维度

细分维度	细分变量
地理因素	地理位置、城市规模、气候环境、交通状况、人口密集度等
人口统计因素	年龄、性别、职业、收入、民族、宗教、教育、家庭人口等
心理因素	生活方式、决策风格、购买动机、消费态度等
行为因素	购买时间、购买数量、购买频率、购买习惯、对服务、价格、渠道、广告的敏感程度等

讲到这里，你也许会有这样的疑问，究竟场景细分与市场细分是个什么样的关系？

如果能提出这样的问题，可以说你是优秀的读者。这的确是一个好问题，我们在学习的过程中，就是要不断发现问题、分析问题、解决问题，会提问并能提出高质量的问题，可以反映出一个人的思考深度。如果坚持下去，那么你在市场营销的研发道路上终究会有飞一样的感觉。先把一首歌曲《勇敢的心》送给你，然后我们绘制一个表格，那样就更容易看清楚场景细分与市场细分的关系了。

这不是一种幻想
也不是一种痴狂
这就是我坚信的

灿烂生命的模样
这是飞一样的感觉
这是自由的感觉
在撒满鲜血的天空
迎着风飞舞
凭着一颗永不哭泣勇敢的心

场景细分与市场细分是相互交融的，我们既可以在同一市场下对场景进行细分，也可以在同一场景下对市场进行细分。

表5－3就是场景细分与市场细分的关系结构，如果我们把场景细分、市场细分定义为第一层级，那么应用场景、拓展场景、创造场景以及外科手术类、注射填充类、光电仪器类对应的就是第二层级，以此类推，我们还可继续细分出第三层级、第四层级等，分得越细，表格里面的单元格就会越多。

表5－3　场景细分与市场细分的关系

类别		场景细分		
		应用场景	拓展场景	创造场景
市场细分	外科手术类	治疗项目	护肤品 化妆品	消费金融
	注射填充类			
	光电仪器类			

对市场细分来说，第二层级的内容并非是固定不变的，如果细分变量划分，那么市场细分的组合将是多种多样，层级会更加复杂。尽管如此，但营销人员要始终清楚，最终细分出的那个单元格必须要对应到营销场景中。

我对你有一点动心

对于营销场景来说，主要类别可以细分为应用场景、拓展场景、创造场景三种，下面我们结合经典的营销故事，来了解一下场景细分的实际运用。

先来看一下应用场景的故事：

北极圈内的爱斯基摩人因为没有泥土和沙子，不得不将冰块切割成砖来建造房屋，建好的房屋可以抵御寒风的侵袭。

外面，寒风凛冽，滴水成冰，温度一直在零下 50 多摄氏度，而冰屋内却可以保持零下几度到十几度的温度。这样的温度对于爱斯基摩人来说显然是暖和多了。北极是个天然的冰库，而爱斯基摩人的房子无疑是一个巨大的冰箱。

旅行家沃特森目睹了爱斯基摩人的生活后，却冒出一个惊人的想法：把冰箱卖到这里！听到这个消息，许多人都笑了，笑他痴心妄想，白日做梦。

当冰箱运到北极爱斯基摩人的居住地时，沃特森向爱斯基摩人演示冰箱的作用：把自己带去的啤酒和矿泉水，以及爱斯基摩人刚刚捕获的猎物，一起放入了冰箱。他将冰箱的温度档调到了 4 摄氏度。第二天，当爱斯基摩人打开冰箱时，发现那些东西并没有结冰。

爱斯基摩人第一次发现了冰箱在这里的用途。

原来，由于长年的天寒地冻，爱斯基摩人储存食物的方法很简单。他们不分场所，往往把食物一丢，自然会冻起来，不必担心食物会变坏。但再次食用的时候就有些费事了，为了化开那些冻硬的食物，他们常常点燃动物的皮毛或者脂肪，在屋外架起大锅，烧一锅开水来解冻。这样费时费力，很多时候爱斯基摩人都不愿意花费这么大的精力来解决看似简单的问题。有时候赶上大风的天气，在外面根本立不起灶台来。

有了冰箱，这些问题都迎刃而解了。冰箱不仅可以用来冷藏食物，而且也可以防止食物冰冻起来，它省了做饭前繁杂的解冻程序，爱斯基摩人着实体验到了冰箱带来的好处。

把冰箱卖给爱斯基摩人的故事中，非常有代表性的一个问题就是顾客的认知受限，而这种认知成分直接关系到顾客的购买决策。每年都会有大量的新产品出现，事实上，顾客很难了解到那么多种类，即便是某一行业的专业人士，也难以收集到全部信息。

这就表明，顾客决策是在一定信息范围内做出的，这一范围的大小取决于其认知程度的大小，大部分顾客通常是在购买之前才快速从外部收集少量的产品信息，要注意到这句话里面的几个词：“购买之前”“快速”“少量”，把这几个词组合起来的意思是说，顾客在进行购买决策的过程中，是有一定时间压力的，并且少量的信息足以支撑顾客选择。

从群体上看，顾客认知到的信息，既可能来源于销售人员，也可以来自其周围密切接触的群体成员，如图 5－1 所示，顾客对所购产品缺乏了解或者难以对产品品质做出判断时，别人的使用或推荐将被视为非常有用的证据。

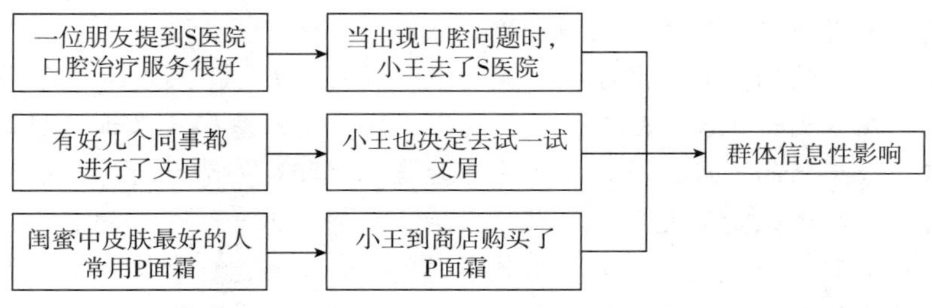

图5－1　消费场景下的群体信息性影响

个体会把群体成员的行为和观念当作潜在的有用信息加以参考，尽管这种信息非常简单，可能是有人随口一说，也可能是受他人行为的影响，又或者是自己主观上设定的参照对象，总之，这类信息性影响不需要数量上的多，只要个体认为《有一点动心》，就足以触发购买决策和消费行为的产生。

我对你有一点动心
却如此害怕看你的眼睛
有那么一点点动心
一点点迟疑
不敢相信我的情不自禁

群体与参照群体是两个不同的概念，大多数人属于不同的群体，当人们参与到某一特定群体之中时，往往会把这个群体的看法和价值观作为个人当前行动的基础。参照群体最初是指家庭、朋友等个体与之具有直接互动的群体，随着时代和社会情境的变化，参照群体的含义也在变化。现在它不仅包括了这些具有互动基础的群体，而且还涵盖了与个体没有直接面对面接触但对个体行为产生影响的个人和群体。

群体对群体成员的信息性影响，取决于被影响者与群体成员的相似性以及施加影响的群体成员的专长，如果一个人知道他人想知道的事就能拥有信息影响力，而拥有信息影响力的人往往可以凭借其对"事实"的熟悉对他人的消费行为产生影响，比如，人们在选择书评、影评时更重视专家的意见或其他人的口碑，就是这样的道理。

前面山高千百丈

参照群体作为市场营销领域研究消费者行为比较常用的外生变量，在不同的消费场景下，群体影响的敏感性会对消费者决策风格产生影响。参照群体具有规范和比较两大功能，规范功能在于建立一定的行为标准并使个体遵从这一标准，比如受父母的影响，子女在食品的营养标准、如何穿着打扮、到哪些地方购物等方面形成了某些观念和态度。比较功能是指个体把参照群体作为评价自己或别人的标准和出发点，比如个体在布置、装修自己的住宅时，可能以喜爱的样板或熟人的家居布置作为参照和仿效对象。

下面，看一下拓展场景的故事：

一个小伙子去应聘百货公司的销售员。

老板问他："你以前做过销售员吗?"

他回答说："我以前是挨家挨户推销的小贩。"

老板喜欢他的机灵："你明天可以来上班了。等下班的时候，我会来看一下。"

第二条，差不多该下班的时候，老板来了，问他说："你今天做了几单买卖?"

"一单"年轻人回答说。"只有一单?"老板很吃惊地说："我们这儿的售货员一天基本上可以完成20~30单生意呢。你卖了多少钱?"，"3万美元"年轻人回答道。

"你怎么卖到那么多钱的?"目瞪口呆，半晌才回过神来的老板问道。

"是这样的，"年轻人说，"一个男士进来买东西，我先卖给他一个常用的小号鱼钩，然后是专业的中号鱼钩，最后是发烧友用的大号鱼钩。接着，我卖给他比赛用的小号鱼线，明星用的中号鱼线，最后是钓鱼关键用的大号鱼线。我问他上哪儿钓鱼，他说海边。我建议他买条船，所以我带他到卖船的专柜，他买了一艘长20英尺有两个发动机的纵帆船，因为这是广告中宣传最幸运的钓鱼船，他很喜欢。然后他说他的小汽车可能拖不动这么大的船。我于是带他去汽车销售区，卖给他一辆新款豪华型越野车。"

老板几乎难以置信地问道："一个顾客仅仅来买个鱼钩，你就能卖给他这么多东西?"

“不是的，”年轻售货员回答道，“他是来给他妻子买发卡的。我就告诉他‘你的周末算是毁了，很多人都去钓鱼了，你干嘛不去呢?’，而他又恰好有些朋友经常周末去钓鱼。”

从买一个发卡到最后消费了几万美元，作为故事，情节里有杜撰和夸张的成分，但也不失逻辑上的合理性，正因为“很多人都去钓鱼了，而他又恰好有些朋友经常周末去钓鱼”，所以，这名顾客才会受到别人行为上的影响。由于顾客总是处于一定的社会环境之中，这种行为表现在感觉到来自参照群体的压力，如图5－2所示，群体规范性影响会促使顾客行为，一方面希望获得参照群体的肯定，另一方面也会服从群体规范，以避免被群体所拒绝。

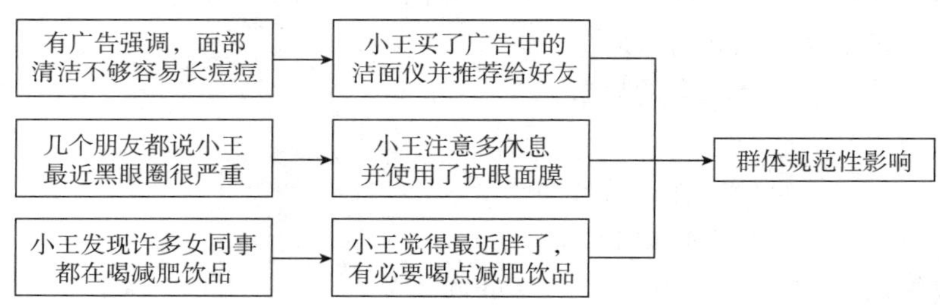

图5－2　消费场景下的群体规范性影响

事实上，相比群体的比较性影响，规范性影响与顾客消费行为之间更加密切，因为人们倾向于服从所属或向往阶层的社会规范。同时，对规范性影响越敏感的人，越容易受到合法性力量的影响，比如，制服能够增强顾客对店员的可信度，广告里的演员穿上白大褂出场可以增加产品表现出的权威性，这些通常来源于人们对社会合法性力量的认知，受此影响所做出的购买决策往往倾向于降低不确定性。

医疗美容行业中百万大单就真实出现过，虽然数量上屈指可数，但说明凡事皆有可能，更何况还有那《偶然遇上的惊喜》。

曾经踏遍路途千万里
途中跌倒过爬不起
无望的心感困累全然交瘁
无助身躯早已没有力气
彷徨中遇见热诚的膀臂
迷蒙中碰到你多惊喜

前面山高千百丈
得你在身旁
纵使呼呼风雨
仍觉甚美

客观上讲，医疗美容行业的百万元大单绝不是偶然出现的，一定是同时具备多重条件才能产生的，这恰恰说明了为什么百万元大单难以模仿和复制的原因。另外，尽管百万元大单难以复制，但十几万元、几十万元的订单还是屡见不鲜，究其根本，很大程度上是通过拓展营销场景实现了升单转化。

希望花开早

当人们越来越关注个性化的用户体验时，仅有产品远远不够，还要与消费场景建立联系，那些将产品卖点与消费痛点精准结合的个性化产品，往往更能得到顾客青睐，下面看看创造场景的故事：

某公司创业之初，为了选拔真正有效能的人才，要求每位应聘者必须经过一道测试：以比赛的方式推销梳子，并且把它们卖给一个特别指定的人群：和尚。

几乎所有的人都表示怀疑：把梳子卖给和尚？这怎么可能呢？搞错没有？许多人都打了退堂鼓，但还是有甲、乙、丙三个人勇敢地接受了挑战。一个星期的期限到了，三人回公司汇报各自销售实践成果，甲先生仅卖出一把，乙先生卖出十把，丙先生居然卖出了一千把。同样的条件，为什么结果会有这么大的差异呢？公司请他们谈谈各自的销售经过。

甲先生说，他跑了三座寺院，受到了无数次的拒绝，但仍然不屈不挠，终于感动了一个小和尚，买了一把梳子。乙先生去了一座名山古寺，由于山高风大，把前来进香的善男信女的头发都吹乱了。乙先生找到住持，说："蓬头垢面对佛是不敬的，应在每座香案前放把木梳，供善男信女梳头。"住持认为有理。那庙共有 10 座香案，于是买下 10 把梳子。

丙先生来到一座颇负盛名、香火极旺的深山宝刹，对住持说："凡来进香者，多有一颗虔诚之心，宝刹应有回赠，保佑平安吉祥，鼓励多行善事。我有一批梳子，您的书法超群，可刻上'积善梳'三字，然后作为赠品。"住持听罢大喜，立刻买下一千把梳子。

能够卖出一千把梳子，在于创造出一个很宏大的消费场景，从市场营销的角度来看，梳子可以看作为一种有特定意义的产品满足了香客的需求，那所深山宝刹的需求不在于梳子而是香客的流量，此时“积善梳”作为一种品牌传播，很好地连接起各方的需求点，其所承载的更是一种价值表现，在特定的场景下，群体的价值观会直接影响到个体的价值观。

如图5－3所示，群体认同性影响的产生是以个人对群体价值观和群体规范的内化为前提，越是受认同性影响的顾客，越容易通过产品或品牌来强化自身形象。

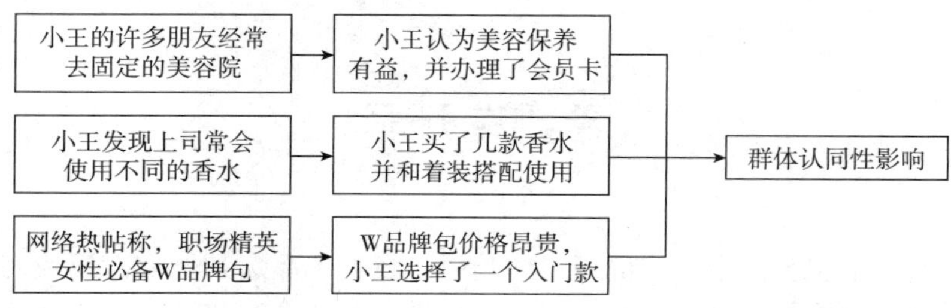

图5－3　消费场景下的群体认同性影响

有研究发现，女性顾客的品牌决策行为更容易受到参照群体的影响，也就是说，她们会通过语言互动确定群体成员的评价，或者通过观察群体成员的行为来促成品牌购买决策，特别是当决策处于模糊状态时，其所信赖人的意见往往非常重要，因为其购买的目的就是获得重要参照群体的认同或者提高个人形象，用流行的网络语言来讲就是“种草”，如同歌曲《兰花草》所写的：

我从山中来
带着兰花草
种在小园中
希望花开早
一日看三回
看得花时过
兰花却依然
苞也无一个
转眼秋天到
移兰入暖房
朝朝频顾惜

夜夜不相忘
期待春花开
能将夙愿偿

“种草”一词源于美妆圈，意为向他人推荐或产生购买欲，种草营销就是利用内容创造需求，无论是新的需求，还是唤醒原来的需求，本质上都是创造场景化的营销方式。

创造场景很重要的一点就是要突出品牌的差异化，这种差异化既可以体现在品牌主张上，也可以是产品定位上，比如，对于都市白领女性的护肤需求，从需求程度依次排序来看，分别是补水保湿、修复舒缓、美白、抗痘去痘、紧致，这是一个比较大众的需求；对于小圈层的顾客来说，其需求依次是提亮肤色、抗痘去痘、紧致、抗氧化，而这往往会成为品牌的差异点。

第六章　环　境

明亮的落地窗

在市场营销的研发中，如果把场景看作想象空间，那么环境就是现实空间。对医疗美容机构而言，其包括了建筑物中所涉及的装饰、灯光、音响、气味、商品展示、行走路线、员工着装等诸多方面，这些我们可以统称为对顾客消费的刺激物。这里我们主要讨论的是内部环境，是指顾客来到医疗美容机构以后所能够感知到的影响消费体验的因素，包括现实环境和氛围环境，如装饰、灯光等属于现实环境，行走路线、员工着装等属于氛围环境，或者说我们把范围限定在医疗美容机构的建筑物内部，目的是使这一部分讨论的内容更加聚焦。

环境可以引起员工和顾客的情感反应，进而影响员工的服务行为和顾客的消费行为。医疗美容机构的环境并非是顾客直接消费的产品，无论你装修得多么高档、豪华，顾客都不会愿意在其订单里承担你装修的分摊费用，这一点与那些度假酒店截然不同。这样讲并非是说不需要好的装修，而是希望你能认识到顾客需要的是“对”的装修，衡量这种“对”的标准就是为目标顾客创造恰当的氛围。换言之，讨论的重点是要通过调节真实环境，让顾客保持良好的购物心情并产生购买欲望。

在表6－1中，我们对顾客的购买目的进行了分类，在购买产品、购买服务、购买体验三个类别中，有些是单一目的，有些是两者结合，这里并不是说没有三者的结合，而是希望营销人员能非常清楚地知道，顾客发生购买行为最主要的目的是什么，因此，我们一般会聚焦一到两个类别。比如，购买矿泉水的主要目的是产品本身可以补充人体所需的水分；购买云存储既要获得存储空间，也要获得云端系统提供的安全服务；购买智能手机的顾客，既要看中产品的样式、价格，也需要满足其通过手机进行拍照、游戏等体验。

表 6－1　顾客购买目的分类

类别	购买产品	购买服务	购买体验
购买产品	矿泉水	银行理财	咖啡馆
购买服务	云存储	汽车保养	会务酒店
购买体验	智能手机	医疗美容	参观旅游

顾客来到医疗美容机构不是来购买产品的，而是来购买服务的，或者说是来购买体验的。对顾客而言，医疗美容机构作为供给方，所提供的就是满足其需求的服务和体验，比如，一毫升的玻尿酸只是商品的一种，顾客真实的购买目的并不是要买玻尿酸这个产品，而是希望购买玻尿酸使用的这项服务，并通过使用玻尿酸获得容颜形态变化的体验。如同歌曲《我希望》所写的，窗子只是实现晒太阳的一个载体，并非是最终需求。

我希望能拥有个
明亮的落地窗
每天都能够去晒一晒太阳
把我的东西都摆在地上
再唱起从前的时光

从认知的角度看，无论是现实环境还是氛围环境，都会影响顾客对医疗美容机构提供产品和服务的看法，因此，这种环境是医疗美容机构与顾客之间的一种非语言沟通方式。医疗美容的顾客更看重所购买的服务和体验，这为环境运用提供了巨大的发展空间。

细节决定成败，购物环境的营造不仅是一门学问，更是于细节处体现经营理念的行为艺术。

一般而言，色彩、光线适宜、背景音乐优美的商业环境会引起顾客愉快、轻松的情感，而阴暗、嘈杂的环境会引起顾客焦虑、烦躁的情感，气温、光线、空气质量等也会影响顾客的生理反应。

医疗美容机构的环境需要布局合理、标识清楚，以便于顾客找到他们需要的产品或服务；同时，良好的环境还应该便于员工与顾客交流沟通，有助于员工完成服务任务、提高工作效率。

对于医疗美容机构的来院顾客，我们不能一概而论，要通过环境氛围加以细化区分，比如，对于来院咨询的顾客，环境氛围的目标是延长其逗留时间，以利于更充分地开展营销活动；对于来院治疗的顾客，环境氛围的目标是要减少其等待的焦虑感，以利于更好地体验产品和服务；对于刚刚完成治疗的顾客，环境氛围的目标是要缓解其紧张记忆或痛楚情绪，以利于提升客户的满意度。要实现这些目标，就在于我们如何从细节处把握颜色、气味、音乐等环境要素。

今天海是什么颜色

顾客通过视觉感受颜色，这是最直接的感知体验，因为人类大脑处理图像的速度要比文字快几万倍，颜色可以在几秒时间内向人们传达特定的讯息及情感。心理学家认为，顾客的购物行为之所以受到颜色的影响，那是因为顾客在购物时，其行为大多时候受到情绪的支配。

实际上，颜色本身并不具有任何情感，只是人们在长期生活中形成了一些固定的认知或象征，因此赋予了某些颜色特定的情感和意义。如表 6－2 所示，暖色调包括紫色、红色、橙色、黄色，冷色调包括黄绿色、绿色、青色、蓝色，不同颜色传递出的象征意义不尽相同，既可以传递正面的情感也可以表达负面的含义。

表 6－2　不同颜色代表的意义

暖色调				冷色调			
紫色	红色	橙色	黄色	黄绿色	绿色	青色	蓝色
高贵	热烈	愉悦	辉煌	清新	健康	冷静	理智
神秘	刺激	明朗	华贵	稚嫩	和平	遥远	宁静
浪漫	兴奋	香甜	警示	生机	安全	幻想	深邃
虚伪	危险	欲望	猜忌	酸涩	腐朽	孤僻	忧郁
堕落	暴力	焦躁	贪婪	被动	苦涩	诡异	冷酷

如蓝色代表的意义中包括了理智、宁静、深邃、忧郁、冷酷等，但具体到哪一种视觉感受是与接受者所处的环境和状态密切相关，就如歌曲《听海》所写的，颜色反映了一种心情。

写信告诉我
今天海是什么颜色
夜夜陪着你的海
心情又如何
灰色是不想说
蓝色是忧郁
而漂泊的你狂浪的心
停在哪里

讲到蓝色，有两种蓝不能不提：一种是被誉为最纯洁的“国际克莱因蓝”，这源自艺术家伊夫·克莱因创作的蓝色单色油画，他为这种蓝色申请了专利，克莱因认为蓝色是世界上最无限、最具包容性的颜色；另一种是被誉为最昂贵的“蒂芙尼蓝”，这是珠宝公司蒂芙尼在创立初期品牌宣传册及包装使用的颜色，长时间沿用后成为品牌的注册颜色，蒂芙尼蓝比知更鸟蛋蓝要稍微淡一点。在西方，知更鸟象征着幸福美满，所以这种颜色成为人们心中最幸福的颜色，渐渐地蒂芙尼蓝也成了全球万千女性的梦想之色。蒂芙尼的创始人还设定了一条规矩：礼盒不能单独对外销售。当时《纽约太阳报》报道了这件事：“蒂芙尼有一样产品，无论花多少钱都买不到，它就是蒂芙尼小蓝盒”，后来蒂芙尼小蓝盒也被注册了专利，并成为包装史上最具辨识度的设计之一。

RGB 与 CMYK 是常用的两种颜色模式，其中，RGB 模式是电脑、手机、投影仪、电视等屏幕显示的最佳颜色模式，CMYK 是印刷或打印时用的颜色。由于受到专利保护，克莱因蓝和蒂芙尼蓝都不能随意使用，人们只能找到与这两种颜色比较接近的 RGB 与 CMYK 值，比如，接近克莱因蓝的 RGB 值为（0/47/167），CMYK 值为（98/84/0/0），接近蒂芙尼蓝的 RGB 值为（129/216/207），CMYK 值为（56/0/25/0）。

RGB 指的是红色（Red）、绿色（Green）和蓝色（Blue）三种原色光，其来源于物理学家牛顿在三棱镜色散实验中发现的光的色彩奥秘，当一束白光通过三棱镜时，它将经过两次折射，其结果是白光被分解为有规律的七种彩色光线：红、橙、黄、绿、蓝、靛、紫。七种色光中只有红、绿、蓝三种色光无法被分解，也无法合成，而其他四种色光均可由这三种色光以不同比例相合而成，于是红、绿、蓝就被称为“色光三原色”。红、绿、蓝每一种颜色各有 256 级亮度，用数字表示从 0 ~ 256 级的 RGB 色彩共能组合出约 1678 万种色彩。在 CMYK 中，CMY 是三种印刷油墨名称青色（Cyan）、洋红色（Magenta）、黄色（Yellow）的首字母，而 K 取的是 Black 最后一个字母，之所以不取首字母，是为了避免与蓝色（Blue）混淆。

人们对色彩的爱好常与其自身的性格、生活经验、情趣有直接关系。随着社会的进步和发展，人们对色彩的情感受到更多联觉的影响，对色彩的情感也变得更加丰富。

比如，画家瓦西里·康定斯基的色彩论中，他认为："黄色是典型的大地色。它从来没有多大深度，当它掺入蓝色而偏向冷色时，就会像我们前面所说的那样，产生一种病态的色调。如果我们用黄色来比拟人类的心境，那么它所表现的也许还不是精神病的抑郁苦闷，而是其狂躁状态。一个疯子总是漫无目标到处袭击别人，直到他筋疲力尽为止。换个比方；黄色使我们回想起耀眼的秋叶在夏末的阳光中与蓝天融为一色的那种灿烂的景色。"

在康定斯基看来，黄色和蓝色的等量调和产生了绿色。这时两者的水平运动以及向心和离心运动互相抵消。平静出现了。这一事实不仅为眼科医生所认识，而且是众所周知的。纯绿色是最平静的颜色，既无快乐，又无悲伤和激情。

虽然色彩对人的情感影响丰富且多变，但不同的色彩对人的情绪刺激不同，也不是无规律可循，人们对色彩都有一些惯性的认知，每一种色彩也有比较普遍的情感象征，在营销设计中我们要对这些惯性认知加以利用。

比如，在医疗美容机构中一般主色调倾向于使用冷色调，因为它可以让人放松，缓解焦虑感，有利于提高销量和顾客满意度，但在特定区域，暖色调比冷色调更能吸引人的注意力，如表6－3所示，在整体区域空间里常常需要冷暖色调搭配使用。

表6－3　医疗美容机构不同区域的色调分类

区域	等待区域	面诊区域	治疗区域	展示区域
色调	冷色调	暖色调	冷色调	暖色调

符合多数人的审美要求是环境设计的基本规律，但对于不同地区来说，由于生活习惯、文化传统和历史沿革不同，其审美要求也不同。因此，颜色设计既要掌握一般规律，又要了解不同民族、不同文化背景、不同地理环境的特殊习惯和气候条件。

记忆中曾被爱的味道

在电影《香水》中有这样一句台词：人可以在伟大之前、恐惧之前、在美

丽之前闭上眼睛，可以不倾听美妙的旋律或诱骗的言辞，却不能逃避味道，因为味道和呼吸同在。

从心理学角度来看，一旦某种气味被嵌入大脑里，即使是视觉的线索，也可以让它苏醒，甚至让人再次感受到它，这是因为气味与人类脑部的海马体有着密切的联系。海马体作为形成记忆的重要组成部分，促使你闻到一种气味而回忆起与这气味有关的场景，正如歌曲《味道》所写的：

想念你的笑
想念你的外套
想念你白色袜子
和你身上的味道
我想念你的吻
和手指淡淡烟草味道
记忆中曾被爱的味道

有实验发现，在所有感觉记忆中，气味感觉最不容易忘记，视觉记忆在几天甚至几小时内就可能淡化，而产生嗅觉和味觉的事物却能令人记忆长久。《感官营销》一书中指出：专家研究表明在过去十年左右的时间里，营销人员已经越来越清楚，气味可以区分市场中的不同品牌，可以改善顾客的幸福感，而气味营销也激发营销人员去确定一种情绪，促进某一产品的销售，或者为某一品牌进行定位，而气味营销，比起其他营销手段的大排场、大动作，气味营销的效果更加润物细无声。

越来越多的研究结论也表明，气味对顾客的消费行为会产生影响。

（1）有香味的环境会让顾客产生再次造访的意愿。

（2）有香味的环境可以提高顾客对品牌的回忆和评价。

（3）某种香味可以增加顾客在购物时的愉悦感和兴奋感。

（4）某种香味可以提高对商品的使用或购买意愿，降低对购物时间的敏感度。

现实中，气味对消费行为的影响并非局限在研究范畴，而许多企业通过实践来印证，比如，航空公司推出自己的香水，通过气味来创造美好的飞行体验。新加坡航空在飞机上提供的热毛巾中喷洒名为“Stefan Floridian Waters”的香水，这款香水混合了玫瑰、薰衣草和柑橘的气味；达美航空使用自有香水“Clam”，这款香水不仅沁入头等舱提供的热毛巾中，还被喷洒在航班机舱内。再如，香格里拉酒店推出的专属香氛大受顾客喜欢，使顾客习惯性地把那种“恬静宜人的世外桃源”味道与“香格里拉”品牌联系起来，并由此衍生出精油、蜡烛等产品作为伴手礼来推广，加深了顾客对品牌的印象。

同样，还有企业通过气味来彰显品牌格调，比如，玛丽莲·梦露的一句“我只穿香奈儿5号入睡”，让香水成为时尚界的重要标志产品，也将香奈儿推到了更高的品牌地位；国际知名品牌LV店铺中的专属香味，不但能够帮助顾客安神、延长购物时间，更能使顾客产生一种亲切感，从而减少顾客到其他店铺进行购买决策的机会。ZARA Home 制作了一种略带牛奶与甜橙香气的专属味道，它会让人联想到懒洋洋地捧着牛奶吃着水果看着书的安逸时光，增加顾客的幸福感。

好的气味给人们创造出一种特别的环境感觉，让人们下意识地产生环境沉浸感，引发场景联想，进而促进消费决策，有时甚至可能会购买并不需要的产品。这就是一种润物细无声的营销环境和氛围，无须店员告诉顾客该买什么，所有决策都是顾客自己做出的并且很享受这个过程，企业也因此获取了更多的收益。

当然，气味特别是香味的偏好是非常个性化的，一些人喜欢的气味，总有人会不喜欢，但我们知道，香味可以调节人的心理和生理机能，改变人的精神状态。如表6－4所示，列举了不同的香味的功效作用，要记得，好闻的气味总是与人们某种美好的记忆相关。

表6－4　不同香味的功效作用

香味	功效作用
薰衣草	减缓焦虑
柠檬	让人提高警觉
橘子	产生积极情绪
丁香	提神醒脑
百合花	排除烦躁
桂花	减轻疲劳感
紫罗兰	想工作的意愿
茉莉花	无忧无虑的感觉

对于医疗美容机构而言，环境中的香味是必要，能否给顾客带来一种专属香味的感觉是重要的。因为对于新客来说，这种专属香味就代表着企业品牌的味道，对于老客来说，专属香味再一次出现时，就会非常容易提取相应的情绪和记忆，进而刺激顾客的购买欲。

此外，室内空气要保持一定的温度和湿度，一般温度控制在20℃左右，相对湿度保持在40%～60%RH为宜，并且要注意室内通风，保持空气清新，这不但有益于顾客购物，而且对员工身心也是有益的。

甜蜜是眼中的痴痴意

音乐是人们情感产生和形成的一个重要刺激因素，在商业环境中，音乐能影响顾客的消费情绪，而消费情绪又会影响到消费行为。一般来说，快节奏的音乐主要表现人们的正面情绪，慢节奏的音乐主要表现人们的平静情绪，不同节奏的背景音乐会对顾客带来不同的情绪感受。

从神经科学角度看，听着音乐购物可以促进人体多巴胺的释放，让人产生快乐的感觉，并能够使人进入一种慷慨的情绪之中。比如，对于商场而言，慢节奏的音乐可以使顾客放松并延长在商场的逗留时间，从而增加从商场购买商品的数量；对于餐馆而言，快节奏的音乐可以减少顾客的用餐时间，从而增加周转次数。再如，音乐较大声时，色彩鲜艳和比较便宜的衣服会比较好卖，这可能是因为人们听这种音乐时比较不会注意商品。也就是说，音乐响度和节奏的选择实际上是按照消费场景来适配的。

音乐的生理作用是通过音响对人的听觉器官和神经产生作用开始的，进而才影响到全身的肌肉、血脉及其他器官的活动。也就是说，音乐作为一种外在刺激，通过模仿能引起人们身体变化或生理反应的刺激，进而影响人们的情绪。这也解释了为什么有时明明不开心，但如果把嘴角向上扬，改变面部肌肉，那么情绪会变得稍微愉悦一点的原因。但由于音乐太抽象，不能像视觉、味觉那样直接刺激顾客感受音乐中的情绪，因此音乐更主要的作用是情绪感染，让人们感知到了音乐中所表达的某种情绪，然后自发地开始“模仿”这种情绪。

音乐影响人的情绪有多方面原因，音乐本身可表达出一定的情绪，同时它也可以引发听者的情绪，而人们自身在日常生活中也有一定的情绪，这三类情绪范围并不是完全重合的，如图 6 -1 所示，我们不能穷尽所有的情绪，但从常见的情绪中，三类情绪的交集内容包括快乐、温柔和悲伤。对于营销工作而言，我们在消费环境中着力发挥音乐的影响力，就是希望朝着引发顾客快乐情绪的方向去努力。

同样，在本书的每一章节里，我们都选用了一首歌曲，通过歌词来引导读者进入一种特定的阅读情绪之中，仿佛字里行间流淌着音乐的节奏，以此来呼应上下文，增强内容的可读性与感染力。这里选择的歌曲是《涟漪》，在它的每句歌词里几乎都能反映出不同的情绪，阅读时可以慢慢体会品味。

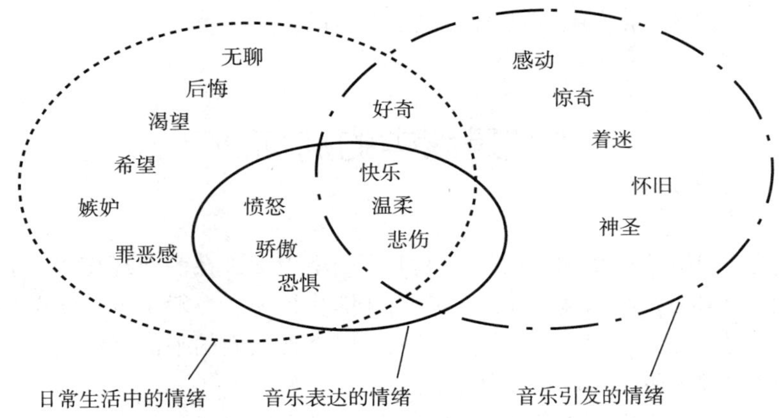

图 6-1　不同种类的情绪范围

生活静静似是湖水
全为你泛起生气
全为你泛起涟漪
欢笑全为你起
生活淡淡似是流水
全因为你变出千般美
全因为你变出百样喜
留下舒心的印记
植物亦似歌
那感觉像诗
甜蜜是眼中的痴痴意
做梦也记起这一串日子
幻想得到的优美

在医疗美容机构中究竟使用哪种音乐更合适，是快节奏还是慢节奏？这一点大家的认识并不一致，也比较难以形成一种什么样的定势，因为要达到所期望的效果，需要综合考虑人群、区域、面积、时期等多方面因素，但也并非无章可循，我们还是能提供一些简短的研究结论和建议以供参考。

（1）古典音乐会让顾客高估展示商品的质量，并使他们的实际花销比预算要多。

（2）不同的人对同一首歌的反应情绪存在较大差异，女性顾客趋向于对音乐产生更多的积极反应。

（3）反复听到同样的歌曲，顾客和员工都会产生厌倦，可能引发抵触情绪，尤其是在节假日期间。

（4）最合适的音乐是那些不会引起顾客明显注意的音乐，如果顾客四处张望音乐是从何而来的话，那这件事就搞砸了。

（5）要着力创造音频、视频、灯光、气味、色彩融为一体的环境，给品牌一个声音，赋予其情感，维护好顾客积极的消费情绪。

（6）设计开发符合品牌价值和设计美学、又能迎合消费者生活方式的店内音乐播放清单，最大限度播放符合更多顾客偏好的音乐。

如果希望顾客来到医疗美容机构后既能够放松心情，保持良好的消费体验，又能够多花点钱，并愿意再次光临，那么你在音乐上多花点心思是值得的。

爱上你从来不动摇

当消费者走在繁华都市的街头时，创意满满的橱窗总是能吸引人们的目光，这些橱窗在满足着顾客无限好奇心的同时也能为商家带来无限的经济收益。同样，在医疗美容机构的建筑物中，依然会有很多空间设置橱窗，比如，沿街面的落地窗、专门的商品展示区域、通道的两旁、贵宾室的房间等，它们都可以转化成独特的营销场景优势。

20 世纪初，随着欧洲商业及百货业的兴起与发展，橱窗设计逐渐成为商品的一种销售方式和销售技术。中国最早的橱窗广告出现在 20 世纪初的上海先施百货公司。当时，先施百货与永安、大新和新新并称上海的“四大公司”，他们争相花重金聘请专业人才，所设计的橱窗陈列和商品布局掀起了一阵橱窗热。

橱窗的心理功能主要是唤起注意、引发兴趣、激发动机，所采用的心理方法包括精选商品、突出主体，塑造形象、以美感人，进行渲染、启发联想，就如歌曲《都要微笑好吗》所写的，展现的是一种购物情景。

在广场的转角孩子们笑
开心向前奔跑
橱窗布置情景式的广告
诉说着一群人为爱人祷告
站在街道我穿越人潮
也为了誓言在祈祷
爱上你从来不动摇

近年来，随着声、光、电以及玻璃工艺的发展，橱窗设计也越发精美。时至今日，橱窗作为视觉营销的重要一环，能通过直观的艺术化形式让消费者了解到品牌所传递的人文观念和文化情怀。

精美的橱窗通常能引起消费者的购物欲望，即使部分消费者暂时无法承担某些昂贵商品的价格，也并不妨碍他们积极关注并欣赏相关的橱窗。换言之，无论是否买得起，消费者仍会行使观看的权利并使之成为一种娱乐的方式，同时从中获取时下最流行的元素与趋势。比如，爱马仕在节日橱窗，用绿色做背景来衬托爱马仕的经典橙色，用低饱和色彩搭配延续品牌的高级感。蒂芙尼的节日橱窗延续了其品牌经典的“蒂芙尼蓝”，并加上中国农历新年的元素，打造出一个“环游地球”的微缩世界。

除了奢侈品牌，橱窗仍是众多百货商店青睐的对象。如美国的梅西百货打造出一个如梦如幻的橱窗世界，消费者在路过橱窗时还能与里面的陈列进行互动，通过橱窗下的操纵杆控制雪橇，每当雪橇碰到一个礼物，橱窗就会闪现精美灯光。法国的春天百货将神经兮兮的大象、烤不熟的火鸡、参与选美的驯鹿、钟爱香水的母鸡和压力无处释放的暴躁熊作为橱窗里的主角，平日里一动不动的陈列突然间“活”了起来，吸引了大量消费者的围观。

他山之石可以攻玉，对于医疗美容机构来说，把握好一些要点，就能够让你的橱窗设计增色不少。

（1）橱窗设计要有一个明确的主题，一方面是为了吸引与感动顾客，另一方面是为了更好地突出品牌内涵。

（2）要借助各类新技术让橱窗表现出活力，比如将营销信息通过图像、视频等方式在智能玻璃橱窗上进行动态展示。

（3）橱窗的构图包括了均衡式、并列式、旋律式、叠加式、发散式、堆积三角式、曲线式、弧形式、直线式以及对称式等构图方式，最重要的一点就是构图的均衡美。

此外，还可以进行这样的尝试，就是在那些面向顾客的橱窗里，展示出一些高端品牌的新款商品，比如，香奈儿的箱包皮带，爱马仕的丝巾围巾，卡地亚的珠宝首饰，价位从三千、五千到三万、五万不等。这样做的目的，一方面，是设定一个比较区间，对顾客来说，究竟是愿意花几万元钱，买一个短期使用的商品，还是愿意为自己的美丽进行一次长期的投资；另一方面，是可以把这些商品与拓客有效结合起来，如每季度组织一次顾客答谢会，把橱窗里的商品都拿出来，对于在答谢会上下单的顾客，进行奖励或抽奖，这既可以激活存量用户，又可以保持橱窗的展示商品常换常新。此外，每一个橱窗都可以成为缓解顾客等待时间的关注点，也能够成为驱动顾客参加活动的兴趣点。

当然，这样做是有一些成本的，但相比于那些满天飞的广告投入和低价引流的手段来说，这种方法的成本是可控的，投入产出比一定是高的，前提是你提供的橱窗商品也必须货真价实。

每个梦里都有你的梦

环境会影响顾客和员工的反应与行为，同时顾客和员工的行为也会影响到整个环境，因为顾客和员工可能会改变或促使对环境中的物品进行重新布置，从而改变某些环境因素的意义和作用。有研究表明，顾客感知的拥挤程度对于其消费体验有着负面的影响，拥挤的环境会降低顾客满意度，减少购买数量，增大推迟购买或到其他地方购买的可能性。一般来说，通道的宽窄、移动路线的合理性、场地划分的标示度都会影响顾客感知的拥挤程度。

同时，服务人员的仪态仪表是企业视觉形象系统的重要组成部分，员工的统一着装不仅有利于企业形象的塑造，更能方便顾客在需要服务时能准确辨认服务人员。服务人员是否主动沟通、是否热情、是否乐于为顾客服务也是影响顾客购买决策的重要因素，好的行为表现不仅可以给顾客留下良好印象，更能促进顾客的购买行为。

下面，我们以星巴克为例，结合几个有趣的现象，来对标分析一下有哪些方面是医疗美容机构可以学习借鉴的。

（1）为什么星巴克的排队模式和别家不一样，顾客都被要求横向排队，而非竖向？

星巴克设计横向排队的最大好处就是，让所有顾客都是面对工作区，缓解等待焦虑。这样，顾客能看到工作人员的忙忙碌碌，一杯又一杯调制而出的咖啡，意味着自己那杯也很快来临，焦虑感也能随之降低。

顾客之所以焦虑是因为信息不对称，在医疗美容机构中，引起顾客焦虑的环节比比皆是，最常见的就是让顾客莫名地等待，等来等去就产生了焦虑，带来了不满，引起了抱怨，甚至最后用脚投票，转身而去。

等待分为“可感知的等待”和“未感知的等待”，大多情况下，顾客的焦虑是由未感知的等待引发的。比如，当顾客来院接受一项整形手术时，在术前需要进行建卡、沟通、化验、清洁等一系列准备工作，如果不能充分告知整个流程，那么顾客就经常会感觉不知所措，感到被晾在了一边。再如，医院每天的门诊量是不同的，对于新诊的顾客来说，可能会有一些等待时间，这时医院需要告知顾客，在咨询或治疗的环节大概平均需要多长时间，根据当天的情况，这些时间是会缩短还是会延长，让顾客做到心中有数。又如，对于一些经常会出现排队的项目，比如光电类项目，在顾客等待区域可以安排一些可看性强的医疗美容视频，或者组织一些与医疗美容相关的互动参与活动等，以此分散顾客等待的注意力。

等待是把“双刃剑”，既可以让顾客等出满意，也可以使顾客等出不满，关键在于医疗机构如何科学合理地规划顾客每一个等待流程，量化每一个等待环节，其背后是医疗美容机构精细化的管理水平和运营能力，如同歌曲《等待》所写的：

我为什么还在等待
我不知道为何仍这样痴情
明知辉煌过后是黯淡
仍期待着把一切从头来过
我们既然曾经拥有
我的爱就不想停顿
每个梦里都有你的梦
共同期待一个永恒的春天

当你收获了顾客满意，就意味着得到了下一次获客的先机；反之，当顾客形成了不满，那也意味着复购时平添了一份阻力。这个问题的利害之处在于，今天商家让顾客等了、忍了、痛了，明天顾客也一定会让商家等着、忍着、痛着。

（2）为什么顾客什么都不买，干坐在星巴克，工作人员也不会赶顾客？

这是一种经营理念，来的就是客，现在不消费，但终究会有消费的机会。就算暂时不消费，最起码也给商家攒了人气，路过的人看到里面热火朝天，就可能有进来的冲动。

当下许多医疗美容机构的装修程度都毋庸置疑，有些如同豪华的五星级酒店，有些是满满的科技感、未来风，应该说在硬件设施上各有千秋，但绝不落后，并且还会不定时地进行翻新改造。但在“软装”设计上普遍存在一个短板，那就是接待大厅“大而空”，“温度”不足，“热度”缺失，这里的温度不是指室温，而是指视觉感官的饱满度，热度不是指室温的高度，而是指人气的强弱。

无论是新客还是老客，接待大厅都是顾客最早踏足的地方，也是决定顾客第一眼感受的场所，这里达到两个极端都不好，如果放眼望去，大厅里空荡荡的，那么感觉上这家机构似乎要“凉凉”了；如果一进门就看到闹哄哄，人满为患，那么感觉也是不好的。

所以，在接待大厅这样一个非常重要的地方，把握好“度”就显得非常重要，这里我们提出一个参考方案。假设这是一个长方形的接待大厅，入口在长边的正中，当顾客走进大门，正对的应该是接待台，配有迎宾导流人员。在接待台的一边是可容纳 20 ~ 30 人的活动区域，适合组织一些讲座、答谢会、生日会、展示会等活动，每月尽可能地保持大部分天数都有些活动进行，至少双休日是要保证的，前提是活动的音量要控制好。大厅的装饰，要让顾客感受到热情、亲切、舒适。电视屏墙，不时映出“欢迎光临”等礼貌用语并交替出现超高清视频介绍。

在接待台的另一边，分为两个区域，靠近接待台的区域是顾客临时等候区域，以开放式的沙发为主，辅之以茶几或小桌板以及多媒体的展示，格局暖色调，色彩也可丰富明亮一些。在等候区域的隔壁，就是远离接待台的那个区域，是半开放式的形象设计顾问工作区域，以透明化的矮隔断进行布局，在没有顾客形象设计任务时集中在这里办公，及时响应入门顾客的接待，把形象设计顾问从一个个小房间里“解放”出来；只有当顾客有形象咨询需要时，才会陪同顾客一起进入相对私密的形象设计房间。这一点很重要，大厅聚人气、聚财气，不能只靠上门的顾客撑场面，那样就是本末倒置了。

（3）为什么星巴克的工作人员没那么热情?

星巴克内部不称呼“店员”或“员工”，而是称“伙伴”，就是想让每个人之间是彼此尊重的。对顾客来说，星巴克的员工不是服务员，而是咖啡师，不会因为你是顾客就刻意讨好你，这其实就是企业文化的体现。之所以强调咖啡师，而不是服务员，这并不是对服务员的歧视，而是要体现一种对专业的关注和尊重。咖啡师也是一个服务工种，所从事的也是服务工作，只不过咖啡师提供的是一种专业服务，体现的是产品价值。

对医疗美容机构的形象设计顾问来说也同样如此，我们在上文中之所以呼吁要把形象设计顾问从一个个小房间里请出来，根本上也是在倡导如何体现形象设计人员的专业化程度以及专业价值。如果专业化程度发挥出来了，那么专业价值就会转化为产品价值、项目价值、服务价值、品牌价值，有些事情就水到渠成了，压单、升单的两难局面就少了。

专业化的前提是职业化，如何深化医疗美容形象设计顾问的职业化不是一个老生常谈的问题，职业化需要有职业化的精神、职业化的素养、职业化的能力，更需要有职业化的环境。应该说，在职业化环境方面，医疗美容机构良莠不齐，这也造成了医疗美容形象设计顾问队伍的良莠不齐，有些时候考核评价指标设计的不合理，反倒有些“逼上梁山”的味道。

比如，强调要微笑服务顾客，这本身无可厚非，因为这是基本的商务礼仪，但如果要把它作为一个考核指标就有些荒唐了，因为问题的本质不在于服务人员怎么笑，而在于顾客是否能够满意地笑。换句话说，没必要强迫形象设计顾问如何笑，又不是讲相声、演小品，况且相声或小品演员笑场了就是演出事故，而着力点是要让观众会心地笑，这才是体现职业化功力的地方。我们不遑论医疗美容设计顾问这个职业是不是朝阳职业，但它在很大程度上，如同医生、教师一样，是可以成为终身从事的职业。医生要治病救人，教师要教书育人，这是职业特征也是职业操守，而医疗美容形象设计顾问要成为形象设计师，肩负起召美助人的责任，路途广阔、前景光明、任重道远，还需各方一同努力。

正如营销大师乔·吉拉德所说："销售，绝不是降低身份去取悦客户，而是像朋友一样给予合理的建议。你刚好需要，我刚好专业！仅此而已。"在一个共享和分享的美丽新时代，成就别人就是成就自己，医疗美容机构手中职业化的这张牌要打好。

语　录

- 无论成交还是未成交，其过程都是顾客决策的过程。
- 冲动消费就是无计划的消费行为。
- 顾客并非总是以理性的方式来寻找最优解决方案。
- 顾客的认知和时间是否受限，影响着决策的质量和结果。
- 顾客决策的过程具有可塑性，可能在一瞬间发生变化。
- 经验不只是记载过去已发生的事，更重要的是把过去引向未来。
- 顾客并不是要购买产品本身，而是要满足其需求或解决其问题。
- 价格并不影响购买动机和购买需求的产生，价格真正起作用是在购买决策阶段。
- 顾客的反应和行为通常会受到场景的变化而变化。
- 顾客所在的城市规模与总体的购买力水平相关，顾客的教育程度与其消费态度相关。
- 顾客通常是在购买之前才快速从外部收集少量的产品信息。
- 个体会把群体成员的行为和观念当作潜在的有用信息加以参考。
- 将产品卖点与消费痛点精准结合的个性化产品，往往更能得到顾客青睐。
- 环境是医疗美容机构与顾客之间的一种非语言沟通方式。
- 在特定区域，暖色调比冷色调更能吸引人的注意力。

- 好闻的气味总是与人们某种美好的记忆相关。
- 在商业环境中，音乐能影响顾客的消费情绪，而消费情绪又会影响到消费行为。
- 每一个橱窗都可以成为缓解顾客等待时间的关注点，也能够成为驱动顾客参加活动的兴趣点。
- 当你收获了顾客满意，就意味着得到了下一次获客的先机。

第二部分

客户关系的管理

“愉悦的心情，有利于顾客购买产品和服务。”

第七章 观 念

因为你是我的眼

客户关系管理源于市场营销理论，（Customer Relationship Management，CRM）概念最早的提出者 Gartner Group 认为：所谓客户关系管理就是为企业提供全方位的管理视角，赋予企业更完善的客户交流能力，最大化客户的收益率。经过 20 多年的发展，CRM 理念已经得到广泛普及和运用。

今天，当我们谈到 CRM 时，许多企业管理人员都会自然地把它看成一套管理系统或是应用软件。实际上，管理系统或应用软件只是 CRM 的技术手段，如果仅从这个维度来看的话，就很容易忽略了 CRM 在管理中的战略地位。

从表 7－1 可以看出，CRM 的核心思想是把客户作为企业的重要资产，进而开展客户价值管理，这是一个将客户信息转化成为客户关系的积累过程，是要将各种分散的、独立的信息转化成一种关系。

表 7－1　多维度理解客户关系管理

维度	内涵
战略	客户的终身价值决定了企业投资于某种关系的种类和数量，成功的客户关系管理需要持续地评估客户，投资于有价值的客户并削减对无价值客户的投入
理念	客户留存与价值贡献来源于企业战略执行，成功的客户关系管理要求企业必须以客户关怀为中心，把客户不断变化的需求和需求的不断变化作为营销驱动力
过程	客户关系的建立与维护是一个长期过程，成功的客户关系管理需要企业基于客户需求变化和行为偏好，形成快速识变、有效应变、主动求变的能力

续表

维度	内涵
能力	长期并有利可图的关系根本上需要人的能力来维系，成功的客户关系管理需要企业把人力资源与组织资源有效融合，具备满足客户需求的灵活调整能力
技术	建立灵活调整能力的效率支撑，成功的客户关系管理需要企业通过技术运用实现与客户的密切互动，加快对客户需求的响应速度，不断优化流程响应时间

企业常讲“以客户为中心”，CRM 就是以“以客户关怀为中心”，通过与客户建立长期和有效的业务联系，满足不同价值客户的个性化需求，实现客户价值持续贡献，进而提升企业的盈利能力。无论从多少维度看待客户关系管理。简而言之，我们要始终把目光投向客户，如同歌曲《你是我的眼》所写的：

你是我的眼
带我领略四季的变换
你是我的眼
带我穿越拥挤的人潮
你是我的眼
带我阅读浩瀚的书海
因为你是我的眼
让我看见这世界就在我眼前

对于医疗美容机构来说，检验自身客户关系管理的水平可以通过“战略、理念、过程、能力、技术”五个维度进行，首先要定义清楚求美者的终身价值是什么，你能够为求美者的价值实现提供什么样的产品和服务，以及哪些投入是真正有助于求美者的价值实现，这些方面必须要上升到战略层面来思考。

当下，许多医疗美容机构的从业者都会感到，每逢节假日如果不做促销活动，心里就觉得不踏实，甚至平日里还要想方设法地人为创造一些庆祝活动。实际上，无论线上还是线下，通过促销获客的方式，都已经越来越难了，许多传统的营销手段，不但激发不了客户的购买热情，引流效果也不甚理想，转化率很低。究其原因，根本上在于市场环境发生了变化，以前赚钱容易的时候，医疗美容机构过于重视市场开发，而忽视了客户终身价值。

从横向看，每个客户的价值都由三个部分构成：第一部分是历史价值，指的是到目前为止已经实现了的顾客价值；第二部分是当前价值，指的是如果顾客行为模式未发生改变的话，将来会给企业带来的顾客价值，比如复购；第三部分是未来潜在价值，指的是如果企业通过有效的交叉销售可以调动顾客购买积极性或促使顾客向别人推荐产品和服务等，从而可能增加的顾客价值，比如新增订单。

从纵向看，客户的终身价值取决于客户关系维持时间的长度、客户份额的大小以及客户范围的多少三个方面，毫无疑问，客户关系维持的时间越长、客户消费支出的占比越大、客户可消费产品的选择越多，客户的终身价值就越高。

那么，单体客户的终身价值该如何计算和应用呢？我们举例来说明，最典型的例子就是在电信运营行业。比如，你是某一家电信运营商的客户，每月购买了200元的套餐，如果连续消费了3年，那么累计的消费金额就是7200元，这就是历史价值。如果你在未来5年仍然选择这家运营商以及同样的套餐，那么你每年产生的当前价值就是2400元，未来潜在价值就是12000元。

当然，无论是当前价值还是未来潜在价值都还仅是理论上的数字，为了变现这个数字上的价值，电信运营商会设计出锁客活动，比如充话费200元送200元分月返还的活动，在接下来的10个月里，每月返还20元，虽然相当于年度总费用打了9.2折，但成功获得了近一年的当前价值。这种方法表象上看是促销活动，但它不同于打折促销，而是着眼于客户留存的锁客手段，意在通过维持客户关系，挖掘客户的终身价值。

多么痛的领悟

关于客户关系管理的价值实际上就是如何认识客户价值，或者说客户关系管理的本质就是客户价值的管理。这绝不是做样子、走形式的事，也不是只停留在学术层面的探讨，而是能够获得实打实的收益，表7-2中的相关研究结论足够让人们感到震撼了。

表7-2 客户关系管理的价值研究

研究机构	研究结论
麻省理工	如果你从一个客户那里获取的全部销售收入，达不到获客成本的3倍以上，那么企业将无法顺利地活下去
贝恩咨询	客户忠诚度领先者的收入增长速度约为同行的2.5倍，未来十年内带来的股东回报是同行的2~5倍
扬基集团	2/3的客户离开其供应商是因为客户关怀不够
哈佛商业评论	客户满意度如果有了5%的提高，企业的利润将加倍
施乐帕克研究中心	一个非常满意的客户的购买意愿将6倍于一个满意的客户

比如，麻省理工学院的研究结论，如果企业从一个客户那里获取的全部销售收入，达不到获客成本的3倍以上，那么这家企业将无法顺利地活下去。这对于那些苦苦挣扎于生存边缘的医疗美容机构而言，不仅仅是感同身受，更多的是切肤之痛。

对于那些重度营销、大投广告的医疗美容机构而言，其客户获取上高度依赖搜索引擎竞价排名，连同美容院推荐及各类广告推广，获客成本普遍在6000~7000元，而这些必将分摊到客户身上，进而推高医疗美容成本，使获客和盈利更加困难，以至于许多机构处于微利或亏损状态。根本上的问题还是出在自身，仍然是观念问题，如果思想观念没有转变，那么就会只有痛而没有《领悟》。

啊，多么痛的领悟
你曾是我的全部
只是我回首来时路的每一步
都走的好孤独
啊，多么痛的领悟
你曾是我的全部
只愿你挣脱情的枷锁爱的束缚
任意追逐
别再为爱受苦

所谓“长痛不如短痛”，要知道优秀的企业都熬出来的，无论是巨无霸企业还是独角兽企业，一定都曾经历过痛苦的成长过程。事实上，越来越多的企业已经认识到客户价值的重要性，一些知名企业如亚马逊（Amazon）、开市客（Costco）等业已开始评估和管理客户群价值了。

之前我们讨论的客户终身价值是对单体客户而言，客户群价值就是所有单体客户终身价值的总和。增加客户群价值的方式包括获得更多的客户、从现有客户处取得更多订单、更长时间留存客户、降低客户支付成本等。

如图7-1所示，客户群的价值来源于现有客户群的价值和未来客户群的价值，它清楚地表明，企业所拥有的客户价值并不是财务报表中所反映的年度销售收入，它包括了对未来收益的预期部分，这就如同人们买股票，当下投入的只是成本，未来可变现的才是收益，人们之所以会去买某只股票，实际上买的是对未来的期望。也就是说，如果当下股票的价格是每股10元，但是看好它未来能涨到15元，那么差额的5元就是对投资行为的价值期望。

之所以称为价值期望，是因为无论是客户的终身价值还是客户群价值，都并非实际已经发生的准确数字，已发生的只有客户的历史价值，其他均为估值。也就是说，最终得出的期望值是一个预测出来的数字。尽管如此，相比从损益表和资产负债表中得出来的价值期望，客户价值更能驱动企业的利润增长。

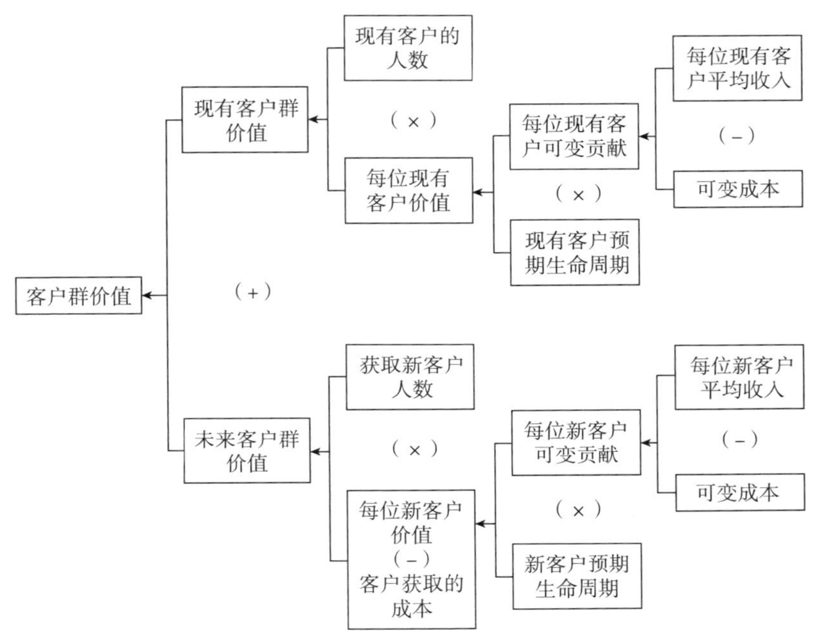

图7－1 客户群价值计算

一般来说，客户生命价值周期包括：品牌认知（广告接触），熟悉品牌特性（了解），考虑需求（解决问题方案），尝试或行动（试用、小规模购买），使用（好用、长期使用、升级会员），维持或回报（情感营销），再购买或不购买（新品推荐、其他产品及服务）。可以看出，客户整个生命周期的过程就是客户价值传导和认知的旅程。

有许多企业认为，评估和管理客户价值太难或者成本过高，甚至在持续的收入压力下，为了快速获取利润，不惜以次充好、缩减服务或者采取其他损害客户利益的措施。事实上，这些短视之举只能让情况越来越糟。明智的企业会使用新的营销指标、工具和技术，来提高客户留存率，增加有盈利能力的客户数，并在最大程度上提升客户购买频次。

指向闪耀的灯球

在客户关系管理的理念上，客户不断变化的需求和需求的不断变化并不是一回事，前者侧重于时间段的概念，后者侧重于时间点的概念。举个例子来说，比如住房这个需求，不断变化的住房需求是指客户想从一居室到二居室或者从二居室到三居室，这是与其家庭状况和消费能力直接相关的，而住房需求的不断变化是指客户想从公寓房到别墅或者从别墅到大平层，这是与其消费观念和消费意愿直接相关的。

对于医疗美容行业而言，不断变化的需求代表着同一客户随着年龄的增长，其对医疗美容项目的需求也在不断变化，比如祛皱项目，在较低年龄段的求美者群体中占比较小，而在高年龄段的求美者群体中就会占比较高，但高年龄段都是从低年龄段成长过来的；再如，需求的不断变化对同一客户在当前年龄而言，其可能同时存在瘦脸的需求、美白的需求、微整形的需求等，其所选择的产品可能从国产到进口，抑或是从进口到国产。因此，围绕客户需求变化产生的营销驱动力就是如何把点做大增多，连成线段。

而我们之所以强调客户关系管理是一个长期的过程，就是看你画出的这条线段有多长，客户第一次消费自然就会产生一个点，但如果第一次也是最后一次消费，那么这个点就只是一个空心的句点。如何把这个句点变成实心点，继而产生第二个实心点，这取决于你满足客户需求的能力如何，必须同时能够满足客户不断变化的需求和需求的不断变化，如同歌曲《野狼 Disco》所写的那样，双管齐下，目标指向清晰明确。

来左边儿跟我一起画个龙
在你右边儿画一道彩虹
来左边儿跟我一起画彩虹
在你右边儿再画个龙
在你胸口上比画一个郭富城
左边儿右边儿摇摇头
两个食指就像两个窜天猴
指向闪耀的灯球

如果你的观念已经从关注财务价值转向关注客户价值，那么你需要开始思考和回答下面一系列问题：

（1）获得新客户的成本是多少？

（2）活跃的客户有多少，购买频率是多少？

（3）为客户服务的平均成本是多少？

（4）客户平均产生的收入是多少？

（5）更好的获客渠道有哪些？

（6）客户服务流程存在哪些问题，如何改善？

（7）如果有更多的客户推荐，你的企业会有什么价值？

（8）是否一开始就不需要花那么多钱就能得到客户？

（9）基于客户需求的目标与运营目标是否一致？

（10）是否基于创造客户价值的业绩贡献来评估和表彰员工的表现？

在这 10 个问题中，前 4 个问题可以指引你找到靶点，第（5）（6）（7）是指引你找到问题的原因，第（8）（9）（10）是助你找到解决办法。比如，目前有多种邀约渠道，如平面广告、竞价广告、公交广告、社交公众号营销等，在医疗美容机构中，顾客邀约的费用在企业运营成本中的占比非常大。有关研究资料显示：一些整形医院获得一个顾客到院的成本为 2000 元，而获得一个顾客在院消费的成本约为 5000 元，占到平均客单价的 50% 以上，在如此高的成本压力下，必须要思考各种渠道获客的有效性，也必须要思考邀约而来的客户能否实现消费转化和复购，以及如果哪一个渠道邀约到更多的顾客，究竟对医疗美容机构的盈利水平是好事还是坏事。

如果我们要把客户关系管理形成一个闭环，那么就绝不是市场营销部门的事，运营部门、财务部门、IT 部门等也必须参与进来，大家要一起商量分析和研究，到底要不要花那么多钱来获取客户，到底要花多少钱才能有效获取客户，在获客上的投入和对员工的考核激励是否有利于满足客户需求、有利于创造客户价值，这种灵魂拷问式的三连击能够帮助医疗美容机构还原出更为真实的经营状况。

我的心全部被你占据

CRM 是关系营销理念的具体实施，所谓关系营销是指企业试图与客户发展一种持续的、不断扩充和强化的交换关系。在商业社会中，营销人员和客户之间为了彼此可能的合作而交往，商业交往的目的是通过交换满足彼此的利益，因此，关系营销的本质是某种程度的“利益”交换。

关系营销有五个关键要素：

（1）通过产品或服务，与客户建立直接关系。

（2）针对不同客户及需求，创造可感知的价值，建立特定关系。

（3）通过产品或服务的附加价值，建立扩充关系。

（4）以有利于留存的定价方式，建立忠诚关系。

（5）以员工个体的出色表现，建立人际关系。

要深入理解“直接关系、特定关系、扩充关系、忠诚关系、人际关系”五个方面，我们需要从企业端和顾客端分别进行分析。因为通过企业端，我们可以认识到创造顾客价值能为企业带来什么样的价值，而通过顾客端，我们可以认识到企业所创造的顾客价值意味着顾客需要支付什么样的成本。这是一个辩证的关系，只有顾客接受并认可的价值，他们才愿意进行成本上的支付，对营销人员来说，必须要进行这样的换位思考。

如图7－2所示，从企业端看，通过产品或服务，与客户建立起直接关系，可以满足企业对于收入的预期，但能否将这种预期转化为现实，则取决于企业能否进一步与顾客建立特定关系。也就是说，如果你能够满足客户需求，那么就会给企业带来直接的现金流，这里我们并没有继续采用收入的概念，因为顾客实现了购买产品或服务，对企业而言最重要的价值是现金流，虽然肯定会形成收入，但有收入并不意味着必然盈利，因此收入在与客户建立特定关系的过程中价值度并不明显，重要的价值是产生正的现金流，这也是顾客为企业带来的最初价值贡献。

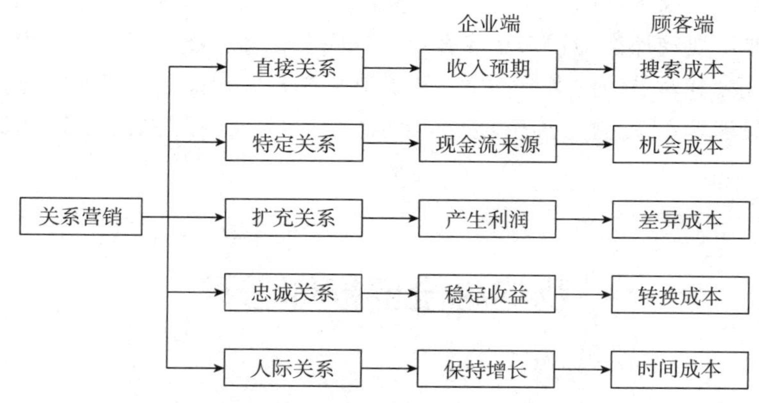

图7－2　关系营销对于企业端和顾客端的价值

企业终究还是需要盈利的，那么是否能够获得利润在于企业能否通过产品或服务的附加价值，来扩充与顾客之间的关系，一旦这种扩充的关系出现并形成，那么利润就自然能够产生。此时，不仅是满足了顾客的基本需求，而且满足了顾客的价值需求。继而，如果能再进一步让顾客感受到身份价值需求，那么就有利于形成忠诚关系，增加企业与顾客之间的互动和黏性，企业也将由此获得稳定的收益。此时，尽管形势一片大好，但仍需更上层楼，因为没有增长，企业发展将停滞不前，而取得增长最根本的还要靠人，靠企业中出色的员工群体，他们是企业最积极、最生动的品牌背书，如果员工能与顾客保持良好的人际关系，那么增长必然是题中之义。

从顾客端看，顾客所付出的并不只是现金，还包括其他现金等价物。换句话说，顾客所承担的成本并不等同于产品或服务的价格，而是常常高于这个价格。比如，顾客到商店去购买物品，那么中间发生的交通费就属于搜索成本，如果要跑好几家商店才能买到商品，则搜索成本可能就会相应增加。

那么，顾客支付的产品或服务的费用属于什么呢？其对应的是机会成本。机会成本是指为了得到某种东西而所要放弃另一些东西中的最大价值，比如，采取 A 方案而放弃 B 方案时，那么 B 方案可能取得的收益就是 A 方案的机会成本；也就是说，如果顾客到你的医疗美容机构消费时，其机会成本就意味着放弃了到其他医疗美容机构消费的收益。

而顾客之所以会选择你的医疗美容机构，最有说服力的理由是你所提供的产品或服务，对顾客而言附加价值更高，这是顾客愿意支付的差异成本，由此才为你的医疗美容机构带来了相应的利润。

同时，如果你能够与顾客建立起忠诚关系，那么就省去了顾客因为另选他家而付出的成本，这样顾客所承担的转换成本最低。当然你需要因此进行必要的投入，以更优惠的方式让顾客感知到留存下来的价值。

最后，综合来看，如果你与顾客建立了良好的人际关系，那就意味着顾客愿意花很长时间和你相处，由此产生的时间成本对你而言是一笔无穷的财富，因为越久地占据顾客时间，就代表着越好地拥有顾客，如同歌曲《爱的天堂》所写的：

沉醉的夜里我遇见了你
在我的心里难忘记
我的心全部被你占据
好想告诉你
我已深深爱上你

建立起有效的客户关系，不能是"剃头挑子一头热"，一定是企业端和顾客端两厢情愿的事，其中一个非常重要的观念是企业能够站在顾客的角度思考问题，不能兜兜转转后又只从谋求自身的利益出发，这样即便形成了客户关系也是不牢靠、不持久的。如图7－3所示，我们将在接下来的章节里深入讨论如何通过完善业务流程、有效评估过程、发挥人员作用等方法，来审视和维系好客户关系。

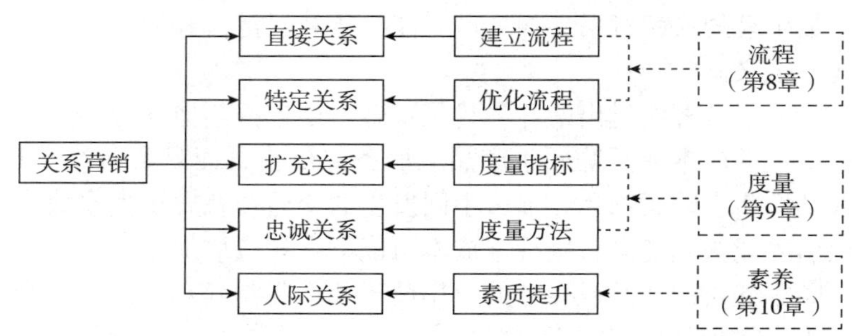

图7－3　建立客户关系方法的展开结构

第八章　流　程

套马的汉子你威武雄壮

通过产品或服务与顾客建立直接关系并不是在一瞬间完成的，而是要经历一个过程，我们可以从三个方面分析这个过程。第一，不同顾客所感知的过程是否相同？第二，同一顾客多次消费中所感知的过程是否一样？第三，对于顾客群来说，如果顾客量增加，而场地或接待能力有限，那么每个顾客所感受的过程是否会发生变化？

比如，一名新顾客来到医疗美容机构接受皮肤光电项目的治疗，从进门到出门整个接待和治疗过程都进展顺利，用了一个小时的时间；第二次，这名顾客又来时，恰巧今天顾客比较多，排队等待的时间就超过了两个小时，那么你认为这名顾客对于两次服务过程的体验满意程度如何，会做出什么样的评价？

这是一个非常简化的事例，只选取了等待时间作为变量，当然可能会有医疗美容机构认为：顾客排队我们也没有办法，难道顾客盈门还不是好事吗？甚至还有的会不以为然地说：这种事情不是很常见吗，有什么值得大惊小怪的！

如果是这样，那么我们再看看下面这个案例：

一位年轻有为的炮兵军官上任伊始，到下属部队视察操练情况。他在几个部队发现相同的情况：在一个单位操练中，总有一名士兵自始至终站在大炮的炮管下面，纹丝不动。军官不解，究其原因，得到的答案是：操练条例就是这样要求的。军官回去后反复查阅军事文献，终于发现，长期以来，炮兵的操练条例仍因循非机械化时代的规则。在以前的时代，大炮是由马车运载到前线的，站在炮管下面的士兵的任务是负责拉住马的缰绳，以便在大炮发射后调整由于后坐力产生的距离偏差，减少再次瞄准所需的时间。现在大炮的自动化和机械化程度很高，已经不再需要这样一个角色了，但操练条例没有及时地调整，因此出现了“不拉马的士兵”。军官的发现使他获得了国防部的嘉奖。

对企业而言，当所处的外部环境发生了较大变化，企业的工作流程和工作方式应该随之变化，而如果企业自身没有意识到这一点，仍遵循原来的动作模式，结果就会出现众多“不拉马的士兵”。这些“不拉马的士兵”是组织行为的产物，虽然他们的存在不创造价值，但这并不是他们本身的错，他们的样子如同歌曲《套马杆》所写的，看上去并不会让人感到讨厌。

给我一片蓝天
一轮初升的太阳
给我一片绿草
绵延向远方
给我一只雄鹰
一个威武的汉子
给我一个套马杆
攥在他手上
给我一片白云
一朵洁白的想象
给我一阵清风
吹开百花香
给我一次邂逅
在青青的牧场
给我一个眼神
热辣滚烫
套马的汉子你威武雄壮
飞驰的骏马像疾风一样
一望无际的原野随你去流浪
你的心海和大地一样宽广

管理者可以通过对以下问题的回答，来分析本企业目前是否存在“不拉马的士兵”。这些问题是：企业内是否存在有些事无人做，有些事抢着做的现象？有没有员工向管理者抱怨不公平？有没有特别孤立的员工，与其他人看上去有些格格不入？有没有发现大多数工作总是由那几个熟悉的人完成？企业内部沟通的速度是否下降或者准确性是否下降？如果对这些问题的回答多数是肯定的，企业管理者就需要重新检查自己的组织结构和运作流程，重新审视职位设计和权责分工，从而就能够发现“不拉马的士兵”。

从组织行为的角度来进一步分析，“不拉马的士兵”随处可见的问题在于，随着信息技术的迅猛发展和众多新技术手段的出现，企业面临的不仅是对原有的营销系统进行改变，更需要在实施变革时进行业务流程的调整。

如表 8－1 所示，这是医疗美容机构中新诊顾客到院常见的接待流程，我们大体估算了一下各项活动所需的时间。当然，在实际中不同项目的诊疗时间不尽相同，而且还可能比这些活动的内容更多，诸如设计方案的人员从咨询师到医生甚至到院长，此处作为案例分析，就不过多赘述了。

表 8－1　新诊顾客到院接待流程　　　单位：分钟

序号	活动名称	活动内容	所需时间
1	进门	前台微笑上前主动迎接顾客	1
2	礼遇	为顾客提供饮料	1
3	接诊	为顾客填写资料，包括顾客的姓名、年龄、电话、咨询项目等，尽可能全面了解顾客信息	5
4	等待	等待分诊和咨询时，为顾客提供医院资料，报纸杂志，WIFI 等	5
5	转诊	通知专家顾客特点，做好接诊准备	2
6	移动	引领顾客到专家室	1
7	服务	专家设计方案	20
8	付款	带领顾客办理缴费手续	5
9	术前	交由护士做术前准备	10
10	术中	手术	30
11	术后	术后观察	30
12	反馈	术后电话回访	5
总时长			125

可以算出，新诊顾客到院整个接待流程用时 125 分钟，其中核心的治疗用时包括了术前、术中、术后共计 70 分钟，作为一个固定值，此外的 55 分钟都可以看成是服务环节，那么问题在于这 55 分钟是否有优化的可能。

如表 8－2 所示，我们对服务环节的活动进行了调整，把“移动”活动前置，把“服务”“礼遇”以及原来的“接诊”活动并行；同时，也对付款和反馈环节借助了网络技术进行了一点改变。这样讲的意思是说，我们并没有进行大刀阔斧的改变，只是进行了一些微调，而整个用时就缩短了30分钟，同比减少了24%的时间占用。

表8－2　新诊顾客到院接待流程优化　　单位：分钟

序号	活动名称	活动内容	所需时间
1	进门	前台微笑上前主动迎接顾客	1
2	移动	引领顾客到专家室	1
3	服务	专家设计方案	20
	礼遇	同步为顾客提供饮料	(1)
	助诊	同步填写顾客资料，包括顾客的姓名、年龄、电话、咨询项目等，尽可能全面了解顾客信息	(5)
4	付款	顾客在线办理缴费手续	2
5	术前	交由护士做术前准备	10
6	术中	手术	30
7	术后	术后观察	30
8	反馈	术后问卷调查	2
总时长			95

事实上，如果我们采用了更多的现代信息技术，那么整个用时还有进一步缩短的空间，但其中最重要的概念并不是技术的运用，而是如何发现哪些工作已经不再必要或者哪些环节可以予以变化，这个过程就是业务流程的优化管理。

让我感觉你最热烈的心跳

流程是一组将输入转化为输出的相互关联或相互作用的活动。在企业管理活动中，以业务流程为出发点和对象，通过内控制度的实施，不断发展和完善业务流程，将企业的理念、战略和经营方针转化为员工的行动，重点在于“价值创造、部门协调和全过程管理”。

业务流程管理包括了业务流程再造、业务流程优化和业务流程标准化三个层次，其中业务流程的标准化是企业与客户建立直接关系的重要内容。业务流程作为一系列完整的端对端的活动，联合起来为客户创造价值，其本质是以客户为中心，从客户的需求为出发点，来安排企业的经营管理活动。

业务流程管理的目标包括：

（1）简化工作手续。

（2）减少管理层级。

（3）消除重叠机构和重复业务。

（4）打破部门界限。

（5）跨部门业务合作。

（6）许多工作平行处理。

（7）缩短工作周期。

流程的基本要素是构成一个完整流程所必不可少的元素，分析流程基本要素可以使我们更容易理解什么是流程。比如，准备烧菜，需要先买好菜，然后洗菜、切菜、烧菜；同时，你可能还需要准备配料、洗锅、洗砧板等，这些内容有的需要先后顺序，有的则可以穿插在其他内容之间。这个要素中，有供应者（原料提供者）、输入（菜、调料等）、输出（可口的菜肴）、过程（劳动过程）、有客户（吃菜的人），这些要素一起便构成了一个流程。

企业几乎所有业务本身都是一项流程，如原材料采购、销售商品、融投资、人力资源招聘等，均可看做流程，但单纯的一个活动或过程，如吃饭、走路等则不是流程。这里，我们需要先明晰两个区别：第一个是流程与活动的区别在于，流程是由一系列活动构成，即最少两个以上的活动动作；第二个是流程与过程的区别在于，流程有具体的输出和服务对象，有输入和供应商，而过程是涵盖在流程之中的。

如图 8－1 所示，我们对流程属性进行分析，箭头表示活动的逻辑顺序，供应者是指在价值创造中起到重要或关键作用的对象，可以是具体的人或部门；输入是指由供应者提供的信息或资料；这些信息或资料通过过程进行转换，输出成为可供客户使用的产品或服务。

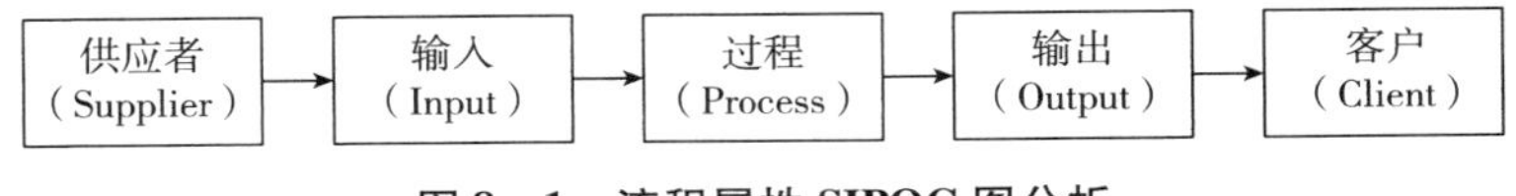

图 8－1 流程属性 SIPOC 图分析

通过分析流程属性，我们可以达到以下目的：

（1）该流程与哪些流程相关，它的上级流程是什么，进一步分解的流程是什么？

（2）该流程优化时需要哪些部门参与？

（3）该流程是否特别复杂，涉及的内容是否特别广泛？

（4）该流程是否对公司经营非常重要？

流程图是表示工作步骤所遵循顺序的一种图形，可以对流程进行总体描述，也可以对各子流程分别作描述。人们通过画流程图的方式来展现流程。一般来说，无论流程多复杂，流程图都可以比较简明地表示清楚，从而对整个活动过程一目了然。

医疗美容机构的流程可分为经营管理流程、医疗服务流程、后勤保障流程三个方面，其中，经营管理流程是战略流程，医疗服务流程是核心流程，后勤保障流程是支持流程。在实践中，我们经常能看到各种各样的流程图，可事实上这些所谓的“流程图”只是示意图，让人感觉看起来《像雾像雨又像风》。

再给我一次最深情的拥抱
让我感觉你最热烈的心跳
我并不在乎你知道不知道
疼爱你的心却永远不会老
你对我像雾像雨又像风
来来去去只留下一场空
你对我像雾像雨又像风
任凭我的心跟着你翻动
你对我像雾像雨又像风
来来去去只留下一场空

如图 8－2 所示，对于顾客到院的接待过程，所呈现出来的只是示意图，而并非是流程图，区别在于，第一，流程图中每个符号里面表示的内容就是一项活动，而在图 8－2 中“顾客”“前台”这些矩形框中所表示的并非是活动过程；第二，流程图中每一项活动都必须清楚地对应到责任主体，这样才能有利于权责分明和管理授权；第三，通过流程图可以更加容易区分哪些是有价值的活动，哪些是不必要或者待改进的行为，比如流程图的连线中如果出现线路与线路的交叉，那么就表明该流程中一定存在不合理的地方。

画不好流程图，就犹如盲人骑瞎马，是个很危险的信号。流程图有专门的符号，不同符号代表不同含义，如表 8－3 所示列举了流程图的常用标准符号，比如“开始”用圆角矩形，判断“是或否”用菱形等，标准使用这些流程符号对于表述出一项高质量的流程非常重要。

下面，我们把图 8－2 的示意图转化成标准格式的流程图，如图 8－3 所示，在流程图的左列是每项活动对应的部门，右侧是具体的动作、活动等过程。相比

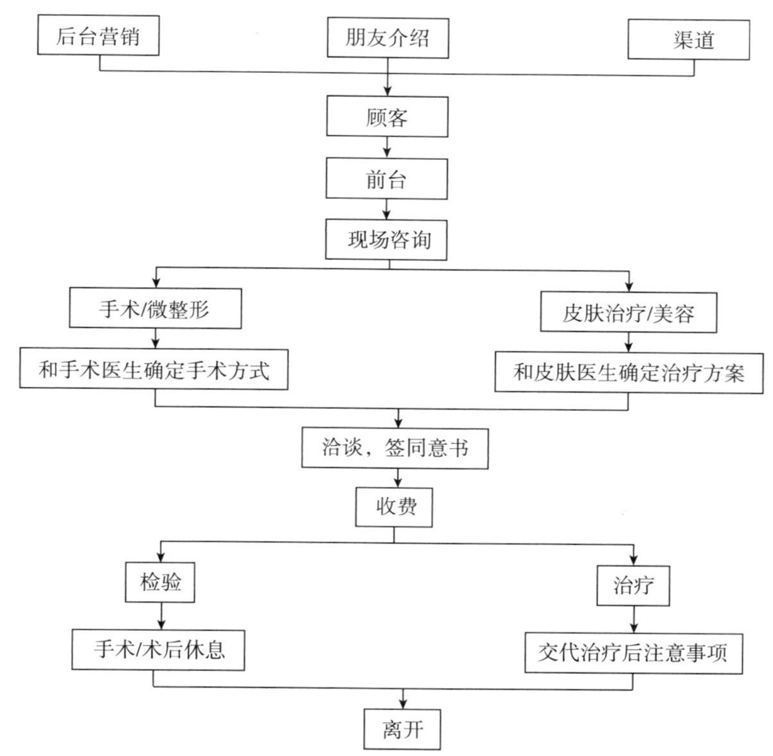

图 8－2　顾客到院接待示意

表 8－3　流程图的常用标准符号

符号	名称	含义
（圆角矩形）	端点	标准流程的开始与结束
（矩形）	进程	要执行的处理
（菱形）	判断	决策或判断
（平行四边形）	数据	数据的输入/输出
（双边矩形）	子流程	未展开的其他流程
（波浪底矩形）	文档	以文件的方式输入/输出

续表

符号	名称	含义
○	联系	同一流程图中从一个进程到另一个进程的交叉引用
	延期	流程页面跳转
	操作	一般用于手动操作
	输入	一般用于手动输入
	访问	访问库存数据
	磁盘	用于存储数据

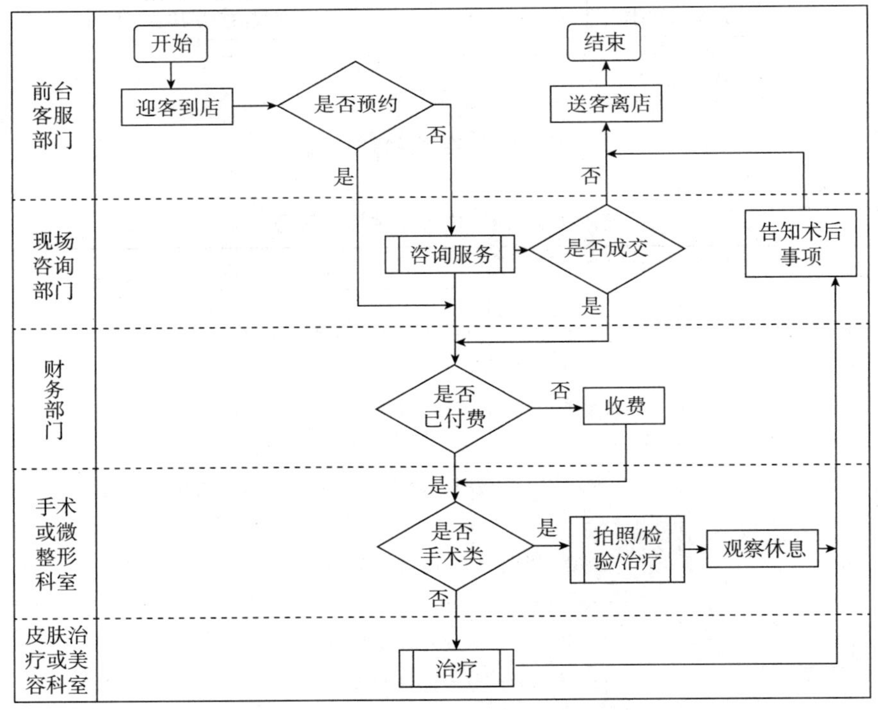

图 8-3　顾客到院接待流程

较示意图和流程图可以看出，流程图中各部门承担的职责划分清晰，有价值的环节都要进行逻辑判断，并且这个流程中还包括“咨询服务”“治疗”等子流程。

按照分类，图 8－3 属于经营管理流程，其中“咨询服务”“治疗”属于医疗服务流程，虽然在图 8－3 中作为子流程，但子流程的概念更多只是跳转到另一个流程的意思，并非指的是流程的重要程度。同时，还需要说明的是，图 8－3 的流程图中只是展示了基本动作顺序，并非包含了全部的活动过程，比如，查询是否预约的环节就需要进行数据交互；再如，成交以后需要进行订单信息输入等，这些动作可以同步展现在这个流程图中，或者展现在其他的流程图中，如何展示完全取决于流程设计者的思路和想法，并不需要一定之规。

此外，医疗美容机构中还有一些后勤保障流程，如图 8－4 所示的采购业务流程，这类流程并不是与顾客直接联系的，因此我们在这里只是顺带展示一下。当然，也可以看出，从流程图的符号和样式来说，无论是经营管理流程图还是医疗服务流程图、后勤保障流程图，遵循的画法原则都是一致的，目的都是通过画

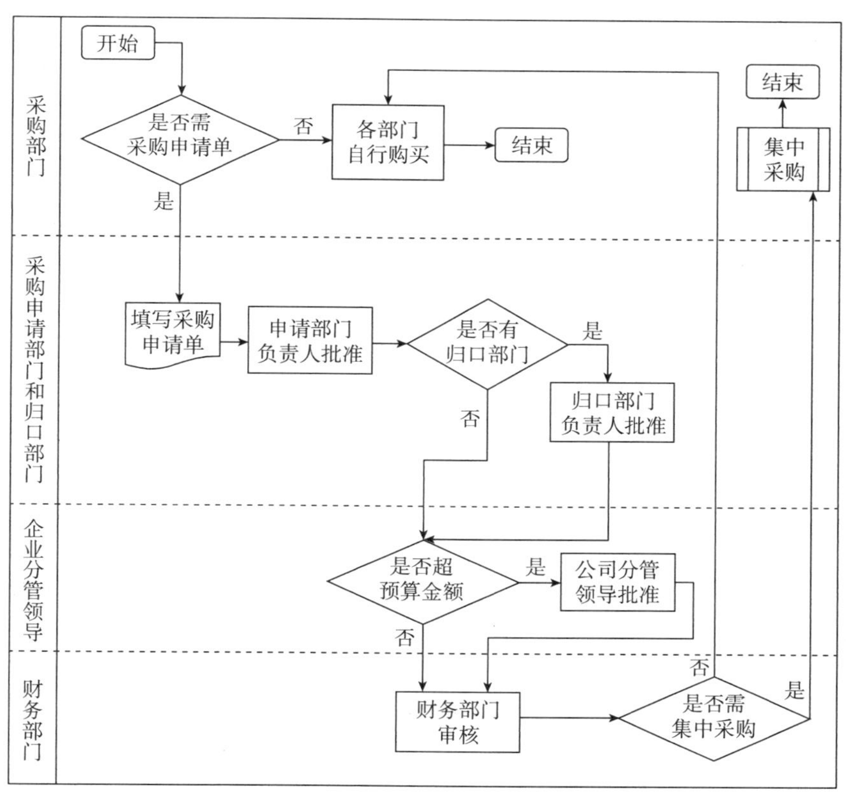

图 8－4　采购业务流程

图的过程，把流程顺序和逻辑结构梳理清楚，找到那些有利于创造顾客价值的活动或动作。

只盼望有一双温柔手

顾客价值是顾客所能感知到的利益与其在获取产品或服务时所付出的成本进行权衡后，对产品或服务效用的总体评价。

顾客感知价值代表着效用与成本之间的权衡，当然不同的顾客对于同一产品或服务所感知的价值并不相同，但所有顾客都会根据自身所感受到的价值而做出购买决策，并不是仅取决于某个单一因素。

那么，究竟有哪些因素驱动着顾客感知价值呢？我们可以用一张表来说明，如表 8－4 所示，通过“情感价值、社会价值、功能价值、价格价值、条件价值”五个维度分析顾客感知价值。

表 8－4　顾客感知价值驱动因素

驱动因素	首要属性	内容
情感价值	安全性	具有正规经营资质 信誉良好，值得信任 环境与设施良好 对顾客问题很重视
社会价值	可靠性	有良好的企业形象 品牌影响力大，知名度高 积极履行社会责任，热心公益事业
功能价值	保证性	专业技术领先 专家团队强 产品质量过硬 服务标准化、规范化
价格价值	真实性	货真价实，物超所值 收费合理、公开、透明 消费过程值得、实惠、划算
条件价值	响应性	服务人员能准确处理顾客需求 能与顾客进行很好的沟通 排队时间短 人性化服务措施到位

在关系管理框架中，顾客感知价值一定程度上决定着顾客关系的维持与发展，比如，对医疗美容机构中的一些重要顾客，在来院前就应为这些顾客预留好停车位，这是顾客可感知到的条件价值；再如，天气突然下雨，给那些未带雨伞的顾客提供印有医院标识的雨具，这是顾客可感知到的社会价值；又如，今天恰好是来院顾客的生日，为顾客消费项目进行一定程度的特别优惠，这就是顾客可感知到的情感价值。

林林总总，顾客感知价值体现的是顾客对企业提供的产品或服务所具有价值的主观认知，而区别于产品或服务的客观价值；换句话说，产品或服务的客观价值，形成的是直接关系，而价值的主观认知，形成的是特定关系。

对于医疗美容机构来说，建立起基本的业务流程只是第一步，接下来，要对那些与顾客直接联系的业务流程进行优化，必要时可能要进行流程变革与再造，这样做的目的是着力把顾客感知价值的驱动因素贯穿于流程环节之中。

要知道，没有一成不变的流程，顾客感知价值本身是动态的，围绕满足顾客需求与期望的流程也需要与之相适应，这样一来，顾客所感知的价值越大，其所带来的价值越大。如图 8－5 所示，我们需要思考在一些具体的进程中，医疗美容机构如何创造出顾客可感知到的价值。

实际上对于顾客，尤其是女性顾客，如果能够让她们感受到你所付出的爱，就会如花绽放，恰如歌曲《女人花》中所写的：

我有花一朵
种在我心中
含苞待放意幽幽
朝朝与暮暮
我切切地等候
有心的人来入梦
女人花摇曳在红尘中
女人花随风轻轻摆动
只盼望有一双温柔手
能抚慰我内心的寂寞

比如，迎客到店的过程，我们希望传递给顾客“情感价值”和“条件价值”，这就需要对这一过程进行设计、打磨、验证并持续优化，把所要展现的价值点细化成一句句话、一个个动作。具体来看一下示例，通常迎客问好的过程细节是：

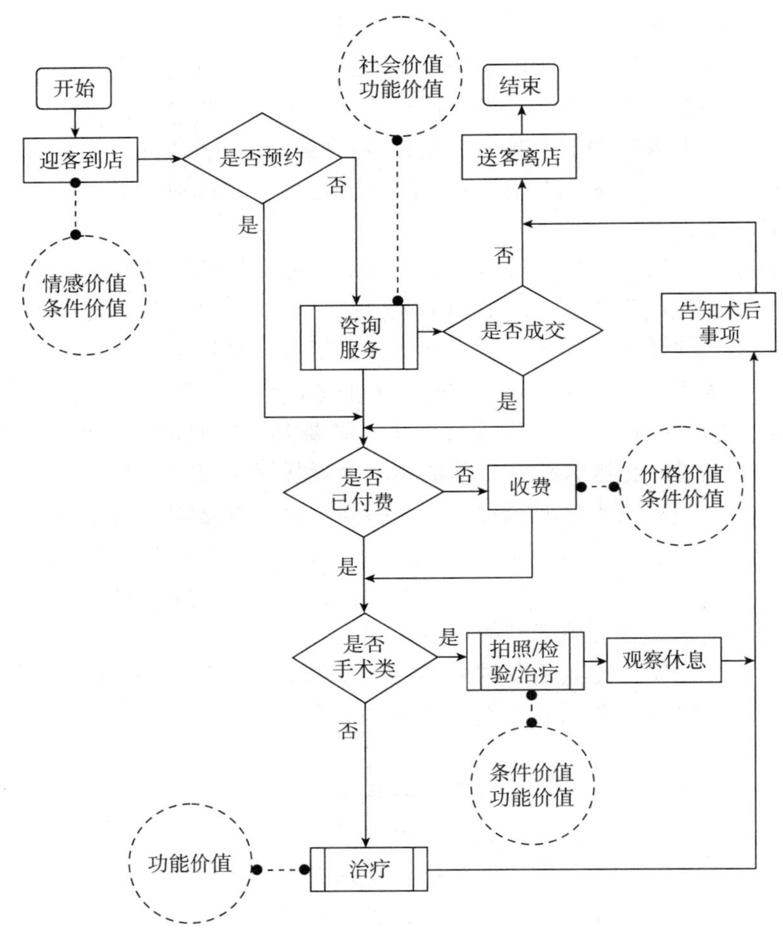

图 8－5　顾客到院接待流程中的价值因素

顾客距前门三米之内，前台应相视而笑，略鞠躬点头并说："您好！请进"。咨询师应热情主动上前问候："您好！欢迎来到 M 整形美容医院，请问我有什么能够帮助您的吗？"

初看一下，这一过程似乎没什么毛病题或者明显的瑕疵，但如果从顾客感知价值的角度来分析，问题一一浮现就出来了。

"您好！欢迎来到 M 整形美容医院"。这句话有没有问题？当然有，因为顾客已经来到医院，对顾客说"您好"的意思就是欢迎来到的意思，而后面又接了一句"欢迎来到 M 整形美容医院"，这时就产生了同义反复，相当于对着顾客说了两遍"您好"，显然这两句话加在一起就变成了赘述。如果我们调整一下，变成“早上好！欢迎您来到M五A级整形美容医院”，那么意思就产生了递进关系，并且凸显了五A级的医院资质，这就巧妙地铺垫了一个情感价值点。

再比较一下下面两句话，听起来有什么不同：

“请问我有什么能够帮助您的吗?”

“我是客服顾问Mary，很高兴为您服务!”

首先，第一句话中“帮助”展现的是一种强弱关系，顾客到医疗美容机构来并不是要寻求什么帮助的，而是来消费和体验的，所以更准确的说法应该是“服务”，其传递的是条件价值的信号。其次，第二句话中率先介绍了自己的身份和姓名，这既表达了对顾客的尊重，也为后面询问顾客信息进行了铺垫。最后，两句话的句式明显不同，第一句是疑问句，第二句是感叹句，从这里的语境来看，疑问句展示的是一种主从关系，即我来问你来答，实际上如果换成感叹句既能引出顾客的需求，并且热情服务的色彩更浓。

再如，收费的过程中，通常的细节是：

“当顾客决定缴费时，引导顾客前往缴费台缴费，此时不要讲任何话，安静地引导顾客即可。”

这种常规做法事实上效果并不好，而且不能有效形成顾客感知价值，正确的做法并非不讲话，而是应该讲有价值的话，包括告知顾客本次消费的总金额、优惠的金额或折扣力度、可获得的积分或权益等信息，这样有助于顾客更好地感知到价格价值。

唤醒自己也就不再难过

停止一切有名无实的服务。

这句话有两层含义：第一层含义是，有名无实的服务会消耗你的资源，耗费你的精力，无论或多或少的投入都得不偿失；第二层含义是，任何有名无实的服务都将危及到你的客户关系管理。

那么，医疗美容机构中是否存在有名无实的服务？当然，还是那句话，不同的机构中都或多或少地存在这种情况，最典型的就是会员制。

会员制的本质其实是契约关系。我们先看一个生活中的情景，女人问男人：你爱我吗？男人回答：如果你爱我，那么我一定爱你。则女人会说：你要先爱我，我才能爱你。如果对话就这样反复纠缠下去，那么两个人的关系一定是无疾而终。又或者一定要有一个人先让步才行，但在理性决策面前，任何让步似乎都是不明智的，恰如歌曲《你到底爱不爱我》所写的，我不知该做些什么。

你到底爱不爱我
我不知该说些什么
你爱不爱我
撕掉虚伪也许我会好过
你爱不爱我
我不知该做些什么
你到底爱不爱我
唤醒自己也就不再难过

现实中，“谁先爱谁”似乎是个伪命题，因为热恋中男女大多是彼此相爱的，因此才能携手走进婚姻的殿堂。可实际上这里面有一个潜在的前提，就是婚姻关系以契约的形式解决了“谁先爱谁”的问题，要求双方彼此承诺共同爱着对方。

换到商业社会中的场景，顾客说，你便宜点，我就多买点；商家说，你多买点，我就便宜点。如果彼此都想对方先让步，怎么办？我们需要先明白，为什么双方都不肯先让步。因为谁先让步就意味着谁要先承担风险，人们在面临风险时，主动回避是一种自我保护的本能，也是一种理性决策的做法。

如果要解决顾客和商家谁先让步的问题，契约关系就派上了用场，以契约关系为核心内涵的会员制就是有效的解决途径之一，一方承诺我会在这里进行更多的消费，另一方承诺我会给你更多的优惠，这样双方一拍即合。

关于会员制的起源，较为公认的看法是最早源于高尔夫俱乐部，后来拓展到银行、酒店、汽车等行业，其会员制的核心要点有几个方面：第一，出于封闭式管理的需要，排他性场所只对会员开放；第二，俱乐部设立规章制度，会员需要认同并遵守，就是说成为会员是有门槛要求和相应约束的；第三，会员需缴纳年度会费，会费的使用是通过民主管理的方式支出；第四，依章招募会员是有最大人数限定的，并非越多越好。

随着经济社会发展和商业环境的变化，会员制开始成为一种商业促销形式，在超市、服装、百货等零售业广泛应用，一般顾客通过经常光顾、定期购物而与商家达成信任，商家也愿意为老主顾实现价格折扣、优先提供紧缺商品等服务，这样，一般顾客就逐渐发展成为会员。

今天，只要有生意的地方就有会员，发生了一笔消费就可以自动成为会员，没有发生消费也可以免费注册成会员，甚至还有的是送东西拉人成为会员，如表

8－5 所示，可以说花样不断翻新，门槛一降再降，会员制似乎被玩得更火了，但某种程度上也被玩坏了。比如，有的商家打着 VIP 的旗号，要求顾客充值、保底消费，但在服务上并没有让顾客真正获得到 VIP 权益，VIP 变成了冤大头，那么这样的商家早晚会搬起石头砸自己的脚。

表 8－5 会员制在不同行业的应用类型

种类	服务业会员			零售业会员		网上会员	
	俱乐部	美容/健身	酒店/航空	直销/分销	超市	电商平台	视频网站
门槛会员制	√			√			
年费会员制	√				√		√
无门槛会员制		√	√		√	√	
分销会员制		√		√			
订阅会员制							√
预付费会员制		√			√		
积分会员制	√	√	√		√	√	
增值权益会员制	√		√			√	

在当今社会直接面向终端顾客的行业中，很难找到没有应用会员制的行业。医疗美容行业当然也不例外，无论大型机构还是小型机构，会员卡满天飞，贵宾卡、钻石卡等种类繁多，充几万送几万的优惠力度惊人，但可否想过这些做法是否符合会员制的初衷？换句话说，究竟在你的医疗美容机构中，会员制发挥了什么样的作用？

如果只是打折优惠，那么何必多此一举呢？因为那些即使不是会员的顾客也在同样享受着优惠，甚至有些渠道引流而来的顾客享受的折扣更高。又或者只是为了卖卡，那何不充一万送十万，这样岂不是会更容易卖出更多的卡。当然，谁都知道这样行不通，充少送多要赔本，况且充值再多也只是预收款，并不是实际执行的收入，随时都可能计提减值的。

充值卖卡毕竟不是医疗美容机构的主业，打折优惠也只是一种营销手段，我们在这里并不是否定或反对这些做法，而是说如果把它们与会员制生搬硬套在一起，作为会员制的运营内容，那么就会严重损害你的客户关系，因为你完全是在往反方向使劲，你挥出去的力度越大，回弹回来在你自身上的打击也越大。

因此，医疗美容机构在实施会员制的过程中一定要想清楚，所推行的会员制是否符合以下几方面目的：

（1）了解顾客群体。

（2）了解顾客的消费行为。

（3）分类进行针对性的营销和关怀。

（4）将会员变成口碑宣传员。

（5）将促销变成优惠和关怀。

（6）会员顾客的满意度和忠诚度更高。

检验会员制是否在医疗美容机构中有效落地的办法，就是看这六个方面的目的是否融入具体的业务流程中，如果还在流程之外循环，那么这种会员制一定是有名无实的服务，表明你并没有把好钢用在刀刃上。

第九章　度　量

像朵永远不凋零的花

CRM 关系到企业深层运作机制的改变，这其中涉及流程、技术和人才三方面要素，根本是流程，长远是技术，关键是人才。这一观点非常重要，也是这一部分论述的思想脉络，我们讲到的人才包括了营销人员的观念认知、专业能力、知识素养等方面；流程是指如何体现“以客户为中心”的业务逻辑；技术是如何围绕企业的独特环境去适配，既要避免出现追求“大而全”的资源浪费，也要防止陷入“只选贵的，不选对的”的跟风误区。

从使用角度来说，部署 CRM 系统最大的“瓶颈”是与“集成”的时间和成本有关，不同解决方案之间的集成性问题，往往会出现在系统与系统之间的缝隙之中，使业务流程变得非常烦琐和笨重，这就会迫使企业不得不花费更多时间和费用来实现系统间的联系，有时难免还会付出一些《爱的代价》。

还记得年少时的梦吗
像朵永远不凋零的花
陪我经过那风吹雨打
看世事无常
看沧桑变化
那些为爱所付出的代价
是永远都难忘的啊
所有真心的痴心的话
仍在我心中虽然没有他

一般而言，CRM 的技术系统主要包括了销售、营销、客户服务、呼叫中心、电子商务等模块，如表 9－1 所示，每个模块的功能不同，销售模块主要侧重于内部的计划性，比如医疗美容机构年度的销售目标、月度的销售指标、销售人员的绩效管理等；营销模块主要侧重于对客户的营销活动，比如医疗美容项目的定价、分销，营销方案的预算、预测、决算等；客户服务、呼叫中心、电子商务等模块主要侧重于事前、事中、事后的落地过程，是直接产生信息和数据的渠道。

表 9－1　CRM 技术系统主要模块及功能

主要模块	主要功能
销售模块	制订销售业务计划和现场销售管理
营销模块	对直接的市场营销活动进行计划、执行、监视和分析
客户服务模块	对客户进行全生命周期的关怀和管理
呼叫中心模块	利于电话呼入呼出管理促进营销和服务
电子商务模块	基于网络技术和平台销售产品和服务

CRM 系统主要用来为企业提供一种广泛与客户“打交道”的工具和方法，CRM 产品必须能够反映企业的业务流程和信息结构，同时要与内外部其他业务系统进行集成，以便使业务流程自动化。内部业务系统主要包括其他运营型 CRM 的应用系统和后台系统，以及数据仓库和分析型应用软件；外部系统主要指销售和营销业务合作伙伴的 CRM 系统，以及供应商的后台系统。集成是一项关键而复杂的任务，CRM 系统所要集成的是一种客户视图，收集不同种类来源的客户信息，进而提供对所有应用系统统一访问的功能。

CRM 技术是 CRM 系统功能发挥的支撑条件，企业对 CRM 系统功能的需求取决于 CRM 技术的实现，同时，CRM 技术的发展也是随着企业需求的变化而演进的。如表 9－2 所示，围绕这些主要分析指标，CRM 构建起支撑客户关系管理的业务流程，并通过通信技术、移动互联、数据仓库、知识迁移等手段，逐步实现信息化、自动化、智能化的升级发展。

表 9－2　CRM 系统主要分析指标

指标	内容
客户概况分析（Profiling）	客户的层次、风险、爱好、习惯等
客户性能分析（Performance）	不同客户所消费的产品按种类、渠道、销售地点等指标划分的销售额
客户产品分析（Product）	产品设计、关联性、供应链等

续表

指标	内容
客户利润分析（Profitability）	不同客户所消费的产品的边缘利润、总利润额、净利润等
客户忠诚度分析（Persistency）	客户对某个产品或商业机构的忠实程度、持久性、变动情况等
客户未来分析（Prospecting）	客户数量、类别等情况的未来发展趋势、争取客户的手段等
客户促销分析（Promotion）	广告、宣传等促销活动的管理

是不是流星的眼泪

流程绩效是指该流程在多大程度上满足了顾客的需要，通过流程绩效指标可以评估流程运行的效率，一方面评价流程总的产出时间，另一方面评价流通效率。

如图9-1所示，通过流程建立和优化，流程保证了销售收入的实现与确认，与顾客建立起了直接关系，发展了特定关系，通俗地讲，就是把产品卖出去了，拿到钱了，也知道卖给谁了；但卖出的产品赚没赚钱、是赚多了还是赚少了以及顾客还会不会再来买等问题，究竟与流程有什么关系尚不清楚，这需要对流程的实施效果进行度量，此时运用流程绩效指标就可以对涉及扩充关系的流程进行分析和评估。

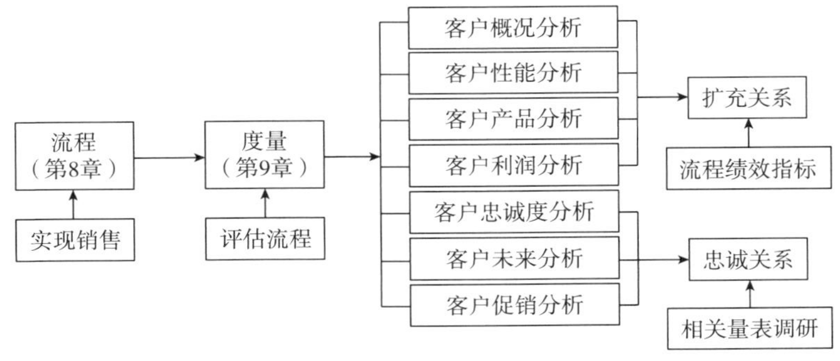

图9-1 业务流程度量方法的逻辑结构

需要说明的是，流程绩效与绩效管理并不是一回事，两者之间的区别在于：

（1）流程绩效的目的是分析业务流程的表现，解决业务中出现的问题；而绩效管理的目的是应用绩效表现的结果，通过激励约束手段，促使组织或个人改进绩效。

（2）流程绩效的手段是通过建立科学合理的指标，分析流程运行情况，找出业务问题产生的根本原因；而绩效管理的手段是通过计划、考核、改进来形成新的绩效目标。

（3）相比较而言，流程绩效重在过程的管理，强调实时性和快速响应；绩效管理重在结果的管理，强调周期性和人的主观能动性。

对于流程绩效来说，目的是评价流程本身的优劣。实际中，流程绩效指标中的有些内容会与绩效考核指标相重叠，对同一个指标来说，如果放在流程绩效中看，关系到系统设计好不好的问题，如果放在绩效管理中看，关系到员工行为结果怎么样的问题。

此时，你需要思考一下，对于这样的指标，到底是要评价流程还是要考核员工，又或者是两者同时兼顾呢？

我们的建议是对于重叠指标，最好只用于评价流程，之所以要特别说明流程绩效与绩效管理的不同之处，原因就在于防止使用过程中混淆了方向。流程绩效是评价流程本身的优劣，和员工行为无关，如果医疗美容机构发现流程绩效指标不够理想，就对人员或部门“兴师问罪”，那就大错特错了。因为从流程绩效指标中发现的问题，需要着力改进的靶点在于流程，应该通过流程的再造或变革，来实现流程绩效指标的持续优化；否则，如果等同于绩效管理，而采取硬指标、强约束的手段，不仅无益于流程绩效指标的改善，而且也不知道《谁的眼泪在飞》。

谁的眼泪在飞
是不是流星的眼泪
昨天的眼泪变成星星
今天的眼泪还在等
每天都有流星不断下坠
飞过我迷蒙的眼睛
不要叫我相信
流星会带来好运
那颗悲伤的逃兵
怎么能够实现我许过的愿

举例来说，表 9－3 中列举了流程绩效指标的评价要素，比如，新客户增长率一般是指在营销活动完成后新增客户数环比活动前新增客户的比例，它可以用做评价营销活动流程的关键指标，但不适用作为对活动组织者的考核指标。也就是说，不能看到新客户增长率高就进行奖励或者低就予以惩罚，因为新客户增长率高未必是好事，新客户增长率低也未必就是坏事。

怎么来理解这句话呢？

尽管我们把新客户增长率作为一项关键指标，但要评估这个指标的有效性还需要其他的参考指标，比如同步去看客户信息完整与准确性、广告投放有效率、广告费用控制率等，要在这些参考指标都符合预期目标的前提下，新客户增长率高才是一件好事。

反之，我们讲新客户增长率低未必就是坏事，其道理在于可以借此找到流程上的漏洞或短板，通过改进得以形成更加优化的业务流程，这也是设定流程绩效指标的价值所在。

表 9－3　流程绩效指标评价要素

指标	评价要素
客户概况分析	新客户增长率：某一段时间内新客户环比增长的比例 新客户获取成本：某一段时间内平均获取一个新客户的成本 客户信息完整与准确性：客户应填信息资料完整且真实的程度
客户性能分析	销售成交率：销售成交量与销售线索量的比例 广告投放有效率：广告费增长率与销售收入增长率的比例 广告费用控制率：广告费用实际开支额与广告费用预算额比例 流程执行完善度：管理失误和无序次数占流程控制点的比例
客户产品分析	客单价：客户平均每笔成交订单的金额 客户参与度：潜在客户参与市场营销活动的占比 客户响应率：目标客户响应市场营销活动的占比 市场推广费用控制率：实际推广费用与计划推广费用的比例 产品类参与程度：客户在某一个产品分类上所表现的客户支出
客户利润分析	人均创利 ÷ 客户平均服务时长 人均创利 ÷ 客户平均咨询时长 人均创利 ÷ 客户平均咨询次数 人均创利 ÷ 客户平均有效投诉次数

向前走就不可能回头望

对于业务流程运行的效率和质量，流程绩效指标是从客观因素上进行了衡量与反映，但同时还存在一些主观影响因素，比如顾客的等待时间，如果流程上定义的标准是30分钟，虽然实际操作中也是符合流程的，可未必能够满足顾客的认知预期，因此需要对主观因素进行分析，以便形成和巩固忠诚关系。

认知是人们选择、组织和理解信息以构造关于世界看法的过程，有动机的人会准备行动，而其认知和行动会受到所处环境的影响。通常人们接受外界信息是通过五感完成的，它们分别是触觉、视觉、味觉、嗅觉和听觉。当然，由于个体的差异，人们接受信息、组织信息和理解信息的方式不同，导致即使同样的外部刺激所造成的个体认知也相去甚远。

选择性注意、选择性曲解和选择性保留组成了认知过程的三个部分。选择性注意意味着人们倾向于清除掉大多数信息，因此医疗美容机构必须特别努力地引起顾客的注意。选择性曲解是指人们会根据自己的观念转换信息，如果顾客不信任某家医疗美容机构，即使该机构的诚实广告也会受到顾客的质疑，这就意味着医院要了解顾客的观念，以及这些观念如何影响其对广告和销售信息的解释。同时，顾客通常会把他们所喜欢品牌的优点牢记在心而忘记竞争品牌的优点，这是受到了选择性保留的影响。

顾客都是健忘的，如同《朋友别哭》歌词所写的，人们会忘记曾经经历的很多事情，而那些与他们的态度、信念一致的信息则会被记住，满意度就是其中之一。

有没有一扇窗
能让你不绝望
看一看花花世界
原来像梦一场
有人哭有人笑
有人输有人老
到结局还不是一样
有没有一种爱
能让你不受伤

这些年堆积多少
对你的知心话
什么酒醒不了
什么痛忘不掉
向前走就不可能回头望

从目前情况来看，许多医疗美容机构对顾客满意度的做法和认识还存在问题，一方面，对顾客满意度缺乏系统性、深入性思考，停留在表面上的努力，而没有触及到问题本质，忽视了顾客转换的成本；另一方面，把提高顾客满意度寄希望于市场营销或企划等部门，没有意识到这是一项系统性、全面性的工程，缺乏从医疗美容机构经营全局来开展顾客关系管理的战略思维。对此，医疗美容机构需要认识到，老客不来是因为运营管理没有形成闭环，复购不高是因为没有抓到运营闭环的关键。

关于满意度的理论，发展到今天还是十分丰富的，包括马斯洛的需求层次理论、赫茨伯格的双因素理论、弗鲁姆的期望理论、亚当斯的公平理论以及罗宾斯的目标设定理论等，其中采用比较多的是双因素理论，即把影响满意度的原因分为保健因素和激励因素。

需要注意的是，满意度不是一个非黑即白的问题，满意的对立面是没有满意。意思是说，不是要么满意或者要么不满意，而是按照“满意、没有满意、不满意”来分类，具体对应到问题的选项，可以划分为“非常满意、满意、一般、不满意、非常不满意”五个程度。对应这五个程度，如表 9－4 所示，可采用 5 分制李克特量表（Likert Scale）测量满意度分值，同时还可以在数据分析时用公式法将五分制得分转化为百分制得分来呈现结果。

表 9－4　顾客满意度的程度划分

选项	非常满意	满意	一般	不满意	非常不满意
分值	5	4	3	2	1

由于顾客在年龄、收入、受教育程度和喜好方面存在较大差异，因此相对应的文化背景、社会地位、个人的心理状态也会影响其购买行为，产品或者服务的提供者虽然无法兼顾到其中的所有因素，但如果期待好的营销结果，则必须充分考虑其中相对重要的因素。

一般来说，可以分为六个方面：

（1）产品感知方面：产品质量、种类齐全、多品牌选择等的满意程度。

（2）服务感知方面：第一印象、礼仪礼貌、设施环境、沟通交流、个性化服务等的满意程度。

（3）业务感知方面：项目齐全、时间效率、治疗手法、咨询专业等的满意程度。

（4）效果感知方面：价格合理、性价比合理、优惠力度、便捷性等的满意程度。

（5）情感感知方面：自我满意、快乐体验、自信心影响、再消费意愿等的满意程度。

（6）其他方面：如会员制、VIP、赠品、美容衍生品等的满意程度。

如表 9－5 所示，列举了满意度调研内容的一些题目，无论是采用线下或线上问卷的方式，整个顾客满意度调研题目以 20～30 道为宜，问题的提法一定要指向明确。如果问题是“您对医疗美容机构的服务工作是否满意”，这样的问法就很模糊，因为顾客可能是因为医护人员的不专业而不满意，也可能是等待时间太长不满意，又或者是对某个服务细节不满意，在诸多可能性中，医疗美容机构收集了信息，却也不知道从何处改进，因此问题一定要简单而直接，问题的表述一定要有利于后续能找到落实主体、形成改进措施。

表 9－5　顾客满意度量表的内容示例

序号	题目
1	医疗美容机构的医疗设备完善充足
2	医疗美容机构就诊的流程动线明显清楚
3	医疗美容机构空间宽敞舒适、环境整洁明亮
4	医学美容机构内部有较好的宣传与展示
5	乘坐公共交通或开车前往这家医疗美容机构便利
6	医师的诊断与说明情况良好
7	医师与顾客之间的互动关系良好
8	顾客的候诊时间，我感觉很适当
9	医疗美容机构对顾客的隐私权保护确实
10	医疗美容机构的各项收费合理
11	医护人员对诊疗后或手术后的照护说明清楚
12	医疗美容机构的收费提供详列的明细表
13	此次诊疗的整体体验美好
14	我对接待人员服务态度的整体评价为好
15	我对医护人员服务态度的整体评价为好

续表

序号	题目
16	我对医疗美容机构设施和服务的整体评价为好
17	我对医疗美容机构的专业技术感到信赖
18	我觉得这家医疗美容机构会主动地关心我的需求
19	我觉得这家医疗美容机构能提供相关的医美信息
20	我觉得这家医疗美容机构能满足我的医美需求
21	我觉得这家医疗美容机构是值得信赖的
22	我觉得这家医疗美容机构是真诚关心我的需求
23	我觉得这家医疗美容机构会主动和我保持沟通
24	我觉得这家医疗美容机构很重视顾客的意见和抱怨

医疗美容机构可以参照表 9 -5 的示例，结合实际，编制顾客满意度的调研问卷，当问卷形成以后，有必要进行信度和效度分析，如表 9 -6 所示，目的是通过信度分析证明研究样本数据真实可信，通过效度分析证明题目选项能够有效地表达对应研究变量的概念情况。我们曾看过一些医疗美容机构的调研问卷，几乎所有的题目设置都是针对医护人员的服务，比如，对前台人员的服务是否满意、对咨询人员的服务是否满意以及对各个科室服务情况是否满意等，这样的顾客满意度调研维度太过于单一，如果通过效度分析就会比较明显地发现问题。

表 9 -6 信度分析和效度分析的异同点

类别	相同点	不同点	
		研究对象	研究角度
信度	用相关系数表示大小	答卷人	测量的质量
效度		出卷人	问卷的质量

医疗美容机构在问卷确定后就可以开展调研了，并根据调研结果对顾客满意度进行分析，如图 9 -2 所示，包括整个调研问卷的信度和效度以及相关分析、因子分析、方差分析等，比如，通过相关分析，了解变量之间的基本关系情况如何，是否有着相互关联以及关系紧密程度等信息，进而得出影响顾客满意的重要因素，并分析顾客不同特征对满意度的影响情况。

之所以我们在改善流程绩效的主观因素中强调顾客满意度，因为满意度调研是顾客消费后的第一次触点，也是再一次强化认知的过程。其重要性在于，通过顾客满意度调研，医疗美容机构对内有利于优化和完善运营细节，对外有利于降低营销成本支出，获取再消费的潜在机会。要留一盏灯给顾客，点亮自己，照耀他人，彼此都会是幸福而温暖的。

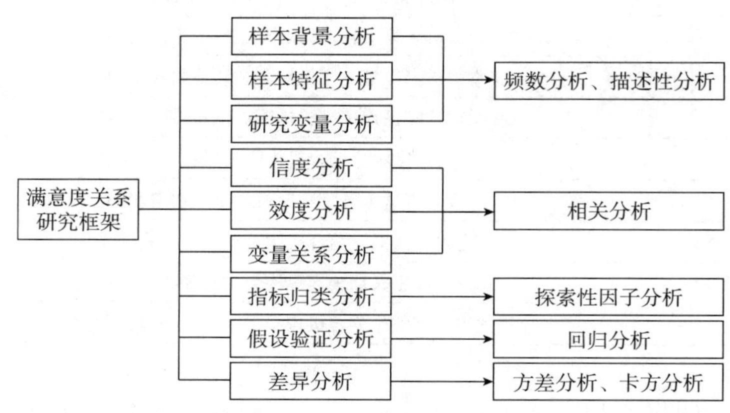

图 9－2　满意度关系研究框架

世界这么大还是遇见你

对于医疗美容机构来说，创造顾客满意是必要的，但面对激烈的市场竞争，仅仅停留在顾客满意这一层面是不够的，还必须朝着创造顾客忠诚的目标继续前进。

满意是顾客忠诚度产生根源之一，忠诚的顾客一定满意，但满意的顾客不一定忠诚，通常会采用测量净推荐值的方法来了解顾客忠诚度，这是一种直接测量的方法，题目并不复杂，只有一项内容，如图 9－3 所示。

“你有多大的可能会向你的朋友或同事推荐这家医疗美容机构？”
0 — 1 — 2 — 3 — 4 — 5 — 6 — 7 — 8 — 9 — 10
绝对不会　　　　　中立　　　　　肯定会

图 9－3　净推荐值的测量

根据推荐愿意的程度让顾客在 0～10 间打分，然后根据得分情况建立顾客忠

诚度的三个范畴：

（1）推荐者：9分或10分。

（2）被动者：7分或8分。

（3）批评者：在0～6分。

最终的净推荐值是按照各范畴人数的比例来计算，比如推荐者占比60%，被动者占比35%，批评者占比5%，那么净推荐值的结果是推荐者的比例减去批评者的比例，即等于55%。一般而言，得分值在50%以上被认为是不错的，但通常很多企业得分值都在20%～30%，如果得分值在70%～80%则表明企业拥有一大批高忠诚度的客户。

对于医疗美容机构来说，净推荐值越高意味着业绩增长能力越强，或者说对未来的利润增长是有较好预期的，特别是忠诚的顾客可以成为营销裂变的种子客户，如果拥有较大规模的忠诚顾客，那么很大程度上就形成了先发优势。

同时也要注意到，净推荐值并不是一个完美的指标，它更侧重于对顾客态度忠诚的测量，如图9－4所示，如果推荐者落在方格C区域的比例越高，那是我们最期望看到的；而如果高比例的推荐者落在方格F区域，则对医疗美容机构就未必有利，因此我们还要同步关注顾客行为忠诚的情况。

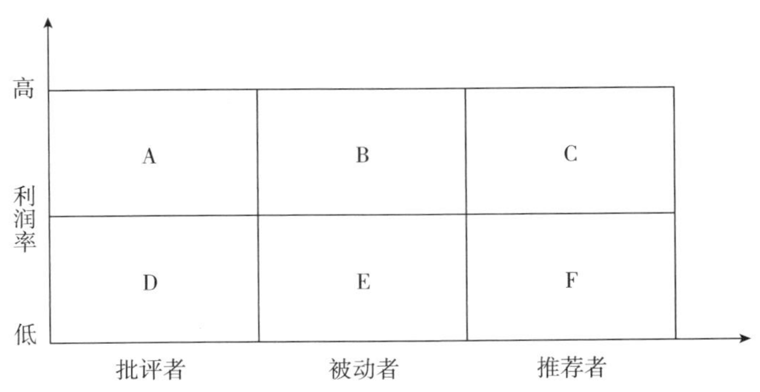

图9－4　净推荐值与利润率的方格

一般来说，具有行为忠诚度的顾客会有三种表现，经常性或重复性购买、向别人推荐某一产品或服务、对同类型竞争者具有免疫力。这三种表现对应到的行为分别是再诊行为、推荐行为、抱怨与转换行为，其中，再诊行为和推荐行为是可以正向测量的，抱怨与转换行为是通过反向测量的。如表9－7所示，列举了行为忠诚度调研的题目，其分值仍然可以通过李克特量表的五分制来呈现，“非常同意、同意、无意见、不同意、非常不同意”对应“5、4、3、2、1”的分值。

表 9-7 顾客忠诚度量表的内容示例

序号	题目	行为类别
1	我会把这家医院作为医疗美容的首选	再诊行为
2	今后如果有需要，我还会选择在这里	
3	假如项目价格稍微上调，我也愿意在这里做医美	
4	假如这家医院迁址了，即使交通不便我也愿意前往	
5	这家医院的医师水平值得信赖	
6	如果有足够的资金，我还会来这里消费	
7	这家医院可以满足我的实际需要	
8	我会向别人宣传这家医疗的优点	推荐行为
9	如果有人找我推荐，我会推荐这里	
10	我会鼓励亲友来这里做医美	
11	当别人说起这家医院时，我会讲正面的评价	
12	当我就诊之后，我会通过网络分享这家医院的优点	
13	当我就诊之后，我会通过网络分享经验和喜悦	
14	当有人夸赞我的治疗效果时，我会谈到这家医院的技术	
15	当遇到难解决的问题时，我会向医院的医护人员反映	抱怨与转换行为
16	当遇到难解决的问题时，我会向投诉或抱怨这家医院	
17	当我觉得治疗不满意时，我会要求医院退费或免费修复	
18	当我觉得治疗失败时，我会主动要求医院赔偿	
19	我以后会到别的医院做医美	
20	如果别家医院更加优惠时，我会转到其他医院	
21	当我听到别的医院口碑更好时，我会转到其他医院	

根据调研结果，可以分析出影响顾客忠诚度的主要因素，因为顾客忠诚度调研同样属于量表结构，因此对满意度的分析方法同样适用于忠诚度的数据分析，这里就不重复描述了。

实际上，从满意的顾客到忠诚的顾客并不是直接跃升的，中间还有一个过渡层面，就是重复购买的顾客。换句话说，如果一名满意的顾客没有两次及以上的消费行为，就不能划归为具有忠诚度的范畴，即使这名顾客在消费之后向其他人进行了推荐，但其仍然只是因为满意而推荐。

那么这时我们就要思考一个问题，为何《世界这么大还是遇见你》？是什么驱动了顾客满意，又是什么驱动了顾客从满意到重复购买，再到形成忠诚度？显然这些都不是自然而然发生的，否则满意度与忠诚度就没有界限，也就无所谓重复购买的中间层了。

世界这么大还是遇见你
是你给我最美的回忆
有梦有奇迹
有一天我们会相遇这里
世界这么大还是遇见你
不同天空相同的四季
无论哪里
空气里呼吸着你的呼吸

追其驱动根源，整个过程始终贯穿着一个很重要的因素，就是顾客可感知的价值，这一概念我们在书中多次提及过，它的表达形式可以看作“认知价值 + 金钱价值 + 服务价值”，如果是对于实物产品比较容易理解，人们常用“物超所值”来形容可感知的价值；而对于非实物产品，如医疗美容项目，可感知的价值就要对顾客认知到的利益与成本之间进行整体评估，如表 9 – 8 所示的相关题目，依然可以采用李克特量表的方法进行测量。

表 9 – 8　顾客可感知价值量表的内容示例

序号	题目	类别
1	我认为医疗美容的价格虽然高，但可以提升我的自身价值	认知价值
2	我认为医疗美容项目真的是“一分钱一分货”	
3	我愿意多花一点钱，选择评价较高的医疗美容机构	
4	医疗美容机构所在的城市和地段会影响它的定价	
5	我认为价格可以较好地反映出医疗美容的质量	
6	这家医疗美容机构的就诊安排，不会让我感到等待的压力	
7	这家医疗美容机构中医师对治疗时间的掌控，让我感到满意	
8	在进行医疗美容时，我会考虑所花的钱是否物超所值	金钱价值
9	我认为花些时间和精力找到价格便宜的医疗美容机构是值得的	
10	医疗美容机构打折促销时，我会考虑去消费	
11	医疗美容机构的规模和位置不同，应该有价格上的差异	
12	如果医疗美容的价格比较高，我会要求提供更好的服务	
13	我认为这家医疗美容机构的价格与市面上的差不多	
14	我了解为何进口产品和名医的收费价格都会比较高	

续表

序号	题目	类别
15	我会优先考虑医疗美容机构的技术，而不是价格	服务价值
16	我认为这家医疗美容机构重视对顾客关系的维护	
17	在这家医疗美容机构就诊之后，让我感到更有自信	
18	这家医疗美容机构提供的服务让我感到安心	
19	这家医疗美容机构会给顾客提供细致专业的医美知识	
20	这家医疗美容机构会根据顾客需求提供报价和优惠	
21	这家医疗美容机构不仅价格便宜，服务质量也不错	

综合来看，我们通过顾客满意度、顾客忠诚度和顾客可感知的价值三方面量表，能够有效测量出医疗美容机构业务流程中涉及顾客的主观评价因素，再结合流程业绩评价指标，可以全面展开业务流程的优化，进一步提升流程的运行效率和质量。

第十章　素　养

可以参透孤单的假象

有人说，世界上有两件事情最难，一件是把你脑子里的认知装到别人脑子里，另一件是让别人把他口袋里的钱放到你的口袋。恰巧的是，这两件难事都让营销人员遇到了。

我们讲，良好的客户关系是需要人来维系的，营销人员每次与客户沟通都是谈的产品、方案，这是无法让你有效地深化客户关系的。因为，这些行为在营销人员看来非常重要，可在客户看来并非同等重要，甚至根本不重要，还有可能是客户非常厌烦的销售行为，浪费了彼此的时间。这样的话，就成了无效的营销行为，营销人员与客户的关系难以深入下去，这种常见的场景是营销人员面临的门槛。

如果要满足客户需求，让客户满意，岗位知识足矣，但要超越顾客期望，形成顾客忠诚，则需要独特的知识。与岗位知识不同，掌握独特知识并不是营销人员的必备素质，可正因为它是独特的，既能抓住客户的注意力，也能增加客户体验的价值，所以，当在客户心中留下持续的积极印象时，就能对销售业绩形成正面的影响。

对于医疗美容机构的营销人员来讲，与客户沟通的能力非常重要，尽管有了一些话术或者铺垫，但并非仅靠这些就能打动客户。我们通过观察发现，那些优秀的营销或咨询人员之所以取得非凡的业绩，根本上是源于美学素养和对美的理解，还包括那些优秀的整形医生，绝不是把整形外科当成流水线上的熟练操作，而是通过具有鉴赏艺术品的审美眼光，把整形手术作为一个精心雕琢的过程。

《卓越服务》一书中曾讲到一个事例，作者准备给经常出差的妻子买一个衣物袋，因为旧袋子已经严重磨损，当他走进一家箱包店，销售人员推荐了一款黑色 Tumi 衣物袋。他说："哇，我是很喜欢这个袋子，可 400 美元已经超出我的预算了。这些袋子真的卖得出去吗?"，销售人员回答说："只有当某个色系或样式将要下架时才会打折。"

之后，作者又走进了另一家店，结果唯一看得上的还是刚才那一款衣物袋，价格也还是 400 美元。当他提出在上一家店里同样的问题后，销售人员也同样回答说："这些袋子只在某个色系或样式将要下架时才会打折。"

但这位销售人员又接着说："这件行李并不便宜，400 美元买个衣物袋也确实是大手笔。不过，这种袋子是用防弹尼龙制成的，可以承受频繁旅行带来的磨损。在极少数的例外情况下，如果你的 Tumi 产品在你拥有它后的第一年中出现损坏——包括因磨损和撕裂、航班或其他运输原因导致的损坏，Tumi 都会承担所有修复费用，包括往返修理厂的货运成本。如果他们认为该产品已经无法修复，会换一个给你。而且 Tumi 的保证还会延伸到你拥有其产品后的第二至第五年，承担任何因材质或工艺缺陷——包括任何结构缺陷——而导致的修理费用。"

作者最终支付 400 美元买下这个衣物袋，在他看来，这都是因为这位销售人员跟他分享了她的独特知识，并且让他相信，由于他的妻子经常出差，不买这样的包才是不明智的！

这就好比那些优秀的歌唱家，从来就不是凭借"炫技"来赢得听众口碑，在扎实的专业技能背后还有着深厚的人文底蕴，这样传递出来的声音才能充满情感、直指人心、引发共鸣。所以我们认为，从"美的本质"出发，多学科地进一步思考"医疗美容的本质"和"求美的本质"，对广大医疗美容从业者和众多求美者来说，都是大有裨益的。

在这一章节，我们将从哲学、文学、心理学、社会学等方面进行启发式的论述，篇幅有限不能全面覆盖，如果大家对哪些内容更感兴趣，可以通过相关专业书籍进一步学习了解。这种启发式的论述，目的在于扩大医疗美容机构营销人员对于交叉学科的认知，比如，每个国家、每个民族都有自己的哲学，甚至每个人都是《哲学家》，都有各自为人处世的哲学。

我想我是一个哲学家
可以参透孤单的假相
不要人问
不要人猜
不要人一直管
不需要说
不需要听
不需要那么忙

当今，现代医疗美容行业的发展不仅仅是医疗和美学的范畴，同样离不开哲学的滋养，那我们就先从哲学开始美学素养的启发之旅。

在古希腊时期，苏格拉底问希庇阿斯：能替美下个定义吗？请告诉我什么是美。希庇阿斯说：一个年轻小姐是美的。苏格拉底不满意，他说：我要问的是：什么是美？而不是问：谁是美的，什么东西是美的？后来，希庇阿斯尝试了好几种关于美的定义，比如，美就是适当的、美就是有用的、美就是令人愉悦的，但苏格拉底又都予以驳难，最后得出的结论是：美是很难解的。

这段对话是在柏拉图《大希庇阿斯篇》里提到的，柏拉图借苏格拉底和诡辩派学者希庇阿斯别开生面的对话，提出了“美是什么”的问题，由此拉开了哲学层面对美的思考。

柏拉图说：当美的灵魂与美的外表和谐地融为一体，人们就会看到，这是世上最完善的美。亚里士多德在《诗学》中写道：一个美的事物，一个活东西或一个由某些部分组成之物，不但它的各部分应有一定的安排，而且它的体积也应有一定大小；因为美要依靠体积与安排，一个非常小的活东西不能美，因为我们的观察处于不可感知的时间里，以致模糊不清；一个非常大的活东西，例如一个千里长的活东西，也不能美，因为不能一览而尽，看不出它的整一性。

到了罗马时代，奥古斯丁提出丑的问题，他认为美虽有绝对的而丑却没有绝对的，丑都是相对的，孤立地看是丑，但在整体中却由其反称而烘托出整体的美，有如造型艺术中阴阳向背所产生的反称效果。

奥古斯丁打过这样的比喻：在我们看来，宇宙中万事万物仿佛是混乱的。这正如我们如果站在一座房子的拐角，像一座雕像一样，就看不出这整座房子的美。再如，一个士兵也不懂得全军的部署；在一首诗里，一个富于生命和情感的音节也见不出全诗的美，尽管这音节本身有助于造成全诗的美。这就是说，丑是形成美的一种因素，在和谐的整体中，丑的部分有助于造成和谐或美。

罗马皇帝朱利安的私人医生编撰了第一套多卷本的医学百科全书，在书中他详细记录了整形手术的细节，包括面部畸形手术、软骨手术。同一时期，西赛罗对亚里士多德关于美的定义作了补充，西塞罗说：物体各部分的一种妥当的安排，配合到一种悦目的颜色上去，就叫作美。

这个定义广泛流行于古代和中世纪，一直到了文艺复兴时代，人们开始以艺术的方法探求所谓最美的形式，这使美以更加直接的方式呈现在普罗大众面前，推动了整个人类社会群体对美的追求和认知。

15 世纪的意大利，有几位外科医生冒着被驱逐出教会的风险，进行了鼻整形手术。著名的雕刻家和画家阿尔伯蒂在《论雕刻》里曾说过这样一段话：雕刻家要做到逼真，就要做到两方面的事：一方面，他们所刻画的形象归根结底须尽量像活的东西，就雕像来说，须尽量像人。至于他们是否把苏格拉底，柏拉图之类名人的本来形象再现出来，并不重要，只要作品能像一般的人——尽管本来是最著名的人——就够了。另一方面，他们须努力再现和刻画的还不仅是一般的人，而是某一个别人的面貌和全体形状，例如凯撒，卡通之类名人处在一定情况中，坐在首长坛上或是向民众集会演讲。

到了 17 世纪，莱布尼兹提出了“完善美”，他把世界比作一座钟，其中每一部机器或零件各有各的功能，各有各的形式，安排得妥帖，具有一种“预定的和谐”，所以是美的。按照这种观点，人既是人，就有人这类事物所共有的常态，五官端正，四肢周全，这就是完善，也就是美。由此，整鼻手术、植皮手术、骨移植手术、嘴唇和耳朵再造手术在欧洲各地都能见到。

18 世纪前后，哲学和美学的对象不再侧重于客观世界的性质与形式，而是根据关注认识主体和认识活动，最为标志性的就是以大卫·休谟为代表的主观唯心主义和以柏克为代表的机械唯物主义。大卫·休谟认为，美不是事物本身的属性，它只存在于观赏者的心里，每一个人心里见出一种不同的美，他提出：要把美感和快感等同起来，把美和美感等同起来，快感与痛感不只是美与丑所必有的随从，而且也是美与丑的真正的本质。柏克的观点不同于休谟，他认为美是客观事物的属性，并且美就是爱。柏克对美的定义是：我所谓美，是指物体中能引起爱或类似爱的情欲的某一性质。柏克把这个定义只局限于事物的纯然感性的性质。

从 18 世纪末到 20 世纪初，随着美学上内容与形式、理性与感性、主观与客观等认知矛盾的日益尖锐化，哲学家们开始努力寻求达到统一的路径。康德希望在哲学、伦理学、美学三方面能够达到理性主义与经验主义的调和；黑格尔认为，对美的定义要从抽象的理念出发，美是理性内容和感性形式的统一。此时，吸脂术在欧洲出现，腹壁整形术、身体拉皮，各种整容技巧都得以快速地精进和发展。

哲学家们不断丰富对美的本质的认识，从柏拉图所喻说的是“理式美”，亚里士多德所推演的是“形式美”，到西赛罗的“颜色美”，再到普洛丁的“放射美”，大卫·休谟的“心理美”，柏克的“感性美”，狄德罗的“关系美”，康德的“目的美”，黑格尔的“理念美”，构成了人类文明史上哲学与美学交织发展的基本脉络。

容颜瞬间已成永远

在没有哲学观点提出之前，人们对世界的认知主要来源于神话体系，19 世纪的美学家丹纳写了一本书，名为《艺术哲学》，他说：希腊人竭力以美丽的人体为模范，结果竟奉为偶像，在地上颂之为英雄，在天上敬之如神明。今天，无论是在巴黎的卢浮宫，还是纽约的大都会博物馆，我们都能看到许多古希腊雕塑，基于泛神的信仰，希腊人认为神与人性情一样，长得也一样，于是便极力把心目中所敬仰的神塑造成最美的男人和女人，把人类的所有优点，都集中表现神像的雕塑之中。

在希腊神话中，爱与美是永恒的主题，荷马史诗《伊利亚特》中有这样的情节：十年的长期战争让疲惫的特洛伊将士们无比怨恨这个美丽的女子，所以当掩着面纱的海伦出现在城墙上，微风轻轻拂过她的轻纱，将士们目睹了海伦绝世的美丽，顿时悲叹，为了这样的美丽的女人，十年的战争也是值得的。而战争的另一方，希腊人则说：愿为她再战十年！

她就是海伦，号称世界上最漂亮的女人，为了她，特洛伊燃起了持续十年之久的战争之火。海伦是斯巴达国王墨涅俄斯的妻子，有一天特洛伊国王的儿子帕里斯来到斯巴达，诱走了海伦，还带走了很多财宝，一同逃往特洛伊城。希腊人认为海伦被带走是斯巴达的耻辱，为此在希腊各城邦英雄的帮助下，组成了希腊联军，跨海攻打特洛伊城，企图用武力夺回海伦。

战争在土耳其半岛打了十年，希腊出动了当时希腊神话中的所有天神，都无法取胜，死伤无数，许多英雄战死在沙场，如阿喀琉斯。最后，希腊联军采用“木马计”，在雅典娜女神的帮助下，建造了一匹高大的木马，“遗弃”在城外，而大批的希腊人则开始了撤退。特洛伊国王和王子见到希腊人撤退，十分高兴，派人将这匹木马作为“战利品”拖到城内。入夜，星斗满天，特洛伊人载歌载舞，欢庆战争的结束。而此时，撤退的希腊军队正悄然地返回城下，藏在木马中的勇士也跳了出来，打开了城门，里应外合，希腊军队一拥而入，久攻不克的特洛伊城沦陷了。希腊人进城后，大肆杀戮，帕里斯王子也被杀死，特洛伊的妇女、儿童全部沦为奴隶，特洛伊城被掠夺一空，烧成了一片灰烬。

正是由于海伦，使特洛伊遭到毁灭的悲剧，由此产生了 Helen of Troy 这个词组，中文翻译为《倾国倾城》。

雨过白鹭州
留恋铜雀楼
斜阳染幽草
几度飞红
摇曳了江上远帆
回望灯如花

未语人先羞
心事轻梳弄
浅握双手
任发丝缠绕双眸
所以鲜花满天幸福在流传
流传往日悲欢眷恋
所以倾国倾城不变的容颜
容颜瞬间已成永远

今天，我们可以从《吉尼斯世界纪录大全》中读到这样的文字：既然海伦美丽的脸容能令人出动一千条船，掀起“木马屠城”之战，那么发动一条船的美的衡量单位应为“毫海伦”。由此，引出了颜值的计量单位：海伦，一海伦等于一千毫海伦。为了海伦，希腊人调集了10万大军和1180条战船，按照上面的定义，海伦的颜值分数则为1180毫海伦，如果换算到人数，相当于85名士兵等于1毫海伦。

德国作家莱辛在《拉奥孔》里写道：荷马故意避免对物体美作细节的描绘，从他的诗里我们只偶尔听到说海伦的胳膊白、头发美之类的话，尽管如此，正是荷马才会使我们对海伦的美获得一种远远超过艺术所能引起的认识。正如英国哲学家拉卡托斯在《科学研究纲领方法论》中所写的：伟大的艺术作品可能会改变美学标准。

误了梨花花又开

在特洛伊之战结束的一百年后，中国也出现了一个美女，名叫妲己，看过《封神演义》的人都知道，她是纣王发动战争掠夺来的，根据当时商朝常规兵力约在8万，周边联盟军力约10万，由此推算妲己的颜值分数约在941毫海伦。

事实上，中国自古不乏倾国倾城的女子，因为她们引发的战争和争斗也不在少数，只是东方文化中对于美的认知更重于感性的描述，比如沉鱼落雁、闭月羞花这样的故事。虽然文学作品众多，但多是情节上的描写，颜值处大同小异，如果论对女性颜值评论可以达到细致简练之人，恐怕非李渔莫属。古往今来，李渔可以说是中国古代士大夫和文人墨客关于女性美观念的集大成者。

有一首歌曲名为《风筝误》，歌词中这样写道：

风筝误
误了梨花花又开
风筝误
捂了金钗雪里埋
风筝误
悟满相思挂苍苔
听雨声
数几声
风会来

词意委婉、曲调悠扬，让人联想到这是一个动人的爱情故事。的确，《风筝误》最早就是一出脍炙人口的爱情戏剧，由李渔创作，这出戏剧讲述了一个爱情故事，除了剧情具有百转千回的传奇色彩之外，李渔其人也是一个传奇。李渔素有才子之誉，世称“李十郎”，他是清初文学家、戏剧家、戏剧理论家、美学家，被后世誉为“中国戏剧理论始祖”“世界喜剧大师”“东方莎士比亚”。虽然载誉一身、头衔甚多，但若以今天的眼光来看李渔，他还是一位名副其实的颜值评论专家。

李渔谈颜值，不是高谈阔论，而是细腻极致，见人见物、见情见景。也由此，李渔成为女性美丽的知音，古时女人们常常按李渔的观点装扮自己，甚至连男人也不例外，窃窃以李渔的视角作为选美的标准。

李渔著有《闲情偶寄》一书，其中《声容部》章节详细阐述了关于女性的审美观，其内容比女性自家审美更具权威性。李渔认为：选姿第一。所谓“选姿”就是相女人之术，他通过肌肤、眉眼、手足、态度四个方面来相女人，要符合这四个方面的条件才能算真正意义上的美。

关于肌肤，李渔的观点是：一白遮百丑。他说：“妇人妩媚多端，毕竟以色为主”“妇人本质，惟白最难”，他把皮肤是否白嫩看作是女性美的第一标准。

关于眉眼，李渔的观点是：面为一身之主，目为一面之主。他说：“察心之邪正，莫妙于观眸子”，认为眼睛大小与女人的情性刚柔、心思愚慧有密切关系。他总结到，眼睛越细则眼眉越长，眼眉越粗则眼睛越大，这样比较好。但如果天生不是这样，可以通过描眉来取长补短。

关于手足，李渔的观点是：双手十指，为一生巧拙之关，百岁枯荣所系。他认为，女性十指又细又长为美，但这样的人百里挑一，少之又少。所以，他提出在“或嫩或柔，或尖或细之中，取其一得”就可以了。

关于态度，李渔的观点是：“媚态之在人身，犹火之有焰，灯之有光，珠贝金银之有宝色”，他认为女人要够“媚”，直白地讲就是要有气质，肌肤、手足、眉眼是指人外貌，多是先天之美，得益于父母，而态度是指女人的举止言行中流露出来的气质，是一种后天之美。

在李渔看来，女人一有媚态，三四分姿色便可抵过六七分。而且，他把这种无形的气质称为“尤物”，他解释道，尤物就是怪物。他把有气质的美女称为怪物，也实在是绝妙，这里的怪物当然不是讽刺或贬义，因为李渔说：凡是一个女人，让人看了一眼就想念，想念到不能控制自己，哪怕舍生忘死都要和她在一起，这样的女人就是怪物，这样的事都是说不清、道不明的事。

李渔说：修容第二，三分人才，七分妆饰。修容即指修饰，指美容之道。他对女人生活观察是用放大镜观察的，生活的细节不惜用浓墨描述出来，盥面、弄发、薰香、施粉、点唇等娓娓而谈，逐一细说清楚。比如，他说洗脸，就是把脸上的脏东西洗净，而脸上其实并没有什么其他的脏东西，只不过是油而已。他把脸上的油分为两种：一种是与生俱来的，从毛孔里面渗透出来的，胖的人多，瘦的人少，似汗非汗；另一种是日常沾上的，从下巴到额头，越来越多。所以，李渔认为洗脸的方法是：“善匀面者，必须先洁其巾。拭面之巾，止供拭面之用，又须用过即浣，勿使稍带油痕，此务本穷源之法也”。

再如，他说涂脂粉的方法，借用砖瓦匠刷墙来比喻，向上粗灰一次，后上细灰一次，向上不到之处，后上者补之，自淡而浓，自薄而厚。在李渔生活的那个年代，女人都是留长发的，在李渔眼里梳头也是一门大学问。他主张发型多变，但要“位置得宜，与云体相合”，认为美人所梳之髻，不妨日异月新，但要合理。对于女人的衣着，李渔提倡洁和雅。他说“妇人之衣，不贵精而贵洁，不贵丽而贵雅，不贵与家相称，而贵与貌相宜。”

他特别强调，衣服的色调要与人的脸色相协调，“面颜近白者，衣色可深可浅；其近黑者，则不宜浅而独宜深，浅则愈彰其黑矣。”如此看来，李渔在300多年前所树立的颜值观点，对当代女性仍有重要的启示意义。

就像矗立在彩虹之巅

西格蒙德·弗洛伊德是精神分析学派的创始人，奥地利著名的精神病学家，他的精神分析理论广泛渗透到许多学科，从神经病学、心理学拓展至社会学、文化学、艺术学、哲学和美学等领域。精神分析美学在现代西方美学中占有十分重要的地位，弗洛伊德创立精神分析美学的理论基础是个体无意识，后人在此基础上做了修正和补充。

在弗洛伊德开创的人格心理学和精神分析美学研究的基础上，众多精神病学家、心理学家开始了对体象的研究，所谓体象是指个体对自身生理性躯体自我认知的结果。人们认识体象不仅有生理学，解剖学结构等方面的差异，也会有美学判断上的价值差异，容貌和形体客观上的缺陷或主观体象上的缺陷都会影响个体的心理发展，易形成所谓的消极体象，影响人的心理状态，出现自卑、自我封闭、悲观绝望等负性心理，严重者可导致与容貌有关的抑郁症、强迫症，甚至精神病。

美容医学涉及许多正常和异常的心理问题，随着现代美容医学的发展，在很大程度促进了体象领域的研究，其中，对体象障碍的探讨是体象研究中最有实际价值的部分，所谓体象障碍是一种心理疾病，患有体象障碍的人表现为过度关注自己的体象并对自身体貌缺陷进行夸张或臆想，所关注的对象常常是一个或数个很小的或根本不存在的缺陷。因为这种过度关注，患有体象障碍的人的日常生活受到极大影响，通常会感觉沮丧、不安，甚至不合群，在接受治疗前也通常不知道自己病了，觉得自己对自己的认知很正常，就像其他人一样想改善一下而已。

形体是人们最容易产生错觉的对象，不仅仅是患有体象障碍的人对自己的身体感到不满，正常人也一样。洛克菲勒基金会主席朱迪斯·罗丁在论文中提到：对自己的身体不满是非常普遍的，几乎所有女性都觉得自己胖。曾有这样一个案例，一位女士认为自己的大腿非常粗，总是想遮住大腿，并且经过每一个反光面的时候都会留意自己的倒影是不是看起来腿很粗。医生让她剪下一段毛线长度来估计一下她心目中自己的大腿粗细，然后医生把她心里想的长度和测量过的她腿的真实粗细相比较，结果她认为自己大腿的粗细程度是她实际大腿粗细程度的两倍。

朱迪斯·罗丁师从著名心理学家埃伦·兰格，兰格教授是第一位获得哈佛大学终身教职的女性，她是积极心理学的奠基人之一，进行了许多独创性的实验研究。比如，兰格教授在图书馆里等复印机前排起长队时，派学生去问排在最前面的人："不好意思，我只有 5 页要复印，你可以让我先复印吗？"结果只有 60% 的人会同意。兰格在接下来的实验中找了另一个理由："不好意思，我只有 5 页要复印，你可以让我先复印吗？因为我赶时间。"结果有 94% 人会同意让她先复印。这是可以理解的，因为赶时间是个很好的理由。

令人吃惊的是随后的实验，兰格还是等复印机前排起长队时，派学生去问排在最前面的人："不好意思，我要复印 5 页，可以让我站在你前面吗？因为我想复印。"居然也会有 93% 的人会同意。这个理由显然不是个好理由，因为每个在排队的人都是想复印的。

那为什么还是有那么多的人会同意呢？兰格认为，很多时候，一个人其实是处在无意识的“潜念”状态中，并没有意识到自己的心理活动，而往往是自动化地按照固定的模式对外界做出反应。所以，只是由于对方说出来了“因为”这个词，我们就会潜意识地认为对方有特殊的理由，尽管这个理由有可能根本不成立。她随后对潜念做了大量研究，总结出了关于潜念的一些特征、根源和后果。

为了更好地应对潜念，她建议人们时不时地停下脚步，思考一下正在做什么，在某个情境下是怎么反应的，为什么会这样的反应？还有没有别的选择？这就是所谓的“专念”。在兰格看来，人们怀有的信仰和期望，接受的心理暗示、刻板印象、医学标签，都在影响着身体机能发挥作用，盲从地听取专家意见、放弃对自己身心的体验和判断，都会使人的活力骤降，但只要变得专念和觉察就能够改变那些根深蒂固的行为，调整成为积极因素。具体做法就是打开心灵迎接所有的可能性，不要预先假定什么是不可能的，将引导我们进入更健康的状态，而无论处于哪个年龄，都要追求《怒放的生命》。

我想要怒放的生命
就像飞翔在辽阔天空
就像穿行在无边的旷野
拥有挣脱一切的力量
我想要怒放的生命
就像矗立在彩虹之巅
就像穿行在璀璨的星河
拥有超越平凡的力量

从事医疗美容机构的营销工作，在面对形形色色的求美者时，不是简单地推销医疗美容项目，而要认识到有些求美者虽然是顾客的身份，但也可能存在一定的体象认知问题，特别是对于容貌审美来说，盲目地遵从、模仿是一个很大的误区。因此，正确合理地引导消费需求非常重要，这应该成为一项必备的前置工作，无论是潜念还是专念，更大程度上要心怀善念。

旧观念抛到一边

古往今来，人们对于美丽的追求从未停歇，但不同的社会环境，会使人们的审美角度发生很大变化。比如，当下一些平胸的女性感到痛苦，因为在崇尚丰满的社会潮流中，平胸被认为是没有诱惑力的，由此而来这类女性就难免要产生否定性的体象。而在几十年前恰恰相反，许多女性千方百计掩饰自己突起的胸部，因为高耸的曲线会使她们感到羞耻，并带来心理不安的感觉。

随着时代的发展，现代社会的人们对美丽的沉迷以及为此花费的时间和金钱远远超过了必要的支出，恰如歌曲《看我七十二变》所写的，爱漂亮没有终点。

美丽极限
爱漂亮没有终点
追求完美的境界
人不爱美天诛地灭
别气馁
旧观念抛到一边
现在就开始改变
麻雀也能飞上青天
无所谓管它缺不缺陷
让鼻子再高一点空气才新鲜
再见单眼皮再见
腰围再小一点
努力战胜一切
缺点变成焦点

在经济学家眼中，美丽可能产生的经济影响是直接的，至少是潜在可测的。这些测量很容易地用货币形式来计价，或者至少能够转化成货币等价物。经济学家丹尼尔·哈默梅什著有《颜值经济》一书，在书中他讲道“一个容貌低于平均值的人每小时少赚9%的薪水，而容貌高于平均值的人每小时则多进账5%，相差的这14%放大到一生，可能他们之间的收入差达到23万美元”。

哈默梅什在一次其他研究中偶然发现，研究数据里会包含对受访者外貌评分的数据，他意识到“美丽如何从总体上影响收入和劳动市场”这个问题虽被人们经常提及，但却没有科学的数据论证。经过他多年的研究发现，在经济生活中受到颜值影响的领域相当广阔，包括劳动市场中美丽产生的工资溢价，如何影响个人收入、职业选择和雇佣关系，如何影响公司销售和利润等，以及在劳动市场之外的择偶、投资等也被囊括其中。

比如，哈默梅什问道：当你借钱的时候外貌是否重要？研究结果显示，贷款者更愿意与漂亮的借款人打交道，并为此提供更慷慨的借款条件。他们这么做，并不是因为好看的外貌预示着贷款会执行得更好，而只是因为他们对丑陋的贷款申请者具有偏见。

日本一家机构曾做过这样一个社会实验，想测试一下素颜和化妆后问男生借钱有什么影响，实验的主角是一名20多岁的女孩，第一次素颜时皮肤暗淡还有一些斑点，眼神迷离、发型凌乱，她走到街头并找到一位男生，用恳请的语言告诉他自己遇到了困难，需要钱回家，而这个男子始终与她保持一段距离，听完她的话后告诉她，自己没带钱包，然后走了。接下来，女孩又重复了上述方法，找到数十名男子，但都不肯借钱给她，有的人甚至连看都不看一眼。

第二次，女孩在精致的化妆以后再次来到街头，仍然穿着同样的衣服，背着同样的包，只是化妆后的确好看多了。令人意想不到的是，这次第一回开口就成功了，一名男子大方地给了她3000日元，之后连续几名男子也都慷慨解囊，甚至有人表示如果不够的话，还可以多给一些。综合两次实验结果，第一次只借到了2000日元，而第二次借到了15800日元。

不可否认，难看的长相的确会给生活带来负面影响，这种世俗的眼光和固有的成见无论在过去还是更加遥远的未来都会继续产生影响，最令人心碎的一句话莫过于《巴黎圣母院》中卡西莫多对爱丝美拉达说过的一句话："我知道我长得丑，被扔石头无所谓，但让你感到害怕让我觉得很难过。"

事实上，研究颜值经济的人并不在少数，比如，管理学教授蒂莫西·贾奇指出：相貌上的优势会提升个体的自我认同感，反过来，这会使得他更容易拿到高薪水。《金融时报》专栏作家露西·凯拉韦曾提道："银行和专业服务性行业正在越来越'颜值化'，他们更喜欢漂亮的人。而长得略丑的人，即使他们非常有才华，也常常被忽略。"

学术期刊《管理科学》曾发表过一篇名为"分析师外貌和业绩"的论文，文中指出，通过研究金融分析师的外表吸引力和工作表现，可以发现外表更具吸引力的分析师更能做出准确的盈利预测。一些观点在现实中有其合理性，比如，外表更出众的分析师可能拥有更多去上市公司调研的机会，与上市公司高管关系处理得好，平常交流比较多，分析师对行业的理解也会更为透彻，从而能筛选出优质标的。研究结果的确也显示，企业管理人员比较容易向外表具有吸引力的分析师透露信息。

经济学家将美丽作为经济问题研究的一个前提就是：美丽是稀缺的。这是由于经济学的学科属性决定的，因为经济学就是一门研究稀缺性以及由稀缺性引起的行为激励的学科。一方面，如果美丽是稀缺的，那么人们作为商品的购买者和雇员时间的租用者，必然会享受美丽；另一方面，如果人们找不到充分而自由的

美丽的供给，那么将会愿意出更高的价钱来获得它，这势必说明美丽是稀缺的。

在现实工作和生活中，尽管很难把颜值与个人收入直接挂钩，但至少我们能够知道，美丽也是经济学，美丽效应的影响是客观存在的，无论是医疗美容机构的营销人员或是管理人员，让自己拥有较高美学素养的前提下再去服务求美者，不仅能赢得良好的客户关系，更是在从事一项兼具社会生产性和经济性的美丽事业。

语　录

- 客户关系管理的本质就是客户价值的管理。
- 优秀的企业都是熬出来的。
- 客户整个生命周期的过程就是客户价值传导和认知的旅程。
- 商业交往的目的就是通过交换满足彼此的利益。
- 只有顾客接受并认可的价值，他们才愿意进行成本上的支付。
- 顾客所承担的成本并不等同于产品或服务的价格，而是常常高于这个价格。
- 越久地占据顾客时间，就代表着越好地拥有顾客。
- 顾客都会根据自身所感受到的价值来做出购买决策，而并不是仅取决于某个单一因素。
- 画不好流程图，就犹如盲人骑瞎马，是个很危险的信号。
- 没有一成不变的流程。
- 顾客所感知的价值越大，其所带来的价值也越大。
- 停止一切有名无实的服务。
- 老客不来是因为运营管理没有形成闭环，复购不高是因为没有抓到运营闭环的关键。
- 满意度不是一个非黑即白的问题，满意的对立面是没有满意。
- 要留一盏灯给顾客，点亮自己，照耀他人，彼此都会是幸福而温暖的。
- 忠诚的顾客一定满意，但满意的顾客不一定忠诚。
- 如果要满足客户需求，让客户满意，岗位知识足矣，但要超越顾客期望，形成顾客忠诚，则需要独特的知识。
- 美丽也是经济学，美丽效应的影响是客观存在的。

第三部分

营销渠道的落地

“不经过策划的营销广告，受益者可能是竞争对手。”

第十一章　运　营

左右都不是为难了自己

营销渠道是指产品或服务从生产者转移到消费者或使用者所经历的过程，它是整个营销系统的重要组成部分，对降低企业成本和提高企业竞争力具有重要作用。

广义的营销渠道有很多种，如图 11－1 所示，按照有无渠道层级可分为直接营销渠道和间接营销渠道，直接营销渠道没有中间层级，企业直接向客户进行销售，比如戴尔、安利等公司；间接营销渠道包括了一个及以上的中间商，这个中间商可以是批发商或者零售商，比如大型超市、小型连锁便利店等。

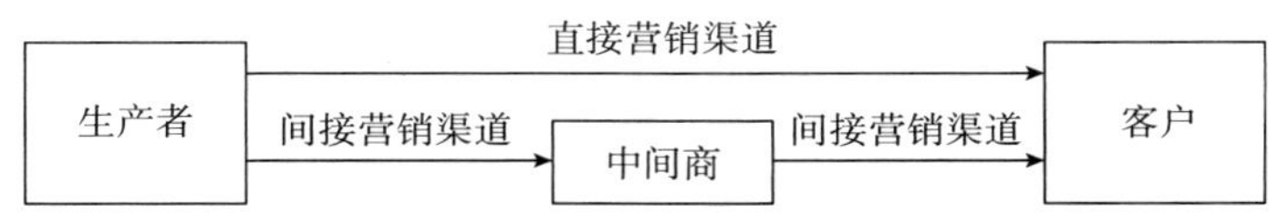

图 11－1　直接营销渠道和间接营销渠道

直接营销是最短的渠道，生产者直接控制产品的销售，从而可以迅速地得到顾客的反馈，比如电话营销、自建网店营销等都属于这种渠道。渠道的层级越多，对生产者而言就意味着更少的控制和更复杂的管理，那为什么生产者还会把一部分营销工作转给间接渠道的中间商呢？

原因就在于，渠道中间商有时比生产者更能有效地将产品推向目标市场，这是间接营销渠道所承载的功能和优势，比如间接营销渠道可以实现运输功能、仓储功能、融资功能、谈判功能、促销功能等，还包括承担执行渠道任务所带来的相应风险。

从经济角度来看，间接营销渠道的存在可以总体上减少买卖双方的交易工作量，因此渠道中间商在供需匹配上扮演着重要角色。事实上，在一些常见的营销渠道中，直接营销渠道和间接营销渠道可以同时存在，企业营销人员可以通过自己的营销网络向客户直接销售产品，也可以通过中间商再转售给客户，这说明整个营销系统并不是静止不变的。随着中间商的增加或减少，渠道系统也在不断变化。

营销系统可分为传统营销渠道和垂直营销渠道，所谓传统营销渠道就是包括一个或者多个独立的生产商、批发商和零售商，他们之间的关系是依次转售的关系，如图 11－2 所示，由生产商转售给批发商，批发商转售给零售商，零售商再转售给客户，在这样的系统中，如果每个渠道成员都能够做其最擅长的工作，该渠道的效率最优；同时，这样的渠道也有隐患，如果渠道中某个成员想要获得更多利益时，往往会影响整个渠道的利益，出现的这种情况称为渠道冲突。

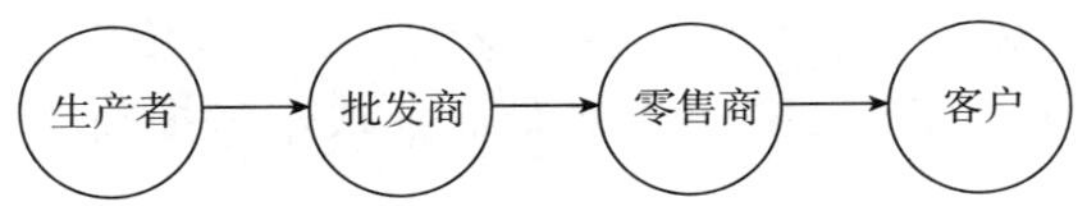

图 11－2　传统的营销渠道系统

为了有效解决频繁出现的渠道冲突问题，就由此产生了垂直营销渠道，如图 11－3 所示，在垂直营销渠道中，生产商、批发商和零售商中有一个角色处于主动地位，通过一定的资源控制使其他成员乐于开展协作，比如，汽车厂家作为生产商来主导，大型超市作为零售商来主导。

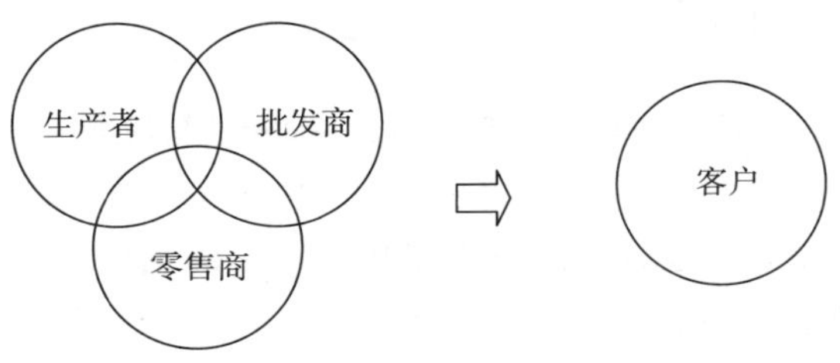

图 11－3　垂直营销渠道系统

近年来，随着市场竞争态势的变化，又产生了水平营销渠道，这是指同一层级的两家及以上的企业联合开发新的市场机会。比如，生产咖啡的厂家与生产饮

料的厂家联合起来，可以合资成立新企业，合作打造新品牌，充分利用双方在各自领域的经验和优势，共享营销渠道资源。

特别是当前随着渠道中间商数量和种类以及消费者细分市场的增加，越来越多的企业采用多渠道营销系统，如图 11 -4 所示，就是通过两个及以上的营销渠道来触达多个细分市场。这种多渠道营销系统有利于企业将产品或服务按照不同细分市场的特定需求进行调整。

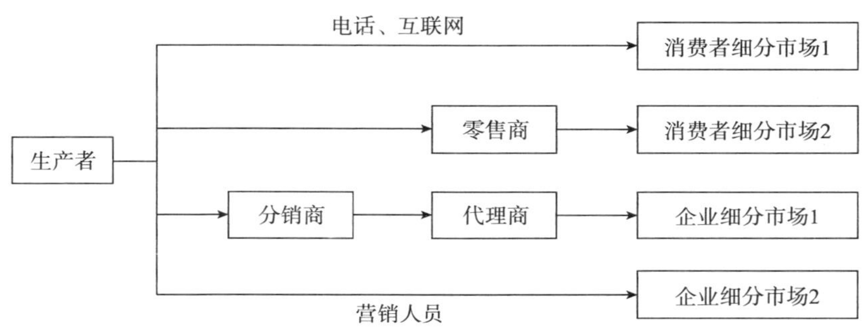

图 11 -4　多渠道营销系统

毫无疑问，多渠道营销系统有很多优点，但这种渠道比较难以控制，多个渠道在争夺细分市场的时候，更容易发生渠道冲突，往往需要通过惩罚、妥协、激励等不同方法解决渠道冲突，不公平竞争的情绪会直接影响到渠道参与者的积极性，并且对生产者而言，渠道间的比重分配也是一个《左右为难》的问题。

左手写他右手写着爱
紧握的双手模糊的悲哀
我的决定会有怎样的伤害
面对着爱人和朋友
哪一个我该放开
一边是友情一边是爱情
左右都不是为难了自己

此外，关于营销渠道的分类还包括长渠道和短渠道，宽渠道和窄渠道。长渠道是指经过两个及以上中间环节的渠道，短渠道是指没有经过或只经过一个中间环节的渠道，宽渠道是指生产者通过两个及以上的中间商来销售产品的渠道，窄渠道是指生产者只选用一个中间商来销售产品的渠道。这些定义并不难理解，之所以有多种的营销渠道分类，是因为市场中各行业千差万别，企业在不同时期也会搭建不同的营销渠道系统。

如表 11 –1 所示，选择哪一种渠道需要同时考虑多方面因素的营销，比如市场范围广的适用于长渠道、宽渠道；反之，市场分散的则适用于短渠道、窄渠道。对于医疗美容机构，从理论上讲，总体最优的渠道应该选择短渠道，但在实际应用中，应该围绕不同项目类型来进行渠道组合则更为合理。

表 11 –1　影响渠道的多种因素

种类	长渠道	短渠道	宽渠道	窄渠道
市场范围广	√		√	
顾客集中度高		√		√
购买量小且高频	√		√	
消费季节性特征明显	√			
耐用消费品		√		√
日常消费品	√		√	
产品价格高		√		√
产品时尚程度高		√		
标准化程度高	√		√	
技术复杂售后要求高		√		
分销费用高		√		√
中间商服务质量高	√		√	
经济形势和消费环境好	√			
渠道管控能力强		√		
渠道管控意愿强		√		√

有山有水有树林

为了使营销渠道的有效性实现最大化，企业需要进行渠道设计，这不是一项可以轻易决策的工作，因为营销渠道需要完成如图 11 –5 所示的诸多流程，有的流程是单向的，有的流程是双向的。企业的规模、资金、人员等情况不同，所设计出的渠道结构自然不尽相同，这既取决于企业自身的资源状况，也受制市场机会和条件变化的影响。

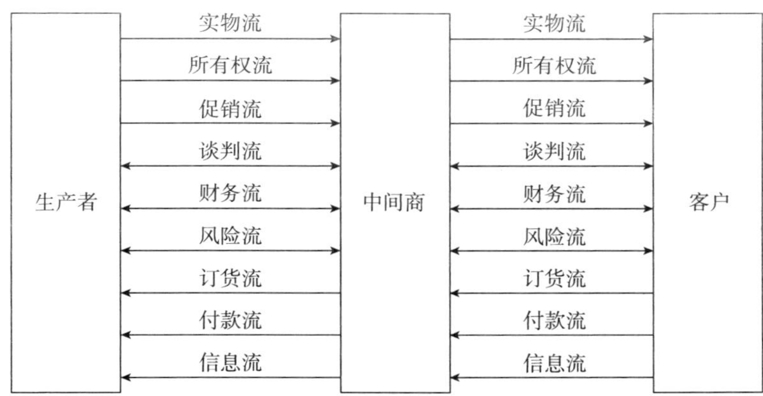

图 11－5 营销渠道流程

尽管如此，从渠道设计本身的方法论来说是相通的，一般先分析客户需求，然后设定渠道目标，再确定中间商的类型、数量以及渠道成员的责任，以此形成渠道选择方案。之所以称为渠道选择方案，是因为这时的渠道方案并非只有一种，而是多种可供选择的方案，最后要做的是根据经济性、控制性、适应性三个方面进行评估，敲定最终的渠道方案。

经济标准是营销渠道中最重要的标准，这也是企业营销渠道设计的基本出发点。在营销渠道方案的评估中，要把可能获得的销售收入增加同实施这一渠道方案所需投入的成本进行比较，通常采用的办法是进行交易成本分析。

经济学家罗纳德·哈里·科斯提出，交易成本是获得准确市场信息所需要的费用以及谈判和经常性契约的费用。在此之前，人们普遍认为交易是瞬间完成的，其所涉及的成本为零，但交易成本理论的提出，说明市场交易的成本绝非为零，这是由于交易中存在有限理性、机会主义、交易频率、不确定性、资产专用性以及交易环境制约等因素，因此市场交易会产生一定费用，如表 11－2 所示，各种因素所表现的程度，对交易成本高低会带来影响。

表 11－2 不同因素程度对交易成本的影响

因素	交易成本	
	高	低
不了解的信息越多	√	
人们越不理性	√	
人们越是投机	√	
资产专用性越强	√	

续表

因素	交易成本	
	高	低
不确定性越大	√	
交易次数越多		√
竞争对手越多		√
比价空间越大		√

其中，有限理性和机会主义是两个行为假设，有限理性指的是决策制定者的认知能力和他们的理性是有限的，虽然会试图理性行事，但有可能被有限的信息加工和沟通能力所限制，比如出售或购买房产，交易双方在中介的撮合下议价，尽管一方想要卖高，一方想要买低，但最后双方都可能受到有限理性的影响；机会主义是假定决策制定者一旦有机会就会不择手段地为自己的利益服务，比如撒谎、作弊或违约。

不确定性和资产专用性是两个交易维度，不确定性包括环境和行为两种不可预测的性质，有时环境的不确定性和行为的不确定性会带来渠道选择相反的倾向，比如汇率的变化、结算周期的变化等；资产专用性是指限定了交易的资产的转移能力，由特定的经济主体拥有或控制，只能用于特定的用途，如果转到其他用途或由他人使用，则其创造的价值可能降低，比如收购了一家医疗美容机构，包括土地、建筑、设备、人员在内，对于建筑物而言其资产专用性并不强。而对于人员来说，收购后并不能限定优秀的咨询师或医生流动，其人力资本的专用性就比较强。

市场和企业是两种本质上不同的治理机制，也是可以相互替代的治理机制，它们的基础都是建立在契约基础之上的，当企业管理成本大于市场交易成本时，企业会利用市场机制；当企业管理成本小于市场交易成本时，企业会发展自己的组织。因此，在不同条件下会产生不同的契约结构，这个结构表现为介于市场交易和企业制度之间的混合形态，就是渠道的产生，其最终目的是节约交易成本。

为了有助于理解，我们来举一个通俗的例子，比如村里一个酿酒作坊，直接面向的顾客就是村民，那么就可以采用前店后厂的方式，把酿好的酒直接出售给村里的人，不经过其他经销商，也就是没有了中间渠道，这种做法的前提就是酿酒作坊的管理成本小于经过渠道环节产生的市场交易成本。此处，似乎来一首《咱们屯里的人》非常应景：

我的老家哎就住在这个屯
我是这个屯里土生土长的人
别看屯子不咋大呀
有山有水有树林
邻里乡亲挺和睦
老少爷们更合群
屯子里面发生过许多许多的事
回想起那是特别的哏
朋友们若是有兴趣呀
我领你认识认识
认识认识我们屯里的人

如果条件发生变化，假如不是酿酒的小作坊，而是一家现代化的酒厂，它面对的是全国的消费者，那么它的运作模式就会发生变化。酒厂不会在全国设立上千个自营的零售终端，那样企业的管理成本将远远大于市场交易成本，而是会借用批发商、代理商等中间渠道来进行销售，这样做的目的就是降低交易成本。

我总会实现一个梦

总体上看，渠道之所以存在的价值是为了降低交易成本，可并不意味着只要有了渠道就一定能够降低交易成本，或者说即便现有渠道降低了交易成本，但你仍然需要考虑是否还有进一步降低的可能，这是一个动态的过程。我们不提倡频繁地改变渠道结构，可为了应对不确定性，有时调整是必要的，该调整的渠道还是要调整。

如图 11－6 所示，某家企业的渠道结构是按照区域划分，相当于分销中心，产品通过分销商、一级批发商、二级批发商、大小零售店，最终进入寻常百姓家。这种长营销渠道模式的优势在于可以尽可能广地覆盖销售区域，便于消费者购买到产品；劣势在于企业对各级经销商的管控力会不足，对销售、铺货、价格、售后等信息掌握不及时，特别是中小型零售点越多，交易成本就越高。

当然，如果分销商、批发商、零售点能够保持一定的合理数量，那么这种营销渠道模式的优势会大于劣势，但由于分销商、批发商、零售点这些渠道成员都

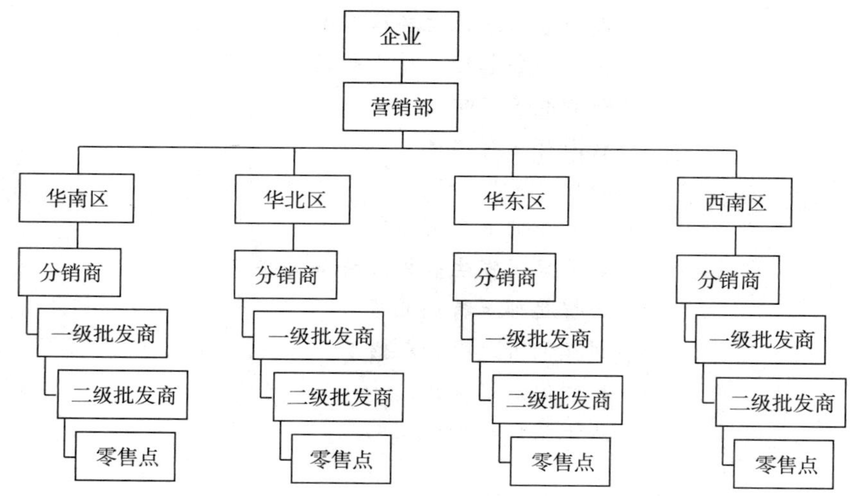

图 11－6　多层次营销渠道结构

是作为独立的经济实体，其利益诉求与企业并不完全一致，有时还会相悖，比如在产品价格上，渠道成员希望有定价的自主权或者希望延长支付期；另外，企业为了扩大销售规模，必然会尽可能多地发展渠道成员，这些情况随着时间的推移势必会加剧渠道冲突。因此，在经过一段时期之后，渠道劣势上升为主要矛盾，那么变革传统的营销渠道模式势在必行。

可以看出，所谓传统的营销渠道模式是一个相对的概念，相比现在，过去的就是传统的；相比将来，现在的也会变成传统的。但我们要清楚，变革营销渠道的着力点仍在于降低交易成本，如果能够通过变革有效降低交易成本，那么变革就是成功的，否则就没有变革的必要或者是瞎折腾。变革营销渠道不在于采用什么最新的模式，而是在于选择了交易成本更低的模式，因为市场环境始终在动态发生变化，比如，前些年许多营销工作都从线下转到了线上，那是因为线上的交易成本更低，但近年来，当线上成本逐步走高的时候，又会从线上转向线下或者把两者进行新的结合。

讲回上面的示例，我们对原来的多层次营销渠道进行了变革，如图 11－7 所示，企业将营销部改组为客户发展部，意在从原来的单纯产品销售导向转为业务发展导向，加强对销售终端的指导和服务，这样，一方面，减少了分销商的数量，通过压缩管理层级，减缓了水平渠道冲突；另一方面，将规模大的零售商和连锁商单列出来，进行直供，既增强了对终端信息的实时掌握，又解决了垂直渠道冲突的问题。

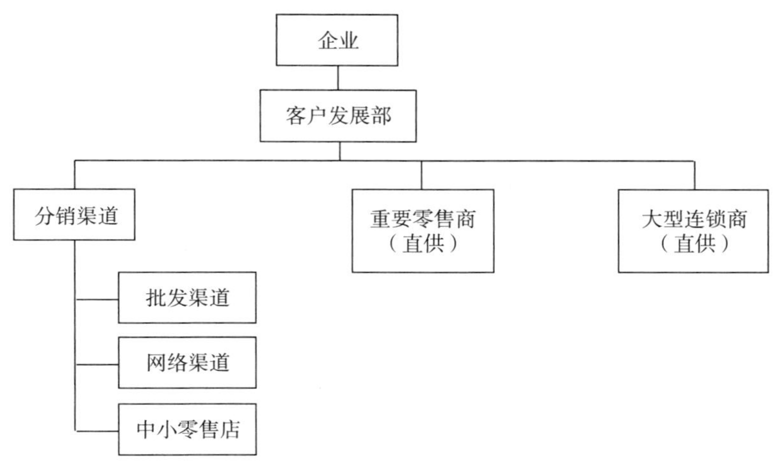

图 11－7　变革后的营销渠道结构

许多时候，营销渠道变革不会是两厢情愿，但也并不一定就是两败俱伤，在合适的时机改变，对各方来说都是一种《解脱》，因为你有自由走，我有自由好好过。

想若结局一样
又何苦再想
伤若让人成长
我为什么怕分手的伤
解脱是肯承认这是个错
我不应该还不放手
你有自由走
我有自由好好过
解脱是懂擦干泪看以后
找个新方向往前走
这世界辽阔
我总会实现一个梦

综上所述，我们可以得出这样的结论：良好的渠道有助于降低交易成本，其特征表现为：一是投入较少资金就能够组建并且有较高收益；二是容易控制且可以很好地执行企业各种营销政策；三是能够长久合作一同应对营销环境的变化。

对于医疗美容机构来说，其所提供的主要是医疗美容服务，与有形产品相比，服务具有的基本特征包括不可分离性、无形性、差异性、不可存储性以及没有所有权的转移。因此，如图 11－8 所示，对于医疗美容机构的渠道流程会去除掉实物流的部分，同时风险流也将由终端双方共担。

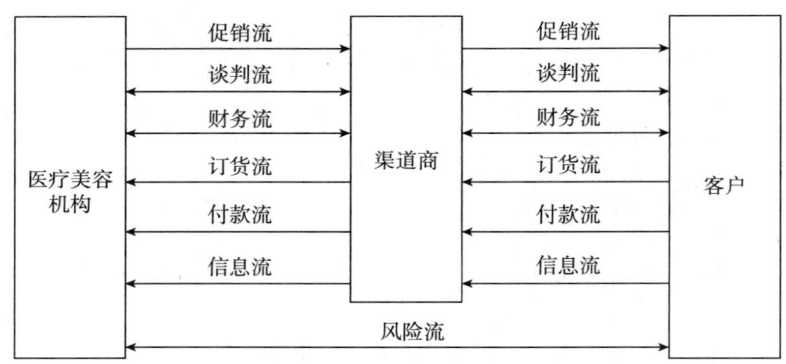

图 11－8　医疗美容机构营销渠道流程

欠了我的给我补回来

在医疗美容行业中，“直客”与“渠道”这是一个长期被误导的模式之争，根本上，直客与渠道是一体两面的营销方式。从更准确的定义来说，渠道是广义的概念，比如经销商、分销商、加盟商、广告商都包括在营销渠道之中，但到了医疗美容行业，这个概念就被偷换了，直客相当于散客群体，来源主要靠广告；渠道相当于大客户群体，来源主要靠高比例提成。

因此，形成了一个很特定的称谓叫作“渠道医美”，这是一个大家约定俗成的讲法，但从概念上讲，这属于非常狭义的定义，因为从广义上说，几乎所有的医疗美容机构都离不开渠道，除非你从来不打广告，从未与第三方机构合作，那么这样一来岂不是大家都成了渠道医美？

当然，这其中最核心的问题在于我们如何定义“渠道”。所谓“渠道医美”是指依赖渠道送客为主的医疗美容机构，这类渠道包括美容店、网红公司等。美容店或网红公司当然属于渠道的一种，但不是渠道的全部。尽管“渠道医美”是一种比较片面的讲法，但人的认知通常都有很大的惯性，如果我们这里讲渠道医美包括所有的医疗美容机构，那么在接下来讨论中，大家势必就要不断地扭转

这个概念，反而更容易引起混淆，因此我们暂且沿用“渠道医美”这种讲法，与“医疗美容机构的渠道”进行区分。

下面，我们以“渠道医美”为例，通过分析来进一步加深对医疗美容机构渠道的认识。“渠道医美”为什么会存在？有人说：存在即合理。其实这是对哲学家黑格尔原话翻译的简略版，原版的意思是：凡是现实的都是合乎理性的，凡是合乎理性的都是现实的。“合理”的意思不是指正义或非正义，而是指合乎逻辑的。对于“渠道医美”来说，它的存在当然也是合乎逻辑的。

这种逻辑性在于“渠道医美”符合某些医疗美容机构对于交易成本的要求。一般来说，一项具体的交易成本包括搜索成本、讨价还价成本和执行成本等方面，比如，连锁模式增加了与客户的触点，就可以降低搜索成本；有效的中介缩小了交易双方谈判对象的规模，能降低讨价还价成本；网上支付突破线下交易中时间和地点的限制，降低了执行成本。“渠道医美”就是起到了有效中介的作用，如通过美容院送客，常规的做法是医疗美容机构与美容院签订合作，市场营销人员下店培训，并根据美容院顾客的求美需求，带回到医疗美容机构，再由设计师根据提前的市场沟通，出一套完整的整形设计方案，其间贯穿了一系列沟通话术和拓客升单流程，由此实现从生活美容顾客向医疗美容顾客的转化。

进一步看，“渠道医美”正是利用了有限理性和机会主义这两个假设前提，把假设变成了现实，一方面利用信息不对称性，限制了被转化顾客的认知能力和理性决策；另一方面采取了机会主义的手段来谋求利益，卖出了高于正常区间十几倍甚至几十倍的价格。

按照常规逻辑分析，如果一个产品的价格畸高，消费者应该有所察觉，但这是在消费者理性决策的前提下才会出现。以前“渠道医美”之所以能够大行其事，原因在于整个医疗美容消费市场还不成熟、不规范，在巨量上升的消费群体中总有“韭菜”好割，再加上美容店与顾客关系密切、黏性高，一定程度形成了信任背书，因此“渠道医美”的存在合乎当时的市场逻辑。

事实上，“渠道医美”的交易成本非常高，在高比例分成的状况下，尽管总体利润可观，但医疗美容机构能分到的利润并不多，并且渠道的控制力很弱，如果哪家医疗美容机构给的利润多，渠道合作方就会跟哪家合作，由此这种渠道模式的劣势就越发明显了。

尽管如此，那些“渠道医美”的机构并不会主动放弃这种模式，虽然利润好像被“打劫”了一样，但毕竟还是有一些利润的。所以，真正能够触发这种渠道模式变革的不是出自内部的自律性，而是外部的不确定性，即环境的不确定性和行为的不确定性。一方面，监管政策从严的大环境，极大压缩了“渠道医美”的生存空间；另一方面，消费者行为的改变，对“渠道医美”带来了巨大冲击，互联网的高度发展促进了信息的对称传播，也促进了消费者心智的变化，从以前对铺垫、话术的深信不疑，到现在足不出户就可以货比千万家，洗脑式的招数和套路已经失去作用。

成熟的市场必然会教育出成熟的消费者，也必然会培育出成熟的营销渠道，因此“渠道医美”的结局也必然会回归渠道的本质，就如同歌曲《嘻唰唰》所写的：

请你拿了我的给我送回来
吃了我的给我吐出来
闪闪红星里面的记载
变成此时对白
欠了我的给我补回来
偷了我的给我交出来
你我好像划拳般恋爱
每次都是猜

在现实的医疗美容机构中，想要纠正那些不正确的渠道观念和认识并非一件容易的事情，这意味着要改变原有的运营方式，更意味着要打破已有的利益格局，所以很难从内部的中层或基层进行撬动。这也说明，真正能够推动医疗美容机构内部发生变革的一定是源于高层，就是人们常说的“顶层设计”，只有源于决策层来对渠道建设进行推动，才是渠道运营能力提升最根本的保证。

不能分辨黑夜或天明

从市场营销学的角度看，渠道的定义相当广泛，包括平面广告、户外广告、中介代理、中介平台、搜索引擎、社区运营、小程序、会展等诸多方面，实际上，医疗美容机构对这些渠道都有所涉猎。换句话说，医疗美容机构从来就不缺什么渠道，因为可选择的余地实在太大了，主动找上门来寻求合作的也不少。可是问题也接踵而来了，为什么感觉渠道越来越多，但作用却越来越小呢？

原因不外乎有两个方面：一方面，有些渠道已经被“玩坏了”，比如“渠道医美”，完全偏离了渠道逻辑，背离了渠道价值，路自然越走越窄；另一方面，对于渠道只是会“玩”但不精通，貌似很努力但效率不高。其实，会玩但不精

通是多数医疗美容机构面对渠道问题的主要原因。举个例子来说，假如要从一个地方移动到另一个地方，可选择的路径有陆路、水路和空路，陆路还可选择汽车、火车、骑车或步行等方式，那么该如何选择才是最优呢？

这个问题实难回答，因为“最优”的定义不明确，是省钱、省时还是省力呢？出于不同目的，对于“最优”的标准自然会不同，换到医美行业中，我们也无法告诉你哪一个渠道就是最优，但我们可以告诉你如何选择“最优”的方法，首先你应该排除掉那些明显不相匹配的渠道，就如同你不应该在选择水路的同时选择汽车一样，陆路、水路、空路就代表渠道，而客机、直升机、轮船、快艇、汽车、火车等就代表医疗美容项目，项目要与渠道属性相匹配，这是保证医疗美容机构渠道有效性的基本前提，也是第一步。

因为有了这个前提，我们才能接下来在不同渠道间进行比较，有的项目适应多种渠道，有的渠道适应多种项目，当然也存在特定项目只适应特定渠道的情况。这些状态说明渠道存在的合理性不是以数量多少来论，而是要有针对性，这是方法的第二步。

第三步，你要找出哪些是高质量的渠道。判断高质量渠道的标准有两条：一是该渠道能够实现客户持续增长；二是该渠道的交易成本要小于你的管理成本。比如，许多低价引流的渠道显然就不属于高质量渠道的范畴，虽然能够带来不少客户，但交易成本大于管理成本，最终医疗美容机构肯定是不赚钱的，因为你的成本早已变成了渠道利润，被中间商拿走了。简而言之，低价引流就是医疗美容机构送钱给渠道商，这是一个很残酷的真相，就如同歌曲《偷心》所写的：

是了解慢慢伤害我的心
就我醉死在梦里
在梦里永远不要清醒
是谁偷偷偷走我的心
不能分辨黑夜或天明
是谁偷偷偷走我的心
我的眼睛看不见我自己

第四步，要不断提高你的渠道运营能力，因为对于别的医疗美容机构是高质量的渠道，即使一模一样复制过来，对你也未见得就是高质量的渠道，差异在于大家的运营能力不同，这就是我们所说的“会玩但不精通”的问题。这个不难理解，反过来也有可能是对别人来说质量一般的渠道，但到了你的手中就能变成高质量的渠道，说明你更精通，我们当然期待这样的结果。

要想达到精通，你必须对各种渠道有深刻的认识：第一，医疗美容机构不能习惯于把自己当做甲方，把渠道当做乙方，甲方与乙方只是签订合同时的合作关系，如果因此在找到了合作渠道以后就当起了“甩手掌柜”，那么再好的渠道也会失控；第二，千万不能想当然地把渠道的资源认为是自己的资源，把渠道的优势认为是自己的优势，这样很容易“南柯一梦”。因为即使你找到了拥有千万级流量的渠道合作，但并不意味着全部流量都能为你所用，就好比你从银行借款，银行有再多钱也不是你的，你借的钱早晚还是要还的。

第五步，把握好整个渠道运营逻辑的方法论，如图 11－9 所示，从“触达”到“转化”再到“裂变”，这个过程就是从 0 到 N，从 N 到 1，再从 1 到 N 的过程。

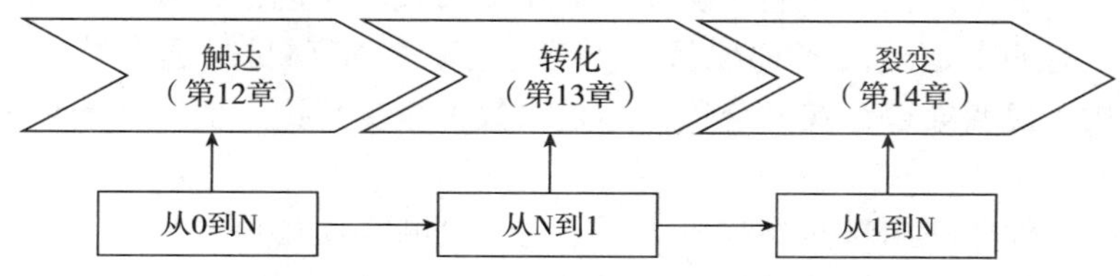

图 11－9　营销渠道运营的逻辑结构

任何渠道都有其独特的属性，从单一渠道到多渠道，再到各种渠道的协同，如果商家做不到任何时间、任何地点，用任何方式让消费者接触并购买你的产品或服务，那么最终将会被消费者所遗忘，因此，营销渠道落地的第一步要从触达开始。

第十二章　触　达

挥别错的才能和对的相逢

营销渠道最基本的属性就是能够触达终端消费者，对于线下渠道，触点越多意味着达到消费者的覆盖面越广；对于线上渠道，触点的入口越集中，流量优势越明显，交易成本也越低。

线上、线下是渠道的一种分类，当然还有其他多种方法，但无论如何分类，总有些渠道是可左可右的，这是由那些渠道的多重属性决定的。也就是说，渠道分类在于找到一种可观察的合理性，而不是追求毫无瑕疵的唯一性与完美性。因此，我们选择的观察视角从可触达的形式来分类，如表12－1所示，按照“传播、推送、引导”三种触达形式，对应的渠道类别分别是“广告、新媒体、流量平台”。

表12－1　按触达形式的渠道分类

<table>
<tr><th>触达形式</th><th colspan="2">主要类别</th><th>举例</th></tr>
<tr><td rowspan="3">传播</td><td rowspan="3">广告</td><td>平面广告</td><td>报纸广告、杂志广告、楼宇广告等</td></tr>
<tr><td>户外广告</td><td>车身广告、高速广告、灯箱广告等</td></tr>
<tr><td>站内广告</td><td>开机屏、banner、弹窗、专区等</td></tr>
<tr><td rowspan="3">推送</td><td rowspan="3">新媒体</td><td>社交类</td><td>公众号、博客、朋友圈等</td></tr>
<tr><td>娱乐类</td><td>短视频、视频直播等</td></tr>
<tr><td>资讯类</td><td>新闻、软文、短信等</td></tr>
<tr><td rowspan="4">引导</td><td rowspan="4">流量平台</td><td>搜索引擎</td><td>关键词检索、专业网站、百科查询等</td></tr>
<tr><td>分销代理</td><td>同业联盟、异业合作、中介、微商等</td></tr>
<tr><td>自营平台</td><td>自建网站、电话营销等</td></tr>
<tr><td>第三方应用</td><td>APP、网络电商等</td></tr>
</table>

“传播”这种触达形式的特征是通过渠道主动地展示，消费者被动地接收。比如，广告作为一种营销传播渠道，有着天然的优势和天然的劣势，它的优势在于可以一次性地将信息广播给大众群体，并且可以重复多次，以一种较低的单位展示成本将信息传递给地域分散的现在购买者；劣势在于广告是一种单向沟通，难以实时更新，也难以精确统计出对此有注意的受众数量以及因此而做出反应的受众数量，同时广告投放常常都需要比较大的预算，这对企业来说是比较艰难的营销决策。正如被誉为“世界百货业之父”的约翰·沃纳梅克所言：“我知道在广告上的投资有一半是无用的，但问题是我不知道是哪一半。我花了 200 美元做广告，但不知道这笔钱是只够一半还是多花了一倍。”

“推送”这种触达形式的特征是通过渠道向一定范围的群体主动展示，消费者介于半主动或半被动的接收状态。推送式渠道的优势在于基于用户行为、偏好或位置等信息，无须人工干预，就能自动推送相应的通知。劣势在于许多推送信息尽管内容很诱人，交易很划算，但却没有得到消费者足够的关注，这些信息要么是没有准时推送，要么是没有推送到正确的设备上。有调查数据显示，58% 的用户表示基于行为的推送通知骚扰了他们的生活，让人十分恼火，而且让人觉得神经紧张；另外，49% 的用户承认基于偏好的推送信息对他们十分有用，能够让他们更频繁地使用某个应用程序。由此看来，要发挥好“推送”渠道的作用，不仅要对用户有用，还要能够实现营销目标才行。

“引导”这种触达形式的特征在于消费者处于主动接收的状态，渠道的作用是辅助决策。引导式渠道的优势在于消费者有比较强的目的倾向或者存在一定程度的购买需求，这样渠道比较容易进行深层次的触达，但同时因为更贴近转化，这类消费群体对价格的敏感性更高，因此常常会成为低价引流的对象。通常这类渠道会有很大的用户流量，但对于医疗美容机构来说，必须要认识到你所能挖掘的只是剩余流量的价值。

由此，综合来看，三种触达形式的侧重点分别是“传播信息、推送效果、引导决策”，在实施过程中各有利弊，如表 12 - 2 所示，每种渠道的方向性、效果性和交易成本都不同，因此在使用时最重要的是发挥它们的长处，打好“组合拳”。

表 12 - 2　三种触达形式的比较

形式	重点	方向性	效果性	交易成本	渠道敏感点
传播	信息	面广	时间长	低	品牌
推送	效果	线长	周期性	中	产品
引导	决策	纵深	实时性	高	价格

如果你现在已经明白了三种触达形式的差异，那么就可以开始着手调整你的渠道结构和策略，特别是要围绕渠道的敏感点进行布局，这样就能够解决那个“老大难”的问题：为什么别人用得挺好的渠道，对你却效果平平？原因就在于，你的营销策略与渠道属性不够匹配，所以是时候下定决心，对自己说一声《分手快乐》。

分手快乐祝你快乐
你可以找到更好的
不想过冬厌倦沉重
就飞去热带的岛屿游泳
分手快乐请你快乐
挥别错的才能和对的相逢
离开旧爱像坐慢车
看透彻了心就会是晴朗的
没人能把谁的幸福没收
你发誓你会活的有笑容

天上的星星在等待

在一个信任匮乏的市场环境中，无论营销人员多么努力、多么不厌其烦地向客户推介，当今社会顾客在购买高价商品时，几乎没有人不会去参考使用者的评论。有调查数据表明，超过90%的顾客信任亲戚或朋友的推荐，70%的顾客相信网上用户的评论，而相信广告的顾客最高仅在60%左右。可以看出，广告的影响力相比以往和其他方式均有所弱化，但其独特的地位在市场营销中仍然不可或缺。

讲到广告，涉及的内容非常广泛，这里我们针对医疗美容行业的广告传播讲一些要点，比如线下广告传播，包括电视、广播、杂志、广告牌、邮寄等形式，这些也可以归结为平面广告类，还有户外广告，如车身广告、灯箱广告等。医疗美容机构对于线上的站内广告，比如开机屏广告、横幅广告等应用的并不多，实际上即使在今天，线下广告的投入仍然多于线上推广，如图12－1所示，有效的广告推广应该遵循这样的传播步骤，传播的信息可以是纯粹的事实陈述，也可以是具有象征性的描述。

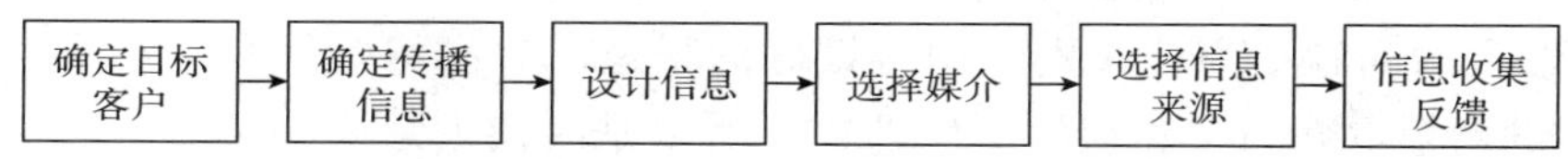

图 12－1　有效营销的传播步骤

医疗美容机构比较常见的线下广告形式是公交车身广告和机场、火车站、公交站台的定点广告，那么我们是不是只要设计好一个广告就同样适用于所有场所，还是要针对不同场所设计不同的广告？

实际上，如果我们遵循图 12－1 的有效传播步骤看，不同场所因为目标客户不同，当然所传播的信息也要有所差异，但这并不意味着一定要设计出多个广告，关键在于要把握共性特点，在一个基准广告上进行适应性调整，这样就可以兼顾有效性和经济性。

可以看出，机场、火车站、地铁、公交站点及车身广告，所面对的客户群体都是高流动性的。也就是说，要在短时间内把最重要的信息传递给客户，这样就必须要区分什么样的信息是最重要的。我们讲过，广告这种渠道对于品牌传播非常有效，因此最重要的信息是医疗美容机构的品牌形象。

我们经常能看到在这些场所，医疗美容机构的广告信息包括：机构名称、治疗项目、地址、电话等，多以文字为主，有的也会出现如美女的图片。其实，这样的传播效果是相当有限的，不仅投入了不菲的广告费，而且又有多少客户会按图索骥来上门呢？这些群体首要的需求是出行，在步履匆匆的过程中即使瞥上几眼，又有多少人会记住地址、电话这些信息呢？

根本上，广告所传播的信息在于展示认同性影响，它的主要任务是展示品牌理念和群体价值观及消费理念的一致性。因此，医疗美容机构线下广告的最佳方案是突出两个要素：品牌和群体。

（1）品牌可以是医疗美容机构的名称，也可以是品牌广告语。

（2）品牌广告要有人物群体出现，而不是单个的人物。

（3）人物群体的形象要与展示地点的目标群体相近。

（4）广告中的人物群体要在一个场景里，人物之间要有互动的画面感。

这样，我们可以有效促进消费群体的认同性，因为突出“品牌”和“群体”所传递的信息是：广告中的这些人发现这一品牌是最好的，如果你与他们是同一类人，那么你也将会这么做。广告传播这种效果本身就不是急功近利的，而是潜移默化、循循善诱般《让我轻轻地告诉你》。

让我轻轻地告诉你
天上的星星在等待
分享你的寂寞你的欢乐
还有什么不能说
让我慢慢地靠近你
伸出双手你还有我
给你我的欢笑我的祝福
生命阳光最温暖
不要问我太阳有多高
我会告诉你我有多真
不要问我星星有几颗
我会告诉你很多

虽然广告营销传播的最终目的是增加销售，但其作用并不仅局限于此，比如增加广告的露出次数，的确可以强化顾客的记忆。但只让顾客记住是不够的，顾客可以记住好的品牌，也可以记住差的品牌，并且通常对差的东西记忆力更强，因此增加广告强度的根本目的并不旨在记忆，而是传递质量信号，一般来说顾客会认为广告多的质量会更好。

同时，传播的定位要对准顾客群体，尽量地清晰细化，比如下面这几个展示就是越来越聚焦目标人群：

A：女性。

B：年轻女性。

C：年轻职业女性。

D：刚入职 1 ~2 年的年轻职业女性。

E：二、三线城市的刚入职 1 ~2 年的年轻职业女性。

F：二、三线城市的刚入职 1 ~2 年的有瘦脸需求的年轻职业女性。

按照最后一项内容，可以更加明确定位人群的规模体量、消费能力、互动需求，进而对应到广告策划、投放区域、投放方式、投放时间等事项，不仅如此，这种方法同样适用于新媒体推送。

穿过你的黑发的我的手

今天我们称为新媒体的是有别于电视、广播、杂志、广告牌等传统媒体，新媒体包括各种流媒体、自媒体和社交媒体。顾客通过新媒体，在很大程度上改变了营销环境，从以往被动接收信息的状态转变为半主动甚至主导的状态。

新媒体采用线上推广的方式，它的好处在于人们不必通过实物就能获得更多信息，因此通过新媒体开展营销实际上就是一种推送方式，常常与内容营销相结合。相比广告传播品牌信息而言，新媒体的核心任务是培育深度的客户关系。

对于医疗美容机构来说，运用新媒体营销不在于关注的数量，而在于关注者的质量，这一点明显区别于广告的品牌传播，因此，在思考新媒体策略之前，需要先明确新媒体在医疗美容机构中的定位。

人们倾向于把新媒体当成一种营销工具，事实上也的确是，但对于顾客而言寻求的不是推销，而是解决办法。我们必须要反复强化这样的认识，利用新媒体营销的重点不是直接转化，而是通过建立密切关系，把受众群体引导到我们希望发生转化的地方。通俗地讲，就是别指望用新媒体把东西直接卖出去，至少对医疗美容类项目不适用。需要注意的是，我们强调的是不要想着“直接”卖出去，而并非是不想卖出去，因为“直接”这个词涉及“转化”，那样就与渠道属性不相匹配，超出了我们要讨论的“触达”这个范畴，因此可以把新媒体的渠道定位看成“转化”的前奏，如同《穿过你的黑发的我的手》。

> 穿过你的黑发的我的手
> 穿过你的心情的我的眼
> 如此这般的深情若飘逝转眼成云烟
> 搞不懂为什么沧海会变成桑田
> 牵着我无助的双手的你的手
> 照亮我灰暗的双眼的你的眼
> 如果我们生存的冰冷的世界依然难改变
> 至少我还拥有你化解冰雪的容颜

这段歌词虽然有些拗口，但能很好地诠释出从事营销工作的感悟，就是千万别怕麻烦，有时也不能那么直接，欲速则不达，绕盘山公路往往比直接攀爬更有效。

通常许多医疗美容机构会把新媒体放在市场营销或品牌公关的部门之内，这种做法固然可以开展一些新媒体运营工作，但也会局限新媒体作用的发挥。实际上，如果放在某个部门之内，那么很大程度上就决定了该医疗美容机机构的新媒体运营是以协调接洽为主。这样一来，要么是浅层次的运营推送，要么是外包给第三方去运营，其结果很难形成与顾客的深度关系。特别是由于新媒体涉及的渠道触点很多，如果全面开花，到最后只能是各个触点都浅尝辄止，既耗费了资源，也浪费了金钱。

因此，我们的建议是：

（1）有条件的医疗美容机构应该把新媒体营销作为一个单独的运营部门。如图 12－2 所示，我们搭建了一个新媒体运营部门的示例，目标就是要贴近业务的实际需求。

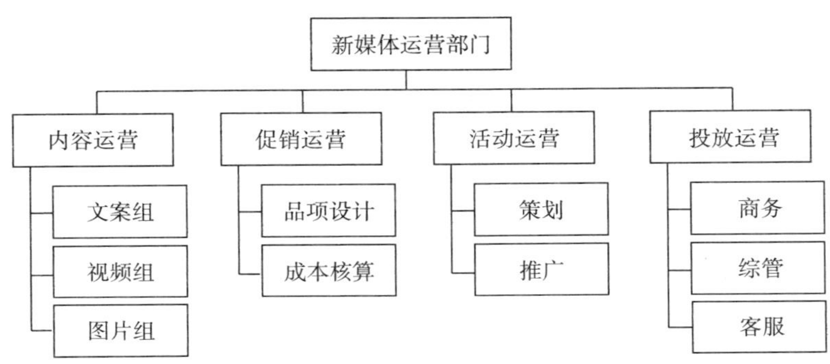

图 12－2　新媒体运营部门的组织架构

（2）医疗美容机构要有计划地形成新媒体矩阵。矩阵是一个数学概念，它是指纵横排列的二维数据表格，借用到新媒体领域是指能够触达到目标顾客群体的多种渠道组合。通过在不同渠道建立账号，可以内容多元化，这样有利于协同放大推送效果，并且能够分散运营风险。

当然，任何新媒体资源投入都是有成本的，要么是人工成本，要么是投放成本。也就是说，要在新媒体数量和资源投入之间进行合理配置，这就要求运营人员不仅应充分了解不同新媒体的运营方式，而且要把新媒体运营内嵌到业务中。

关于新媒体矩阵，常见的问题是只停留在了第一步，即形成了新媒体矩阵的列表就算大功告成了，如表 12－3 所示。实际上，仅完成了新媒体矩阵列表并不能保证渠道有效落地，必须要与推送的业务内容相结合，如表 12－4 所示，这样才能发挥新媒体的最大效能。

表 12－3　新媒体矩阵列表的示例

类别/媒体	自营渠道	合作渠道	推广渠道
社交类	公众号	QQ 空间	企鹅号
资讯类	博客	简书	头条号
娱乐类	抖音	一直播	火山小视频
问答类	知乎	悟空问答	豆瓣

表 12－4　新媒体推送内容的示例

科室/部位	面部	鼻部	眼部
整形外科	下颌角	隆鼻	开内眼角
微整形科	瘦脸	玻尿酸填充	卧蚕再造
皮肤科	美白	祛鼻横纹	祛黑眼圈

如何把表 12－3 和表 12－4 有效结合，才是建立新媒体矩阵的核心所在，这里我们需要用到矩阵的计算规则，先学习一下简单运算，如图 12－3 所示，有 A、B 两矩阵，相乘的形式设为 A×B，A 的行对应 B 的列，对应元素分别相乘，继而通过类似的过程就可以让新媒体矩阵真正地名副其实。

$$A=\begin{pmatrix} a & b \\ c & d \end{pmatrix},\ B=\begin{pmatrix} e & g \\ f & h \end{pmatrix}$$

$$A\times B=\begin{pmatrix} ae+bf & ag+bh \\ ce+df & cg+dh \end{pmatrix}$$

图 12－3　矩阵的乘积运算

下面，我们把表 12－3 和表 12－4 分别转化为矩阵 M、N，则 M×N 的运算如图 12－4 所示。

$$M=\begin{pmatrix} \text{公众号}(a) & QQ\text{空间}(b) & \text{企鹅号}(c) \\ \text{博客}(d) & \text{简书}(e) & \text{头条号}(f) \\ \text{抖音}(g) & \text{一直播}(h) & \text{火山小视频}(i) \\ \text{知乎}(j) & \text{悟空问答}(k) & \text{豆瓣}(l) \end{pmatrix},$$

$$N=\begin{pmatrix} \text{下颌角}(m) & \text{隆鼻}(p) & \text{开内眼角}(s) \\ \text{瘦脸}(n) & \text{玻尿酸填充}(q) & \text{卧蚕再造}(t) \\ \text{美白}(o) & \text{祛鼻横纹}(r) & \text{祛黑眼圈}(u) \end{pmatrix}$$

$$\text{则 } M\times N=\begin{pmatrix} am+bn+co & ap+bq+cr & as+bt+cu \\ dm+en+fo & dp+eq+fr & ds+et+fu \\ gm+hn+io & gp+hq+ir & gs+ht+iu \\ jm+kn+lo & jp+kq+lr & js+kt+lu \end{pmatrix}$$

图 12－4　新媒体矩阵的乘积运算

我们选取“am + bn + co”这一结果对应到文字内容就是“公众号 × 下颌角 + QQ 空间 × 瘦脸 + 企鹅号 × 美白”，可以看出，新媒体渠道推送的内容是与项目相互匹配的，并非一个渠道针对所有的项目，这一点非常重要，如果运营人员想不明白就会陷入误区，尤其是渠道账号的功能越多，在运营中就越难突出重点，导致无法厘清客户关系。当然，我们这里所列的只是示例，医疗美容机构要根据自己的实际情况，选择新媒体渠道和匹配的内容，这既需要进行预判和测试，也需要根据运营结果反馈进行调整优化。

同时，运用“常识性”判断是新媒体运营中另一个容易陷入的误区。比如，大部分顾客使用社交媒体是为了分享，传播生活、时尚之类的事物，当然也会包括与美丽事物相关的品牌或产品信息。通过社交媒体营销的目的往往只是触达，以求给人留下印象，而不是实现转化。这一观点似乎与常识相悖，但也证明了为什么有的医疗美容机构经常会犯一些自以为是的“常识性”错误，原因在于那些做法看起来好像是符合常理的，可实际上恰恰相反。比如，经常会有人通过微信朋友圈来发布医疗美容项目的促销活动，期望获得更多的点击率和转化率，但最终吸引顾客的效果并不好，这是典型的以常识之名、行错误之实。

要知道，新媒体推送最有效的点是产品或项目的效果，如果营销人员经常在朋友圈里面发送一些医疗美容机构价格方面的信息，那么你给顾客营造的就是价格导向，往往又多是低价导向，这既破坏了新媒体渠道的价值功能，也导致了后续很难开展客户价值管理。

今天已经有越来越多的品牌商注意到这方面的危害，比如，有的高端品牌会禁止自家销售人员通过自媒体私下进行产品推介，原因就在于官方的搭配都是经过精心设计的，而销售人员自行搭配，尽管不乏一些创新创意，但也可能与品牌定位不符。

顺便提一下，关于有些医疗美容机构经常采取低价的手段，我们还有一种不太客气的观点，认为这是无能的表现。对此，也许有人会辩驳说：“谁不想把自己的产品卖给好价钱呢？可市场竞争那么激烈，不降价顾客就不来，别人能低价，为什么我就不能低价呢？”当然，总能找到各种各样的理由，有些理由也的确可以理解。但我们讲“无能的表现”是指你的能力也只适合卖低价的产品，或者我们这样问：如果现在需要你为一名顾客设计出一套最高价值的医疗美容服务方案，那么你的能力上限是多少？有底气敢于开出多高的报价？是上百万元还是超千万元？前提是所有的服务内容都要名副其实。

实际上，能够交出满意答卷的医疗美容机构并不多，原因在于长期的低价营销已经形成了思维的固化，假设面对一个“不差钱”的“豪横”顾客，你的低价思维会导致你赚不到许多钱，因为从上至下都不具备服务高端顾客的能力。与之形成对比的是，有许多奢侈品的定价，如名贵的腕表、豪华的跑车甚至是限量款的T恤，售价都高得令人咂舌，但我们要看到这并非仅仅是价格那么简单，价格反映的是它们所能创造的最高价值的能力，价格背后是这些奢侈品牌为了满足顾客最高的期望和最严格的标准，不允许有一丝一毫的失误或存在任何借口。这不仅仅指狭义上的产品品质，还泛指与产品相关的服务、设计、包装、沟通、媒体、分销渠道，以及最后同样重要的用来支持以上这些活动的员工。

由此，对于医疗美容机构的启示就是，只有投入极高程度的专注并在整个相关领域都毫无缺点的时候，才有机会让顾客认可你想要收取的高价格。

为什么甜蜜的梦容易醒

对于直接面向目标客户的企业来说，任何流量平台都能起到很好的引导效果，特别是能引起积极寻找解决方案的客户的注意。从触达的角度看，搜索引擎仍是购物时排名第一的网络工具，其他位于前列的还包括网上评论、优惠券、APP应用、比价网站等。

（1）超过90%的网上购物者会在购买前通过网络搜索信息。

（2）超过70%的线下购物者可能在购买前通过网络搜索信息。

基本的搜索引擎营销流程是找到最优的关键词，这是引导客户的核心内容，你可以使用关键词规划器等工具，找到目标客户最常使用的关键词，在此基础上把关键词后面添加更具体的指向，以创造出“长尾关键词”。比如，你在搜索引擎中输入“微针”这个关键词，此时搜索栏下拉菜单中会出现一系列与之相关的长尾关键词，“微针滚轮疗法”“微针是什么”“微针的作用与功效”“微针美容的副作用”“微针美容一次多少钱”“微针疗法”“微针多久做一次”“微针的作用”“微针是什么原理”等，如果你的内容和链接更贴近这些长尾关键词，那么排名就越容易靠前，也就越容易得到更多关注。

因此，关键词的选择是引导客户非常重要的一环，但这里面有一个投入与产出的配比问题，比如通用性、专业性的关键词非常高频，但竞争激烈导致价格很高；而如果采用有利于提高转化率的词汇，又会面临沦为低频关键词的情况，所以最优的办法就是不断尝试新词，把优化关键词作为一项常规工作。

理解顾客为何会进行网络搜索对营销人员至关重要，最主要的动力是出自顾客在经济方面的考量，因此会对价格比较敏感；同样，你通过流量平台进行引流也离不开经济方面的考量，如表12－5所示流量平台的各种计费方式，你也许不必太过花费心思去考虑选择哪一种，只要记住，无论怎样选择都是两个字“投钱”。

表 12－5 流量平台的计费方式

项目	计费方式
CPM（Cost Per Mille）	以每千人次浏览计费
CPC（Cost Per Click）	以每点击一次计费
CPA（Cost Per Action）	以每一个有效行为计费
CPL（Cost Per Leads）	以每一条客户留资信息计费
CPS（Cost Per Sales）	以每一件实际销售产品计费
CPR（Cost Per Response）	以浏览者每一个回应计费

为了加深理解，我们来设定一个梦幻般的场景，假如你去参加一场万人相亲活动，当你走进会场后，在摩肩接踵的人群中，你每次被人看一眼都会记录下来，每达到一千次就会被记一次费，这就是 CPM；当你看到一个心仪的对象，鼓足勇气前去搭讪，你每说一句话要记一次费，这就是 CPC，而对方每回应你一句话你也会被记一次费，这就是 CPA。你们交谈甚欢，你知道了对方的姓名会被记一次费，知道了对方的联系方式也会被记一次费，如此等等就是 CPL。临近活动尾声，你们约定了下次见面，这就是 CPS，当然也要被记一次费。最后，活动结束时，主办方向你出示了一份长长的结账清单，你愕然发现费用多了不少，原来对方每点一次头，每对你微笑一下也都会被记一次费，这就是 CPR。无奈，你只好照单全收，因为在活动报名时，约定的计费规则就是这样的，只是你没有仔细看而已。不过，此时你似乎已经对费用无感，因为满眼是对约会的憧憬，心中默念：相信下次见面，对方一定能《明明白白我的心》。

明明白白我的心
渴望一份真感情
曾经为爱伤透了心
为什么甜蜜的梦容易醒
你有一双温柔的眼睛
你有善解人意的心灵
如果你愿意
请让我靠近
我想你会明白我的心

花了钱，买到流量，这似乎是天经地义的事，当然也是你情我愿的事，可现实的问题在于，哪有不缺流量的平台？更为残酷的真相是，绝大多数流量平台都有自己的主业。也就是说，它的流量是围绕其主业集聚起来的，导向医疗美容机构只是其中一个副业分支。我们这里讲的流量平台是一个广义的概念，既有线上的搜索引擎、APP 应用，也包括了保险公司、旅游公司等实体企业，如果医疗美容机构把自己的流量导给别人，那么也可以看成是一个流量平台。

这样一来，我们就可以看出，真正导向医疗美容机构的有效流量是有限的，或者举一个极端的例子，如果有两家超级流量平台，它们都拥有全部流量，那么医疗美容机构与这两家平台合作，一定时间内导入的流量中必然会有重复的部分。这说明了一个朴素的道理，那就是并非你合作的流量平台越多越好。

当然也许有人会说，有些医疗美容 APP 是专门为医疗美容机构服务的，它们的主业就是这个，流量肯定更好一些。但现实的结果可能未必如人所愿，首先，一名顾客既可以是医疗美容 APP 的用户，也可能是搜索引擎的用户，还可能是保险公司的用户。也就是说，流量的重复性难以避免。其次，对于任何一个经营实体来讲，流量的好与不好取决于客单价，这是检验流量质量的标准，并非越有针对性的流量就越好，没有质量的流量反而是负担。最后，医疗美容 APP 服务的机构不止你一家，也不会把好的流量无偿导向你，因此根本上流量还是花钱买回来的，只是区别在于从哪里买更实惠。

之所以讲这些内容，我们的目的不是诟病流量平台，而是希望医疗美容机构能认识到：

（1）不是流量平台的入口越多越好，流量很贵，且买且珍惜。

（2）流量平台于医疗美容机构是补品，而并非药到病除的良药。

（3）花钱买了流量，不意味着万事大吉，而只是买到了一种预期。

（4）利用流量平台触达顾客的重点不在于买多买少，而在于落地承接。

尽管一般的搜索引擎比较常用，但随着越来越多流量平台的出现，触达顾客的手段和方式得以不断丰富和发展。在电商平台上，产品的标题对于搜索结果有很大影响，有的电商平台允许关键词堆积，有的则不行。实际上，并非关键词越多越好，如果只是简单地堆积反而会降低消费者的购物体验。从根本上讲，使用关键词的目的是为了排名靠前，当然能够及时使用那些搜索频率上升快、近期热门程度高的关键词固然好，但并非只有关键词这一种手段。一个重要方面是落地承接，必须是要特别做好落地页的设计。

比如，在电商平台上销售医疗美容项目，那么你触达顾客的第一印象就非常重要，你需要着力优化人气权重的指数，包括总销量、评价数、好评度、价格等数据，这些都是触达顾客时备受关注的信息。再如，你通过自建网站来引流，那么网站首页就是落地页。医疗美容机构网站普遍存在的一个问题是，当用户打开首页，会看到一个“点击咨询”的浮窗不断地闪动提示，即使关闭浮窗，过一会儿又会跟踪出现，仿佛都是一个模子里刻出来的。实际上，这种设计交互体验感很差，并对用户正常浏览造成了骚扰，极大可能引起用户反感而离开。

设计落地页的原则是“有效、简单、直接”，要尽可能地收集用户有效信息，特别是留资信息，但在这一过程中不能存在明显的违和感，比如任何试图诱导用户点击的偏向，后续转化的实际效果都会比较差。指引用户的操作步骤一定要简单，因为无论多么大的流量来访，如果页面让用户的操作步骤烦琐，那么都会损失大部分流量；同时，页面的设计构图要简单，话术信息要直接，差异对比要明显，要站在用户的角度去考虑“你能给我带来什么”，而不是去说明“我的产品是什么”。当然也可以运用一些小技巧，比如“有多少用户已经下单购买”，这样提示的目的也是影响第一印象。

总之，落地页就是要让用户对你所推荐的产品或服务快速地产生最直观的感受，要么继续、要么离开，只需要行为反应，不需要深度思考。运营人员要牢记一点，不要试图在落地页给用户说道理、讲故事，那是后面转化页要做的事。

第十三章 转 化

我要的世界存在你心间

落地页起到的是承接流量的作用，就好比有人把足球传到了你脚下，接下来射不射得进球门就要看你的本事了，这种本事就是转化的能力。落地页之后就是转化页，当然转化不是单指转化页，只是我们从转化页谈起，先来熟悉一下与转化有关的指标。

如表 13－1 所示，转化这件事上不能一概地只看转化率，况且转化率是一个笼统的概念，它可以细分为静默转化率、订单转化率、成交转化率，这样做的好处是有助于我们发现营销运营中的问题，比如有的渠道转化效果不理想，可能并非渠道本身的问题，而是使用渠道过程中某个环节出了问题。

表 13－1 流量转化的有关指标

指标	计算方法
访客数	有效入店人数＋跳失人数
跳失人数	只访问落地页后就离开的人数
有效入店人数	通过落地页进入后，访问两个以上页面的人数
有效入店率	有效入店人数/访客数
跳失率	跳失人数/访客数
咨询率	咨询人数/访客数
静默转化率	静默成交人数/静默访客数
订单转化率	成交人数/订单人数
成交转化率	成交人数/访客数

下面，我们来分析一下这些指标，订单转化率或成交转化率通常是我们评判渠道价值和有效性的重要参考，如果两者不高则是个麻烦事，因为排查问题的原因会比较复杂，有可能是某个点上的问题，也有可能是整个购买流程上的问题，因此这一类指标通常归类为结果性指标。你要想改变它，不能直接对它入手，而要通过过程性指标的优化来实现，比如提高访客数、降低跳失率等。有效入店率和跳失率是两个相反的指标，一个高则另一个低，我们只需要看其中一个就可以，比如跳失率比较高，说明落地页存在问题，不能足够地吸引用户。咨询率和静默转化率要对比看，如果两者都高，那就不需要太关注；而如果咨询率高、静默转化率低或者两者都低，则说明转化页存在问题。

转化页是指介绍产品或服务详情信息的页面，通常好的转化页就像好的推销员一样，能够突出卖点来打动顾客，区别在于推销员以语言沟通为主，转化页是靠视觉来传达，但相同之处在于两者都很识时务。比如，顾客不喜欢唠叨的推销员，同样 50% 以上的顾客流失是因为页面描述过长。同时，两者也不会把产品或服务的特点生搬硬套为卖点，而是会找到一些规律性，把产品或服务的特点转化成顾客可感知的价值点。比如，好的推销员善于把握客户心理，再适当运用话术，经验多了就可以总结出以下规律；好的转化页面也如此，要符合消费者阅读习惯，同样也有规律可循。

一般来说，转化页可采用“F”形结构，就是自上而下、自左而右来排放关键信息，其中的规律性在于，阅读时，页面的上区域和左区域让人感到轻松，右区域和下区域让人感到压抑。或者，采用“7”字形的排列顺序，如图 13－1 所示，这样符合从兴趣到价值再到信任的认知规律。

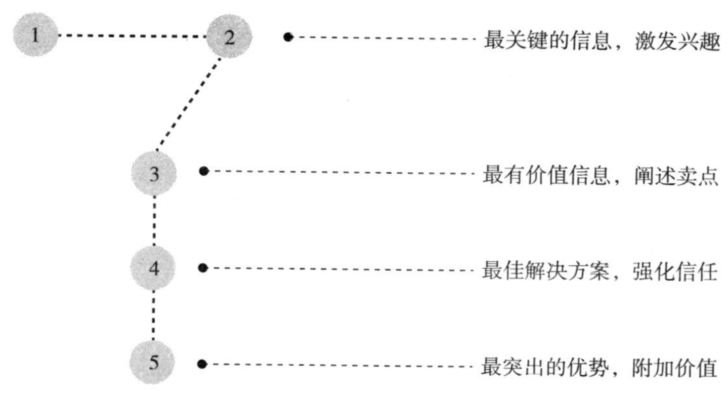

图 13－1 转化页结构的示例

虽然上面是我们围绕转化页展开的讨论，但这些与转化有关的指标并不限于线上的渠道使用，对于医疗美容机构的线下门店同样可以适用。也许你费了不少力气，最后转化率没有提高，这种情况并不奇怪，因为影响转化的因素实在太多了，你只能从自己可控的方面想办法改进，但如果仍无成效，最明智的办法是另换一条渠道试试。可如果多条渠道都出现同样的情形，那么基本可以判定不是渠道本身的问题，而是运营渠道的能力问题。

为什么转化这件事情非常重要？因为这是顾客生命周期价值的《起点》。

将故事继续编写
燃烧的信念
绝对够撑到梦想实现
我要的世界存在你心间
闭上双眼就能感觉
彼此的鼓励再涌现
我唱的永远是不管天多黑
点燃回忆就能找回
曾经那么认真
勇敢的起点

我们回忆一下，在第二部分讨论过顾客的终身价值，用它来衡量客户在一定时期内对企业的价值有多大，但顾客的终身价值不是企业完全能获得的，它也不等同于顾客的生命周期价值，两者的关系可以通过如下形式表述：

顾客生命周期价值 = 顾客终身价值 - 获客成本 - 顾客运营成本

可以看出，顾客生命周期价值是企业在与顾客的业务关系中预计获得的利润，因为顾客终身价值是一个预估的结果，所以顾客生命周期价值也是预计可以得到的数值；同时，一旦顾客的终身价值确定下来，那么“获客成本”和“顾客运营成本”将直接影响顾客生命周期价值的多少。

由此，我们可以进一步认识到，如图 13 - 2 所示，从触达到转化的过程中企业总是要付出成本的，其中，“获客成本”发生在触达环节，“顾客运营成本”发生在转化环节。

相比较而言，获客成本是已经发生的沉没成本，就是说当你选择了一个触达渠道以后，比如投广告，不管顾客最终有没有因为广告而来，这笔广告费用的支出都是确定的，但获客成本所体现的效率可能是不同的，同样花费 100 元广告费，一个渠道吸引了 2 名顾客，另一个渠道吸引了 5 名顾客，当然是吸引人数越多的渠道效率越高。

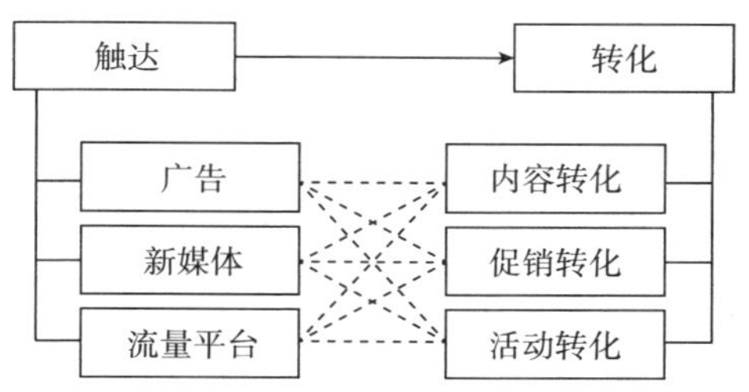

图 13－2　触达与转化的连接关系

如果只从这个单一维度来看，得出的结论会有失偏颇，因为如果吸引了 5 名顾客的渠道最终没有任何一个人成交，而吸引了 2 名顾客的渠道最终都成交了，此时就意味着渠道的效率越高可能造成的浪费也越大。

那么，如何避免这种情况的发生，就是说我们希望达到理想状态是渠道效率越高其成交率也能越高，则需要在转化环节上下功夫。转化的主要任务是提高成交转化率和留存率，并同步降低顾客运营成本，所采取的方法是通过把内容转化、促销转化、活动转化三个方面有机结合起来，进行有针对性的转化。

用心良苦却成空

今天的求美者更有可能是熟悉医疗美容项目的“专家式”顾客，从而更容易被包含产品详细信息的内容说服，因此，内容转化可以成为医疗美容机构获取新用户的首要渠道。

内容转化要根据运营目的来匹配内容形式，比如，图片内容可以使人眼前一亮、加深印象；文字内容可以获得顾客更多关注时长；数据图表内容更加直观，可以增强说服力；视频内容更生动，可以引发用户兴趣等，再通过颜色、格式、创意等辅助手段让用户感受到设计感、亲切感，使内容转化过程既有温度也有情绪。

做好内容转化的前提是形成高质量、有价值的内容，一个基本的认知是要把内容作为顾客可消费的产品一样来看待，在这个前提成立的条件下，我们的着力点就可以放在转化上。说到底，转化的目标就是通过内容推动顾客产生消费预期，因此内容转化也称为内容营销。

顾客能否产生消费预期取决于我们是否了解内容的受众群体以及内容是否与受众群体相匹配。对此，我们可以根据消费预期情况把内容分为两类：一类是以解决问题为导向的内容转化，这类顾客群体往往把注意力集中在解决现实问题上，因此内容选择上要突出重点，避免泛泛而谈；另一类是以提高顾客决策效率为目标的内容转化。比如，对于有美白需求的顾客，到底精华导入、果酸焕肤或是水光补水哪一种更合适，顾客是需要进行选择性决策的，你所提供的内容要能够辅助顾客做出购买决策。

对于“广告、新媒体、流量平台”这三种触达渠道，你不能用同一内容去面对它们的受众群体，以地铁广告为例，我们可以回想一下在地铁通道或站台所看到的广告样子，大多是品牌广告，以推广品牌形象为主，因为这就与受众群体的状态有关，因为在这里做广告投放费用比较高，投广告在一定程度上就意味着品牌有实力，特别是对那些企业品牌和产品品牌一致的商家就非常有利，可以反复强化品牌记忆。但同样这则广告内容，就不适用于新媒体等信息流的推广，因为它的内容无法引发有效传播。

如表 13－2 所示，我们可以看到不同渠道所展示的内容类型，广告渠道侧重于品牌，新媒体渠道侧重于顾客细分群体，流量平台侧重于医疗美容项目，这样我们就可以通过文案素材把内容进行区隔。当然，这些侧重点的分类方法并非是固定不变的，你也可以通过广告渠道宣传产品，或者通过新媒体渠道传播项目，这完全取决于你的判断和需求。

表 13－2　不同渠道的内容示例

类别	主题内容	转化要点
广告	美丽的眼睛会说话，越美越自信！	水到渠成
	以最健康有效的产品，满足每个女人的最大梦想！	
新媒体	42 岁的她，美白肌肤少女感，这么自信就对了！	暗香浮动
	30 岁的女孩注意了！护肤做到这几点，想冻龄不是难事！	
流量平台	贴了那么多年双眼皮，不如来个真的！	大干快上
	放手让脂肪找到回家的路，你就是深 V 女神！	

无论采取哪种渠道，营销人员都应始终记得内容转化的第一步是选好一个主题，然后围绕这个主题展开内容，今天已经很难做到一份文案包打天下了。在快速繁冗的信息流之中，顾客养成了快速阅读的习惯，对一般性、通稿式的内容已经无感，对明显的广告内容会主动忽视甚至厌烦，比如，“双眼皮特价优惠，专业机构，十年口碑，专家主治”，当顾客看到这样的广告语时，无论你再怎么

《用心良苦》，到最后都可能一场空。

我宁愿看着你
睡得如此沉静
胜过你醒时决裂般无情
你说你想要逃
偏偏注定要落脚
情灭了爱熄了
剩下空心要不要
春已走花又落
用心良苦却成空
我的痛怎么形容
一生爱错放你的手

在广告内容上，广告语要着力在顾客向往群体、首要群体、次要群体、相关群体中的一个或两个发挥作用，突出适用性，强调正面导向，能够被大众普遍接受，不会引起歧义，押韵、双关、隐喻这些修辞手法可以充分吸引顾客的注意力，进而影响到顾客的感觉和认知。

在新媒体内容上，应尽量做到“一文案一卖点”，如果文案包含的信息点太多，就会造成信息过载。要突出对比性，强调可感知的效果，能够引发顾客的联想和共鸣，目标是要抢夺顾客的时间和注意力，顾客关注的时间越长，离成功转化就越接近。这类顾客群体从主观上是愿意阅读内容的，并且能够接受内容转化这种方式，但你不能太急于表露出来，而应尽可能地以软文的形式进行推送。

在流量平台内容上，许多时候，内容转化之所以不理想，不在于内容文案本身，而在于将展示内容错放在了那些不会买或者没有实力买的受众群体，比如，面向年轻群体的渠道展示祛皱内容就不匹配，面向高知群体突出价格优惠的内容可能会降低信任度。这一渠道的顾客更倾向于“精选内容”和“节省时间”，他们需要快速地了解到内容中的信息点，因此你必须突出直接性，而不是含蓄地把“有权威、有价值、有个性”的内容呈现出来。

内容转化要把文字创意和视图设计统筹结合，让人感觉愉快的视觉刺激会使人们增强对内容的注意力，这些刺激包括图片、颜色以及布局，它们之间的影响几乎都是相互的，既可能是相辅相成的，也有可能因重视某一方面而导致忽略另一方面。比如，加大图片尺寸会更有吸引力，但也容易减少对品牌的注意，增强颜色的对比会更引人注目，但也会降低顾客的预期。的确，要打造出一则优秀的内容文案要花费不少心思才行，尽管有难度，可还是有一些基本规律可循：

（1）尺寸越大的广告越容易引起注意。

（2）播放时间越长的广告越容易被记住。

（3）动态的产品展示比静态的产品展示更容易引起注意。

（4）处于人们视野正中的产品比边缘的产品更容易引起注意。

（5）垂直的网络横幅广告比横向的横幅广告更容易引起注意。

（6）红色可以促进冲动性消费，但蓝色引起注意力的速度更快。

（7）广告重复次数越多，顾客的注意力会下降，但记忆力会增强。

从整个内容转化的环节来讲，如图 13－3 所示，无论你准备的内容质量如何，在产出之后都应该进行少量的投放测试，以便更好地找到顾客阅读需求，根据反馈情况对内容涉及的问题进行调整，或者通过阅读量、转发量等数据进行分析。前提是你需要产出足够数量的内容，这种分析才有价值。然后，你要把那些与用户需求匹配度高的内容提炼出来，形成一个个内容模块，并由此建立素材库，进而通过对素材的重新组合，形成新的内容产出，不断积累和提升内容转化的能力。

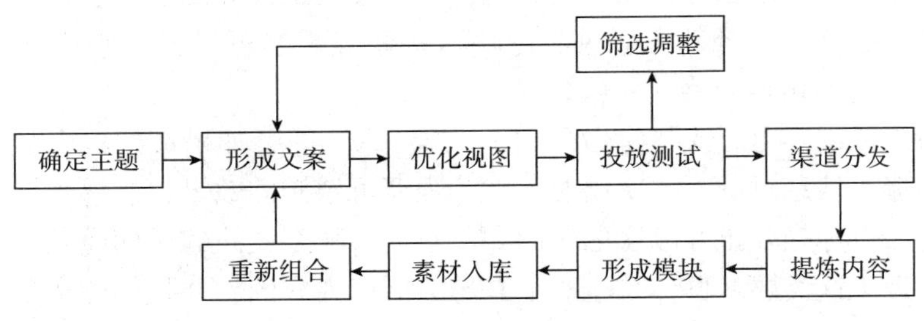

图 13－3　内容转化的逻辑结构

张开手需要多大的勇气

当下，随着电商的发展与推动，促销热度强势占领了消费者的认知，拼团抢券、凌晨抢购已成为消费者日常，促销转化已经成为一种常规的营销方法。对于消费者而言，并不排斥促销，甚至更喜欢促销的新兴玩法。如果医疗美容机构不开展有效的促销，一方面跟不上市场营销变化的节奏，另一方面会被消费者认为比较落伍。同时，性价比的高低仍是消费者参与促销的首要考量因素，但拒绝烦琐的计算公式和不透明的信息。

在医疗美容机构促销转化这件事上，我们提倡一个前提，就是“不要什么人生意都做”，吸引目标顾客群体就好了。虽然这个前提看起来比较简单，但把握起来非常不容易，对有些医疗美容机构来说，这个前提的意思就相当于告诉他们少赚一些钱一样，可这个前提的本意并非如此。

举个例子来说，小张和小李是多年的闺蜜，她们二人一起来到某医疗美容机构，小张咨询隆鼻项目，但对价格不太满意，希望能再优惠些；小李咨询祛痣项目，她更担心手术后会不会留疤，希望能找一位技术好的医生来治疗。很显然，这两个人就分属不同的顾客群体，小张属价格敏感型，小李属直觉偏好型，此时促销对小张可能会起到作用，而对小李则未见得产生影响。

从心理学上看，人们有时会规避信息以遵循直觉偏好的倾向。有研究人员做过这样的实验，所有参加实验的人都必须在两项任务中做出选择，一项是阅读有趣的笑话，另一项是电脑操作任务。测试者被告知，电脑任务虽然无聊但有少量的报酬，笑话任务虽然有趣但没有报酬。从实验结果看，大部分人选择回避电脑操作任务报酬的信息，这表明信息规避的动机是为了保护直觉偏好的决策。

促销优惠是一种理性信息，对小李来说，更关注的是治疗效果，当她有强烈的直觉偏好需要保护时，就会避免可能鼓励理性反映的信息，因此促销优惠并不能足以促使其做出购买决策。所以，我们讲促销“不要什么人生意都做”的一层含义是，小李不属于你的目标顾客群体。

那么，小张是不是属于你的目标顾客呢？

小张当然属于目标顾客，你完全可以通过促销优惠进行转化，但也不一定就能成功，比如，你促销的价格再优惠也未必是市场的最低价，如果小张拿其他家医疗美容机构的价格来比较，那么你就很难满足其价格需求，事实上你也不肯无底线的让步，因此，“不要什么人生意都做”的另一层含义是，即便面对目标顾客群体，你也不需要什么生意都做。下面，我们来小结一下这个前提的要点：

（1）促销转化最核心的价值在于如何有效区隔顾客群体。

（2）有的顾客不需要促销也会来店消费，那就不要多此一举。

（3）任何促销都只能吸引一部分顾客，不可能所有的顾客都参与。

（4）促销的目的是要顾客到店，或者说要让那些因促销而来的顾客到店。

如表 13－3 所示，针对不同类型顾客，应采用相应的驱动方法。促销转化既可以单独进行，也可以同内容转化或者活动转化结合起来开展，理论上促销转化是面对所有的消费者，但大多时候，能够起到作用的是价格敏感型顾客。在这一过程中，企业如何进行价格决策就非常重要，其中涉及三个关键问题：

（1）应该采用什么样的折扣力度？

表 13－3　顾客群体的区隔分类

顾客类型	主要方法	举例
价格敏感型	促销驱动 福利驱动	特价商品 秒杀抢购 消费奖励 积分兑换
直觉偏好型	价值驱动 服务驱动	会员服务 新品体验 优先特权 精品推荐

（2）应该采用节约金额还是促销价格？

（3）应该采用什么样的表述方式来传递价格信息？

顾客通常会认为，他们在广告、新媒体等触达渠道中所看到的价格就代表着优惠价格，实际中广告语也会这样提示，比如“原价 198 元，现价仅为 99 元”，虽然许多顾客会受到价格信息的影响，但不会完全信任这个价格，毕竟现实中总会存在一些原价被夸大的情况。但更重要的一点是，无论促销的价格是多少，关键在于顾客能否真正感知到实质性的好处。

比如，降价作为一种促销手段，几乎很少有顾客认为商家会以赔本的价格来出售。也就是说，这时存在信息表述不对称的情况，顾客可能会认为商家之所以降价，只是为了纠正之前的定价错误。事实上也的确如此，商家自身可能根本没有认识到这是个问题，会认为以降价的方式能够增加销量，对自己和顾客都是有利的事情，可如果原来的定价就可以很好地销售产品，那么又何必多此一举来降价呢？

因此，促销和降价是有本质区别的，促销是为了给予顾客更好的优惠，而降价是为了纠正之前的定价问题。一般来说，降价在短时间内的确可以促进销量，比如，能够促进一些顾客提前消费，能够从竞争对手那里赢得客户，能够刺激新用户体验等，但随着时间推移，销量又会回到原来的水平，这就是降价不可持续进行的原因。但并非降价都是完全不可取的，比如当新产品上市时，对老产品降价就是一种合理的营销手段，既可以消化以前的库存，也可以降低潜在客户的购买门槛，还可以形成比价空间，最重要的是，降价并没有降低销售利润率，可谓一举多得。

医疗美容机构进行促销转化的前提是先剔除掉那些原本就不合理的定价，关于怎样合理定价，我们在另一本书《医疗美容机构的管理赋能》中有具体的介绍，这里就不赘述了。那么，如何区分降价和促销呢？最常用的方法是通过时间期限来确认，从一个价格降到另一个价格，如果是长期的行为就属于降价，如果是在一定期限内的行为就属于促销。当然，时间期限并不是唯一的区隔方法，比如，会员价相比一般顾客来说是促销，但对于会员就是降价，这种情形对顾客来说真的是《我们不一样》。

张开手需要多大的勇气
这片天你我一起撑起
更努力只为了我们想要的明天
好好的这份情好好珍惜
我们不一样
每个人都有不同的境遇
我们在这里
在这里等你

对医疗美容机构而言，促销的主要任务是增加销量，那么它的评价标准就是转化率的高低，运用不同的促销方法所得到的转化率也会不同，如表 13－4 所示。在这些促销方法中你所要做的就是尽可能地测试，进而找到那些对你帮助更大的促销方法。

表 13－4　不同促销方法的比较

方式	内容	目的
领券	通过优惠券进行转化	促进体验式消费
满减	达到一定金额进行价格优惠	促进即时消费
满赠	达到一定金额赠送其他项目或实物	提升客户活跃度
买大送小	买金额高的项目送金额低的项目	增强客户黏性
买小送大	买金额低的项目送金额高的项目体验	拓展消费场景
限时优惠	在约定时间内进行促销	刺激主打项目消费
限定日优惠	在约定日期内进行促销	刺激空闲时段消费
特价优惠	对某一或某几个项目进行促销	刺激高频项目消费
组合套餐	通过项目组合进行打包促销	提升客单价
加价得	在现有消费基础上以优惠价格购买其他项目	提升客单价
第二个半价	在第一个项目原价基础上续购半价	促进单品销售

烟火的天空下起了雪

活动转化作为一种常用的运营手段，越是规模大的医疗美容机构越会把它独立出来运行，比如成立专门的部门或团队。

活动转化与内容转化、促销转化相比，它的特点是直接与顾客接触。实际上这是一个全程都让人感到焦虑的事，活动组织前会担心能不能吸引到足够的人，活动中会担心说好来的人到底来没来，活动后复盘时还要担心来的人转化得多不多，比如要在情人节组织一次会销活动，那么最担心的就是会不会过了一个《没有情人的情人节》。

没有情人的情人节
多少会有落寞的感觉
为那爱过的人不了解
想念还留在心里面
没有情人的情人节
意外收到安慰的卡片
想必爱过的心已发现
要我打开回忆的结
情人节快乐快乐情人节
一个人流连花好月圆
情人节快乐快乐情人节
烟火的天空下起了雪
幻想去年有你欢乐的情节
是否明年有我未知的情缘

活动转化中一个难点问题是尺度的把握，因为一不留神就会把活动转化搞成了促销转化，虽然两者之间是可以结合的，但毕竟不是一回事。尽管有的时候人们把促销也称为促销活动，但只是通过活动的形式进行促销，根本上还在于促销方法的运用，而非活动本身，这一概念经常被混淆。

我们之所以强调促销转化与活动转化的不同，这不是无稽之谈，因为概念不清楚的话，那么在实际中就会促销不像促销、活动不像活动，其带来的直接后果是找不准问题所在。也就是说，你没有办法区分是促销方法的问题，还是活动手段的问题，那么就无从改进。

真正意义上的活动转化是根据产品线或业务线开展活动规划、创意产出、市场推广等工作，更多运用的是活动的手段。常见的活动手段有以下几种：

（1）再销：顾客买了一个产品后，再一次向顾客销售同样的产品。

（2）增销：顾客买了一款产品后，继续推荐同系列其他产品或更高级别的产品。

（3）减销：顾客因经济考量准备放弃购买时，推荐较低价产品，降低成交门槛。

（4）跨销：顾客买了某一类产品后，再向顾客销售另一类产品。

（5）搭销：顾客买了一个产品后，再以促销方式向顾客销售另一产品。

（6）赠销：如顾客购买某款产品，即可获赠售另一产品。

（7）捆销：两款及以上产品打包在一起销售，不单独销售。

（8）锁销：顾客购买了某种产品权益，可在未来一定时期内消费。

有的时候对于某种做法，营销人员很难界定究竟是属于促销转化还是活动转化，自然会感到纠结。其实大可不必如此，只要把握好一个前提就行。那就是：如果这种做法的效果是好的，就不要管是促销还是活动，黑猫白猫抓到老鼠就是好猫，而只有当这种做法的效果不佳时，才有必要区分是促销还是活动。

事实上，区分促销与活动比较有效的办法是从立足点上确定的，打一个比方，促销就像是看着自己碗里的饭来吃，你有什么就吃什么，与别人无关；而活动是想办法“抢”别人碗里的饭来吃，这就需要你想清楚抢谁的、抢什么、什么时候抢、采取什么手段抢。

进一步来说，促销是你根据自己的实际情况给顾客以优惠，别人打折、降价和你是否进行促销没有必然的联系，如果你认为自己在某个品项上成本控制得很好，当然就有条件大幅度促销，在保证盈利的前提下，让利给顾客，以密切良好的客户关系。因此我们讲，促销是一种方法，不是针对他人的一种手段。

而活动则不同，它的指向很明确，就是想办法把顾客从竞争对手那里吸引过来或者减少顾客到竞争对手那里去的可能性，比如组织一些常规的节假日活动，如情人节、妇女节、端午节、中秋节、国庆节等，这些都属于顾客比较固定的消费时点，如果在这些时点上，顾客没有来你的医疗美容机构，那么多数是到别家机构那里去了。此时，你必须通过有效的活动组织，来加强顾客的转化工作。

尽管医疗美容机构对组织活动并不陌生，有些还是行家里手，但分析下来依旧常规的套路居多。这里要特别指出活动转化中容易忽视的两个关键环节，一是活动的先期策划，二是活动的竞品分析，这两项工作直接关系到活动转化的成效。

活动的先期策划要围绕顾客需求和基于业务设定而进行，如表 13－5 所示，可以分为新用户的新业务、新用户的成熟业务、成熟用户的新业务和成熟用户的成熟业务四种。要有针对性地应用不同活动手段，比如，锁销这种活动手段，针对成熟用户、成熟业务就比较适用，一是成熟用户对某种产品已经比较熟悉，能够判断出在一定时期内享受权益的价值；二是这样可以保持成熟用户有比较稳定的活跃度，还可以减少其流失到竞争对手的可能性，因此这种活动手段相比较新用户的新业务来说更容易实现。当然，这并不是说锁客只能用在成熟用户的成熟业务上，只是运用在这个上面的营销成本比较低。

表 13－5　不同活动手段的应用示例

类别	新用户	成熟用户
新业务	增销、捆销	再销、搭销
成熟业务	减销、赠销	跨销、锁销

竞品分析是指对竞争对手的产品进行比较分析，在这里我们聚焦的是分析竞争对手所开展的活动，如表 13－6 所示，竞品分析主要有四种情况，解决相同需求的同类产品、解决相同需求的不同产品、解决不同需求的同类产品和解决不同需求的不同产品，不仅要注重分析竞争对手的促销手段和活动方法，还要分析自身的产品及价格体系，注重发挥自己的优势。

表 13－6　竞品分析的维度

类别	相同需求	不同需求
同类产品	成本优势/规模优势	服务优势
不同产品	质量优势/技术优势	功能优势

举个相同需求、同类产品的例子，如表 13－7 所示，假如你通过竞品分析得知，竞争对手准备以 A 售价开展某光电美容项目的活动转化。从理论上讲，A 价格一定能吸引到的顾客人数为 B，如果你们开展同样的活动，那么销售收入都是 AB，不同的是对手有 1 台设备且刚好可供 B 人数使用，而你有 2 台设备，在顾客数为 B 的情况下，相当于闲置了 1 台，此时闲置设备摊销和人工等管理成本仍会发生，那么最后的利润结果是你比对手要少。

表 13－7 不同活动策略理论模型的优化对比

	优化前		优化后	
	对手	你	你	
设备台数	1	2	1	1
活动售价	A	A	0.9A	0.45A
顾客数	B	B	B	B
销售收入	AB	AB	0.9AB	0.45AB
（－）销售成本	0.5AB	0.5AB	0.5AB	0
（－）管理成本	0.1AB	0.2AB	0.1AB	0.1AB
利润	0.4AB	0.3AB	0.3AB	0.35AB
合计利润			0.65AB	

此时，如果你在竞争对手活动的基础上进行优化，把活动售价降为 0.9A，同时开展“两人同行，一人半价”的活动，那么优化后最优的情况是 B 人数顾客又带来相同人数的顾客，而这部分顾客享受的活动价格为 0.45A，此时原本闲置的设备利用起来了，则你的合计利润要比原来增加了。

需要说明的是，对于这个理论模型，我们假定的前提条件是 A 价格一定能够吸引到 B 人数的顾客，之所以在优化后把售价降为 0.9A，B 人数没有变化，是为了确保在销售成本不增加的情况下，B 人数顾客可以带来一定数量的新顾客。

事实上，在这个优化过程中我们并不是围绕价格优势，而是围绕规模优势进行活动策划，如果竞争对手做什么自己就做什么，那么最终就会走向价格战的误区。一份高质量的竞品分析报告对你的活动策划及活动转化有很大帮助，分析报告的重点一定要对比顾客、对比产品、对比盈利，具体细分到“活动主题、主要产品、目标群体、价格策略、核心优势、运营方式、合作渠道、盈利模式”等维度。

同时，还有一点要特别注意，就是在活动转化的竞品分析时，不要把自己的优势与对手的劣势进行比较，因为这样做的结果一定是你的优势胜出，那么比较就失去了参考意义。所以，竞品分析很大程度上是学习、消化、吸收对手的优点，用事实和数据说话，少掺杂个人情感判断，在此基础上结合顾客购买行为及消费习惯，以不断优化活动流程和操作体验。

第十四章　裂　变

这里的山路十八弯

营销渠道的落地就如同创造一首歌曲，触达是前奏，转化是主歌，而裂变就是副歌。当下许多管理者和营销人员在谈及裂变时，普遍带有非常强烈的主观意愿色彩，认为只要成功裂变，就能带来极高速的增长。当然现实中也不乏各种裂变成功的事例，这在一定程度上又推高大家的期望值。但静下心来想想，又有多少企业是靠裂变同步实现增长和盈利的呢?

其实问题不在于“裂变”本身，而在于对裂变的理解存在偏差。比如靠补贴来获取用户，当然可以在短时间内集聚大批的用户，但这多出于商业模式的需要，有的是需要融资，有的是需要报表数字，这样的企业往往都处于非常规的发展状态；而一旦少补贴用户增长就停滞，一旦不补贴用户就流失，因此最后的结局有的举步维艰、有的昙花一现，能够突围而出的凤毛麟角，就如同中彩票，是一个大概率失败、小概率成功的事情。

“裂变”原指物理学的“核裂变”，其原理是用中子轰击原子，一个原子核分裂成几个原子核，产生一种链式反应，周而复始地发生这样的变化。这种链式反应，借用在营销上就称为裂变式传播，意味着经过的层级越多，每个种子用户所带来的裂变用户数量就越大，裂变效果也越好。

因此，我们讨论营销裂变的前提是在企业持续健康经营情况下进行的，是通过渠道同步实现用户增长和有效变现的营销行为，是可以转化为正常营销手段的市场策略，如图 14 –1 所示，通过触达客户以后，实现了有效转化，企业就可以保持活下去，在此基础上通过裂变，则希望企业可以活得更好。

我们把裂变营销分成三种情况：第一种叫用户裂变，是通过技术的角度分析

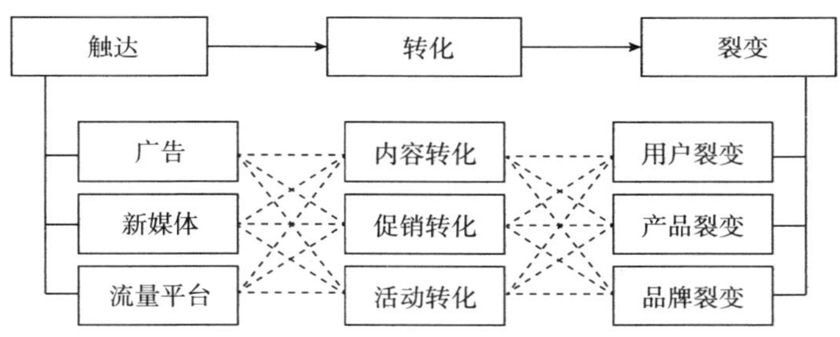

图 14－1 触达、转化和裂变的连接关系

如何进行循环裂变，常用的是病毒式营销；第二种叫产品裂变，是以产品价值为驱动力实现循环裂变；第三种叫品牌裂变，围绕企业品牌或服务品牌等形成溢价优势。在接下来的讨论中，我们将依次对三种常见的裂变方式进行分析。

所有裂变方法的目标都是要最大化地获取用户，基本步骤都是通过用户接触商家的产品或服务开始，如果现有的用户能够向其他潜在用户进行推荐，并且这些潜在用户开始了解商家的产品或服务，那么现有用户就称为种子用户。

如果潜在用户只是处于了解阶段，那么就属于触达类的裂变；如果潜在用户实现消费，那么就属于转化类的裂变。对于不同行业、不同企业，尽管裂变循环的基本框架是一致的，但对于裂变结果的定义各有不同。

当然，从触达到转化再到裂变的过程不是一蹴而就的，甚至看起来非常复杂，比如通过广告进行促销转化就有可能实现产品裂变，通过新媒体触达进行内容转化就可能实现技术裂变，这些连接关系弯弯绕绕就如同《山路十八弯》一样。尽管如此，但也不必过于焦虑，裂变营销本身并不神秘，只要明白了原理，把握好要点，中等程度的裂变还是比较容易实现的，只有那种超高强度的裂变才是可遇而不可求的。

这里的山路十八弯
这里的水路九连环
这里的山歌排对排
这里的山歌串对串
十八弯弯出了土家人的金银寨
九连环连出了土家人的珠宝滩耶
没有这十八弯就
没有美如水的山妹子
没有这九连环就
没有壮如山的放排汉

接着唱一段虞姬和霸王

病毒式营销尽管名称没那么好听，但表述很形象，通过病毒裂变能否有效获得新客户取决于两个关键因素：病毒系数和循环周期。我们由浅入深，先从病毒系数开始，比如1个种子用户可以成功推荐2个新用户，那么病毒系数就等于2，则有5个种子用户就可以获得10个新用户。

如表14－1所示，我们假设在每一个周期结束后，上一个周期的用户全部失去成功推荐新用户的能力。也就是说，每个用户只推荐一轮新用户，那么可以看出新增用户和累计用户的数量都在同步增加，但增长倍率随着循环周期的变化呈现下降趋势，并逐步趋于一个稳定值。

表14－1　一次转化的裂变情况　　单位：人

循环周期	一次转化后新增用户人数	系统累计用户数	增长倍率
0	—	5	—
1	10	15	2.00
2	20	35	1.33
3	40	75	1.14
4	80	155	1.07
5	160	315	1.03
6	320	635	1.01
7	640	1275	1.00

也就是说，即使病毒系数保持一个常数，但随着时间的推移，裂变速度不能保持开始时那么快。

在实际应用中，裂变的情况要远比表14－1的示例复杂，比如，有的用户推荐了2个新用户，有的用户推荐了5个新用户，那么病毒系数是加起来算平均值吗？又或者有的用户在1周之内推荐了10个新用户，有的用户在1个月内推荐了10个新用户，那么这时的病毒系数是多少？

为了有效解决诸如此类的问题，我们需要引入一个数学公式，如图14－2所示，这个公式叫作病毒传播公式，其中，Custs（t）是过了一个时间周期后，增加的新用户人数；Custs（0）是种子用户数量；t是周期，如小时、日、月等；ct

是循环周期，是指种子用户在一轮传播后，失去了再邀请新用户能力的时间周期；K 是病毒系数，它作为因子是指一个用户可以成功推荐的新用户数量。

$$Custs(t) = Custs(0) \times \frac{K^{\left(\frac{t}{ct}+1\right)}-1}{K-1}$$

图 14－2　病毒传播公式

一般而言，K 值作为一个关键指标，如果 K＝1，相当于 1 个用户带来 1 个新用户，还是有所增长的，只是增长比较缓慢。当 K＜1 的时候，系统过一段时间就会完全停止增长。只有在 K＞1 的情况下，才能实现用户数量的快速增长。

同时，循环周期 ct 是另一个关键指标，当周期 t 为固定值时，ct 的值越小，循环效率就越高，相应的新增用户数量就越多，如表 14－2 所示，我们把周期 t 定义为 30 天，当 K 取不同的定值时，随着 ct 的变化，新增用户数在横向和纵向都会发生改变，并且 ct 值的变化比 K 值的变化对结果的影响更显著。

表 14－2　不同病毒系数下传播人数的比较　　单位：人

t＝30（天） Custs（0）＝1000		ct（天）			
		7	14	21	28
K	0.01	1010	1010	1010	1010
	0.50	1949	1774	1629	1524
	0.99	5174	3109	2411	2060
	1.50	15053	5153	3354	2632
	2.00	38008	7833	4384	3203
	4.00	506886	25672	9328	5555

讲到这里，大家对病毒传播公式有了基本的认识，如果知道了种子用户数、病毒系数、周期和循环周期，就可以计算出新增用户数；但接下来我们要做一件破坏性的事，就是颠覆刚才的认知，因为在实际中病毒传播公式的运用完全是个逆向过程。

日常应用中，我们已知的是新增用户数和周期，新增用户数是根据事实结果取出来的；周期是自己定义的，可以是 30 天、90 天，也可以是 1 小时；ct 是通过统计加权平均后估算确定的；病毒系数 K 的值才是真正需要计算的结果，这种情形的反转就如同《刀马旦》在表演一般。

耍花枪一个后空翻
腰身跟着转
马步扎得稳当
耍花枪比谁都漂亮
接着唱一段虞姬和霸王
耍花枪舞台的戏班
二胡拉得响
观众用力鼓掌
耍花枪比谁都漂亮
刀马旦身段
演出风靡全场

那么，计算出病毒系数 K 值有什么作用？这意味着将进一步颠覆人们的认知。

首先，病毒系数 K 值小于 1，只能说明裂变效果不佳，但绝不是毫无价值的。比如，你花费了 2200 元获取了 10 名种子用户，并且他们只成功推荐了 1 名新用户，那么病毒系数为 0.1，虽然没有大于 1，但如果这名新用户是通过朋友转介绍而来的，你就没有新增成本，那么你的平均获客成本就从原来的每人 220 元下降到了 200 元；而如果新用户还被成功转化进行了消费，那又意味着你可以增加一部分收益了。因此，病毒系数 K <1 不会影响你实际支付的获客成本，反而有可能会摊薄平均获客成本，只要产品或服务能保持一定的利润率，那么即使没有高强度裂变也会带来一定价值。

其次，病毒系数 K 值大于 1 可以说明裂变效果好，但绝不代表你一定能因此获得想要的回报。比如，新用户是冲着红包、奖品等激励来的，而不是冲着你的产品或服务，那么留存度一定会出现很大问题，你必须不断地补贴才能吸引用户，形象地说就是只有“输血”没有“造血”，病毒系数越大则“失血”就会越多，因此产品或服务的价值本身能够吸引用户才是关键。

最后，无论病毒系数 K 值有多大，裂变都不可能一直进行下去，因为邀请新用户加入可能需要一个很长的周期，随着时间流动，K 值和 ct 值都会产生衰减，如果被邀请的用户没有坚持到足以支持下一轮循环周期的话，就不会出现复合增长；当新增用户数上升的势头戛然而止开始掉头下行时，那个定点就被称为“拐点”，因此你所需要做的是在拐点来临之前，同步考虑用户的留存与流失问题，并尽可能地缩小循环周期 ct 的值。

对医疗美容行业来说，在用户裂变这方面要有平常心，它不是兴奋剂，而是功到自然成、水到渠成的事情。在没有做好触达和转化的工作之前，任何不计成本的裂变行为都是饮鸩止渴，且白白浪费了营销资源。

事实上，任何裂变营销的基础都在于利益支持，没有明确的利益点难以获得裂变的驱动力，这就需要我们在任何裂变活动中都必须融入有效的利益分享机制，表 14－3 列举了一些常见的推荐奖励形式。

表 14－3 常见的推荐奖励形式

推荐形式	内容
社交制度	用户关联其好友关系，好友活动利益，如红包奖励
社群制度	用户作为负责人进行拉群，达到一定人数获得奖励
惊喜制度	用户每次拉新成功后，有机会抽取奖品或奖励
固定收益制度	设置一个固定收益，用户完成邀请任务后即可获得
分歧收益制度	设置一个收益池，根据用户完成邀请的情况进行奖励

宁愿选择留恋不放手

产品裂变唯一要做的事情就是找到对的产品，如果产品本身不具备裂变传播的条件，而你又试图添加裂变运营的功能，那么就是“强人所难”；同时，如果产品不够好，没有附加值，而还想进行裂变式发展，那么最终一定是“强扭的瓜不甜”，更何况你种下去的只是一颗《红豆》。

有时候有时候
我会相信一切有尽头
相聚离开都有时候
没有什么会永垂不朽
可是我有时候
宁愿选择留恋不放手
等到风景都看透
也许你会陪我看细水长流

事实上，对于短时间、高强度实现产品裂变这件事上，我们一直持有的是谨慎乐观的态度。所谓谨慎，就是它成功的概率的确不大，但如果你有足够的恒心、毅力和不屈不挠的信念，那么你尽管在产品裂变这条道路上勇敢地向前走。这个历程就好比爱迪生发明灯泡失败了上千次，居里夫人提炼出镭坚持了近4年，世界名著《飘》在正式出版前被拒绝了38次。乐观地看，产品裂变成功的可能性肯定是存在的，当然也取决于你对裂变强度的预期如何。

在医疗美容行业中，尽管有所谓的“爆品”战略，但它只是一个快速拉动销量的方法，并不符合产品裂变的逻辑，这样讲的道理在于：

（1）一定不是所有的医疗美容产品都可能成为“爆品”。

（2）即便那些被定义为“爆品”的医疗美容产品也是有增量和维持时长的透明“天花板”。

（3）你所需要的是“爆品”卖得好还是通过“爆品”带动其他医疗美容产品卖得好，这是两个不同的运营选择。

如果这三个方面能够想明白，那么你就可以清楚，爆品战略和产品裂变不是一回事，问题点不在于爆品战略本身，而在于医疗美容机构应用爆品战略是否合适。

从概念上讲，真正的爆品战略是“找准用户的需求点，直接切入，做出足够好的产品，集中所有的精力和资源，在一款产品上做突破”。无论过去还是现在，商业社会中都不乏爆品战略成功的案例，如福特T型车、iPhone、Beats、Dyson、微信红包、王者荣耀等，这些都是大家耳熟能详的产品，有的是实体类产品，有的是功能性产品，还有的是虚拟化产品，如果我们对照爆品战略的概念分解来看，这些产品的发展轨迹的确与定义相符合。

（1）找准用户的需求点。

（2）直接切入。

（3）做出足够好的产品。

（4）集中所有的精力和资源。

（5）在一款产品上做突破。

这五项内容是一个完整的逻辑链条，对应到医疗美容机构，前三项应该可以做到，但后两项实施起来就没那么容易了。也就是说，把所有的精力和资源都集中在一个医疗美容项目上不太现实，不可能为了一个科室吃饱而让其他科室饿着，即便是改为专科机构，也不可能只经营一个品项。可如果不能集中所有的精力和资源在一款产品上做突破，那又不符合爆品战略的定义。

医疗美容机构不合适并不代表医疗美容行业也不合适，比如，玻尿酸厂商就可以实行爆品战略，事实上也的确如此，基本上都是通过一款玻尿酸产品热销以后，再逐步带动其他型号产品的销售。仔细思考一下，所有的爆品都以依靠大量的资源投入或资源优势积累出来的，比如iPhone是靠长期的技术实力，微信红包是靠巨大的流量背书，这些都并非仅靠策划一下把产品推向市场就能取得成功的。

反观产品裂变，它似乎不像爆品战略那样需要那么多条件，只要能够满足“找准用户的需求点，直接切入，做出足够好的产品”这三项就可以了，但实际操作起来并不简单，仍需要通过大概率的尝试去争取小概率的成功。

医疗美容的项目很多，如果大范围地进行尝试，最大的问题在于试错成本很高，因此一定不能漫无目的地去尝试，而要紧紧围绕“找到对的产品”着力。先通过排除法缩小选择范围。第一步，排除那些求美者更易产生主观判断的项目，比如隆鼻，有的人会感觉效果不错，有的人会认为不够理想；又如隆胸，就算效果很好但实在不便于展示，因此这些项目本身不具备产品裂变的传播条件。第二步，排除产品附加值不高的项目，比如有些价格超过万元的项目裂变起来难度会很大，有些价格很低的项目即便裂变效果好但收益有限。

这样一来，我们就可以圈定那些价格适中且可以产生规模效益的项目，因为这类项目随着裂变数量的增加，能够形成良好的边际效用。随便说一下，关于边际效用的概念可以回看第四章的内容。

由此，我们这里讲一个适合产品裂变的医疗美容项目，比如超皮秒祛斑，它比传统的激光仪器治疗次数少、疗程短，减少了对皮肤的反复刺激及修复，虽然它对黑色素的爆破力更强，但即使结痂也很薄，一周左右就可自然脱落。一方面，这个项目的治疗效果是客观的，无论是求美者本人还是其周边的人，都能够做出正确评价；另一方面，这个项目的治疗主要依靠激光设备，每台设备的产能利用率是可以测算出来并相对固定的，只要有足够数量的设备就能保证消化大流量的客单，以利于规模效应的发挥。

遵循这样的设计思路，有兴趣的医疗美容机构可以尝试设计出其他更为合适的项目，结合内容转化、促销转化、活动转化因地制宜地形成产品裂变的实施方案。裂变式传播，最重要的是抓住顾客利益分享机制，提供足够的传播动力，在每个环节降低顾客的操作门槛。当裂变层级超过4层，每个订单能带来1个以上新订单时，你的产品裂变传播就开始了。

每一刻都精彩万分

最长久的裂变是品牌裂变，这里讲的“长久”有两层含义：一是指如果要形成有影响力的品牌，需要一个长期的过程；二是指品牌的知名度和美誉度一旦树立起来，就可以长期地发挥品牌影响力。可以看出，品牌裂变实际上没有什么捷径可走，必须要花费一定的金钱和时间，在这两个前提条件下，讨论品牌裂变的出发点不是为了节省金钱和时间，而是希望在同等付出的情况下，如何达到品牌裂变的可能。

需要注意到，这里我们讲的是品牌裂变的可能性，从严谨定义的角度看，基于品牌而带来销售的线性增长并不属于品牌裂变的范畴。比如，一家医疗美容机构上年销售收入为4000万元，今年销售收入为6000万元，同比增长了50%，尽管增长比例已经很高了，但这仍属于经营范围内的线性增长，可以通过用户裂变或产品裂变实现。如果这家机构上年的销售收入还是4000万元，今年销售收入实现了9000万元，明年预计可以达到2亿元，那么这就属于品牌裂变的研究范畴。

讲到这里，你也许会急于了解它是怎样实现的，又或者会心存疑虑，认为这根本不现实。当然，我们讲过，任何裂变都会逐渐衰减的，品牌裂变也是如此，销售收入不会无限制地持续倍增，但这并不代表从4000万元到2亿元就全无可能，其实道理也不复杂，如果你有一家医疗美容机构，年销售收入达到4000万元，那么再新增两家就有可能达到9000万元，如果继续增加5家就可能达到2亿元。

这就如同变魔术，在没有揭秘之前总是很神秘，但揭秘之后你也许就感到不过如此。首先你应该认可从4000万元增长到2亿元，存在逻辑上的正确性与合理性，这样我们才能够继续讨论下去。

用3年时间，从一家店发展到5家店，数量上是可能的，或者也并不激进，要实现新开的店面能够顺利经营，当然需要你有一整套可复制的管理体系和人员来保证，还有大量的内部工作要做，这些都属于我们讨论品牌裂变的必要条件。可从消费者的角度来看，他们并不关心新开店面有什么样的管理体系，让消费者接受并认可的是你的品牌，这样讲并不是说产品或服务不重要，只是要把逻辑关系搞清楚，因为消费者在未消费之前首要感知的是品牌而非产品或服务。

那么，为什么品牌可以带来裂变或业绩倍增呢？原因在于品牌是可交易的无形资产，良好的品牌其资产价值更高，有投入就会有产出，这就是品牌裂变的理论基础。

国际品牌咨询机构Interbrand认为，拥有品牌将会使企业在未来一段时间内获得稳定的收益，故应该以未来收益为基础评估品牌资产，提出了品牌资产价值评估模型的计算公式为：品牌价值 = Q × L × S。其中，Q为品牌给企业所带来的收益，即品牌在利润中的贡献；L为品牌对其产品在市场中的作用，即企业的净利润；S为品牌强度，它反映了品牌给企业未来一段时间内持续创造利润的能

力，它由真实性、清晰性、品牌承诺、品牌保护、应变能力、一致性、差异性、曝光度、相关性、可理解性 10 个指标构成。

世界品牌实验室运用经济附加值法来计算企业的品牌价值，即品牌价值 = E × BI × S，其中，E 表示调整后的年业务收益额；BI 表示品牌附加值指数；S 表示品牌强度系数，包括了扩张能力、品牌认知度、品牌忠诚度、行业性质、外部支持、品牌管理、领导地位以及品牌创新 8 个要素。

由于品牌具有资产属性，这就很好地解释了为何可以通过品牌裂变实现资产增值。但对于顾客而言，品牌价值的大小他们并不清楚也不关心。也就是说，品牌价值并不是顾客所能直接感知的，那么品牌价值又是如何影响顾客购买决策的呢？

品牌于顾客而言是一种企业文化的符号，品牌价值是通过一次次接触而传递的，随着接触次数的增加，顾客逐渐形成了感知上的信任，由此促进了行为上的消费，进而强化了实质上的信任。当更多顾客乐于传播时，就使品牌新增了更多接触的机会，这就是口碑效应的形成。事实上，在这个过程中，由接触到形成信任或是由信任产生接触并没有严格的顺序关系，它们是品牌裂变的两条轨迹，可以并行也可以交叉。下面，我们就来讨论一下其中两个关键要素：品牌接触点和信任。

品牌接触点是指顾客有机会面对一个品牌信息的情境。在人们的生活中，每一次消费体验都包含了一个或者一系列的品牌接触点，而每一个品牌接触点都在传播着品牌信息，同时又会影响消费者的购买决策。

在信息化社会，消费者不再是单纯的信息搜寻者，更多地表现出一种沟通交流以及创造，信息呈现为一种裂变式传播，消费者与品牌的接触因媒介的变化而改变，品牌以消费者为载体进行扩散，媒介以消费者为基础而存在，由简单的信息载体转变为建立关系的纽带，虽然品牌接触点仍是连接品牌与消费者的纽带，但更重要的是成为连接消费者与消费者之间的纽带。

成功的品牌都善于通过品牌接触点来影响顾客，而不是单纯的广告或传播，如图 14 - 3 所示，通过品牌接触点，可以把组织的行为品牌化，通过一系列体验环节来影响目标客户。

当然，一个品牌会有众多接触点，实际上我们会忽略其中部分接触点，而重视关键接触点，原因在于并不是所有的接触点都有价值贡献，因此在进行品牌接触点管理时，可分为五个步骤：

（1）识别已有的和应有的品牌接触点。包括企业可以掌控的接触点，如产品、服务、雇员等，也可以是外部的接触点，如广告、新闻报道等。

（2）评估品牌接触点。对所有品牌接触点进行内部评估，确定哪个管理得当，

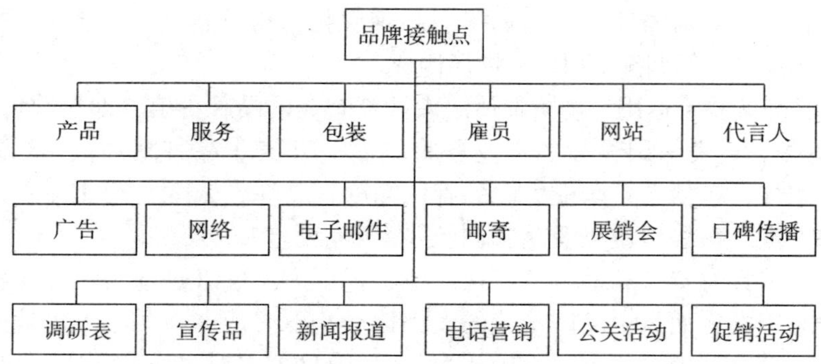

图 14－3 品牌接触点的示例

哪个尚有不足。各个接触点分别归哪个公司部门管辖？如何管理？由谁具体负责？根据内部预期、外部预期或者竞争情况，确定每个接触点品牌体验的传达效果。需要调整哪些资源和规划来改善效果？

（3）研究品牌接触点对顾客的影响力。对过去、现在和将来的顾客进行整体研究，确定哪些品牌接触点在顾客决策与体验方面影响最大。他们对接触点的需求和期待有哪些，公司是否已经提供？让顾客用他们自己的语言描述接触点和评价品牌体验。

（4）进行品牌接触点优先级排序和平衡。可以围绕品牌价值主张、顾客忠诚度、品牌体验不足的程度以及改进的成本等方面进行分析。

（5）制订品牌接触点的行动计划。对优先级高的接触点，要明确其目标和负责人，制订和实施改善接触点体验所涵盖的绩效评价方案，同时与其他接触点体验相契合。

品牌体验由品牌接触点产生，只要消费者在市场上与品牌有互动，品牌接触点就会产生。特别是随着移动互联网的广泛覆盖，消费终端多样化的出现，多屏媒介的信息爆炸，让品牌接触点逐渐开始扩散。品牌接触点不再停留在线下，不再维持单向灌输的传播重心，而是开始同时攻占线上和线下，不再满足一次性的品牌信息传播，而是更加注重品牌信息的裂变和病毒式传播与互动。在这种扩散作用的影响下，品牌信息一旦被消费者接触，则会迅速在消费者群体中传播，在传播过程中受到社会化媒体传播特性及顾客使用习惯的催化作用，形成口碑传播。

口碑是品牌的快照，它的核心是基于消费者对品牌的信任。商业交易中最宝贵的是信任，最脆弱的也是信任，你复杂，交易便复杂，你简单，交易也简单。阿里巴巴的价值观中有一条说得好：因为信任，所以简单。比如，顾客通常对人际信息的信任程度要高于广告，其原因就在于《我相信》。

我相信我就是我
我相信明天
我相信青春没有地平线
在日落的海边
在热闹的大街
都是我心中最美的乐园
我相信自由自在
我相信希望
我相信伸手就能碰到天
有你在我身边
让生活更新鲜
每一刻都精彩万分

同样，因为简单，所以信任。《哈佛商业评论》的一份研究表明，在信息传递简单的相关方面，得分前 25% 的公司，消费者购买的可能性提高 86%，推荐给别人的可能性提高 115%。消费者需要简便的品牌接触点体验，易于使用、导航和理解，没有人喜欢复杂、信息量超载以及感到挫败。

一般而言，对于复杂程度比较高的品牌，消费者在购买过程中，接触到的品牌接触点会比较多，因此，这类品牌的品牌传播难度相应地增大；对于复杂程度比较低的品牌，接触点就会相对比较少，但在有限的接触点上影响消费者的购买决策，其难度也是不言而喻。

此外，关于医疗美容机构的单品牌还是多品牌，这也是各有优劣势的话题，不可尽信其一。正所谓：龙生九子，各有不同。品牌的数量决定了你的投入成本、维护成本，核心问题在于品牌价值，但是，如果没有明确的发展战略，则品牌的含金量将大打折扣，容易陷入一荣俱荣、一损俱损的风险之中。一般来说，多品牌都是从单品牌发展起来的，如果有收购重组，那么也可能迅速形成多个品牌。一经形成品牌优势，其迅速复制的速度将会远远超乎预期，尤其是容易得到资本的青睐。当前，一些运营管理灵活、运营成本较低、在细分品牌上深耕细作的眼整形、鼻整形、脂肪移植、塑形瘦身、疤痕修复、皮肤管理等机构进入了发展快车道。

总体来说，医疗美容机构的品牌形象不应成为一个急功近利的直接销售者，一旦消费者感觉到所关注的品牌成为一个主动的营销者，便很难再将朋友之间的那种信任关系重新建立，因此，最好的方式是把每一个品牌接触点设计成信任接触点，从而不断夯实品牌裂变的基础。

语　录

- 不公平竞争的情绪会直接影响到渠道参与者的积极性。
- 渠道的产生，其最终目的是节约交易成本。
- 营销渠道变革不会是两厢情愿，但也并不一定就是两败俱伤。
- 成熟的市场必然会教育出成熟的消费者，也必然会培育出成熟的营销渠道。
- 只有源于决策层来对渠道建设进行推动，才是渠道运营能力提升最根本的保证。
- 不能想当然地把渠道的资源认为是自己的资源，把渠道的优势认为是自己的优势。
- 渠道分类在于找到一种可观察的合理性，而不是追求毫无瑕疵的唯一性与完美性。
- 广告的影响力相比以往和其他方式均有所弱化，但其独特的地位在市场营销中仍然不可或缺。
- 增加广告强度的根本目的并不旨在记忆，而是传递质量信号。
- 低价思维会导致你赚不到许多钱。
- 只有投入极高程度的专注并在整个相关领域都毫无缺点的时候，才有机会让顾客认可你想要收取的高价格。
- 流量平台于医疗美容机构是补品，而并非药到病除的良药。
- 花钱买了流量，不意味着万事大吉，而只是买到了一种预期。
- 获客成本是已经发生的沉没成本。
- 要把内容作为顾客可消费的产品一样来看待。
- 促销是为了给予顾客更好的优惠，而降价是为了纠正之前的定价问题。
- 一份高质量的竞品分析报告对你的活动策划及活动转化有很大帮助。
- 任何裂变营销的基础都在于利益支持，没有明确的利益点难以获得裂变的驱动力。
- 最长久的裂变是品牌裂变。
- 品牌是可交易的无形资产，良好的品牌其资产价值更高。
- 口碑是品牌的快照，它的核心是基于消费者对品牌的信任。

第四部分

数字营销的策略

“产品价格并不等于顾客为拥有产品时所付出的成本。”

第十五章　进　化

爱是一种信仰

今天世界上的科技概念已经变得越来越让人眼花缭乱，数字化、网络化、智能化、大数据、云计算、边缘计算、算力算法等背后，其实在传递一个声音：今天的时代到了数字科技驱动的时代。

在数字化概念下，以往许多的增长逻辑和发展方式发生了根本性变化，我们看到的产品最基本的定价逻辑，定价方法以及最熟悉的、最强大的渠道定价的基础都将随之发生变化。就技术本身的发展而言，在以往的策略选择阶段，使用者会更多地考虑如何为己所用，这是围绕技术出发的逻辑，就好比人们买了一款新家具，所要考虑的是在家里怎么摆放。而在数字化时代，人们要考虑的是那个地方到底要不要放物件，如果要放的话究竟放什么，未必就是家具，这种逻辑是从消费价值出发而重新定义。

对医疗美容行业而言，可能首先需要思考的第一个问题是：当消费者的生活方式和价值观都在变化的时候，如何重新定义客户价值和价值增长的起点？如果我们能够从客户价值增长中找到答案，也许就能找到每一个团队，每一个公司，每一个平台生存的可能路径。数字化已经深深影响着各个行业，这种影响不仅仅是一个技术问题，而是一场管理思维的革命，是竞争方式的变革与再造，是商业模式的探索与重建。

数字时代，消费者的行为变得更为复杂，他们的期待从使用变成了拥有，他们的购买从产品过渡到体验。有研究显示，如果一个产品能够给消费者带来更好的体验，他们愿意支付更多，在某些情况下，甚至愿意多付 20%。换句话说，数字化时代的企业核心竞争力远不在于满足需求，而更在于能否创造出顾客可感知的价值需求。事实上，的确很多需求是被创造出来的，甚至在此之前顾客都不懂这个需求，比如许多数字化电子产品的发明就是创造了需求，引领了需求，一旦新款上市，粉丝不惜彻夜排队来“抢鲜”，俨然把追求极致体验变成了对产品的一种《信仰》。

我爱你
是多么清楚多么坚固的信仰
我爱你
是多么温暖多么勇敢的力量
我不管心多伤不管爱多慌
不管别人怎么想
爱是一种信仰
把我带到你的身旁

时至今日，我们看到各个行业的领军企业，无一不是率先开启了数字化进程，并且其数字化嵌入的比例远比人们想象的高。比如，在医疗领域运用AI辅诊，可以有效降低全科医生漏诊率，辅诊准确率高，并能实时提供诊疗建议，这时人工智能和医疗产业之间的空间发生了改变，形成了新的产业组合。又如，在营销领域，工业时代所制造的产品经过流通到达顾客手中，企业并不知道是谁购买了产品，而在数字化时代，这一切变得简单容易且必需，可以知道是谁购买或使用了产品，进而回到顾客端，让企业的营销策略更可靠。另外，即使数字化对日常生活的影响也比人们想象的更多更快，但对许多企业来说并没有真正认识到数字化所带来的深入影响。

立足2020年，我们回溯过去的十年，互联网和移动互联的快速发展，带来了颠覆式的消费变革，促进了线上交易的繁荣，从2010年到2015年，互联网改变了消费端和零售渠道端，被称为消费互联网；从2015年开始，线上、线下打通，线上的企业开始向线下拓展，赋能传统产业，被称为产业互联网，这一过程就是“互联网+”与“+互联网”循环交替并螺旋式上升的过程。

同样，我们展望未来十年，到2030年，数字化进程必将深刻影响到医疗美容行业的发展，无论是从战略角度、财务角度，还是组织架构、人员结构，都会带来深刻变化，首当其冲的是市场营销环节，这是一个必然的趋势，也是整个产业链、价值链中大家所期望的事情。

在数字技术驱动下，未来五年或十年存在的不确定性，将是医疗美容行业的过渡期。讲到不确定性，这是数字化时代一个非常重要的特征，我们需要思考随着消费方式、生活方式的变化，医疗美容产品的定价逻辑、获客渠道、服务方式要不要发生变化？

第一，当你充分理解数字化的时候，你才可以真正理解顾客和市场。

第二，当你更多拥有数据的时候，你就可以更好地理解顾客和市场。

第三，当你更好运用数据的时候，你就可以更多地扩大顾客和市场。

第四，数字化是一种能力，数字化转型会给企业带来许多变化，如果没有能力理解数字化概念，那么你的商业逻辑已经跟不上时代发展了。

对于医疗美容机构，所需要的是如何实现数字化转型，对于医疗美容机构的营销人员，所需要的是如何应用好数字化工具，两者是大观念与小概念、包含与被包含的关系。

因此，我们讨论数字营销的前提是必须要先理清关于数字化的逻辑问题，在这一章节我们将围绕这几个问题展开讨论。

（1）为什么企业发展进化到数字化是一个必然的过程？

（2）什么是数字化？业务数据化与数据业务化的关系是什么？

（3）数字化带来哪些挑战和变化？

（4）如何有效衡量数字化的投入与产出？

进化成更好的人

企业发展进化到数字化是一个必然的过程。

经济学家哈耶克在《致命的自负》中写道：一切进化，无论是文化的还是生物的，都是对不可预见的事情、无法预知的环境变化不断适应的过程。在哈耶克看来，自由市场经济是人类至今所能找到的最优秀的资源配置手段，自由和竞争是目前已知的最能提高生产力，最有效实现经济增长的要素。商业的竞争犹如生物进化，通过分裂选择、稳定性选择、定向选择进行淘汰和保留，关键是要认清行业的选择次序。

达尔文的学说揭示了物种进化的原因即自然选择学说，变异总是缺乏方向的、盲目的，而选择却有内在的逻辑：谁在竞争中更具备优势，就会在概率上得到更多机会的保留。尽管变异的速度非常缓慢，选择也仅仅是概率上微弱的优势积累，但在付出了漫长的时间代价之后，竟然取得了不可思议的成就，造就了丰富、复杂的生物世界。

当然，谈到进化论往往出现的是两极化的表现，支持者深信不疑，怀疑者认为纯属无稽之谈。大家都知道，进化论自出世以来，已经过许多修正，而且至今还有证据严重不足的困难，但如果我们提出这样的问题："进化论可能是错误的吗?"大多数人会回答："不可能。"少数人会说："进化论不但是错误的，而且根本上就是错的。"还有的人则会说："在理论上，任何科学理论都可能会错，但根据我们目前的了解，进化论的基本原理一定是对的。"

无论是秉持"生命世界是分子偶然碰撞的结果，是自然界无目的进化过程所产生的"这样的观点，还是认为"有一个无情的钟表匠，在宇宙的零时刻便完成了工作，现在一旁冷眼观看自然界进化的过程"以及其他立场，事实上差异点在于起源，而对自然界存在进化过程都是认同的。

正如达尔文在《物种起源》结尾处，用饱含深情的笔调讴歌了进化的奇妙：

"凝视树木交错的河岸，许多种类的无数植物覆盖其上，群鸟鸣于灌木丛中，各种昆虫飞来飞去，蚯蚓在湿土里爬过，并且默想一下，这些构造精巧的类型，彼此这样相异，并以这样复杂的方式相互依存，而它们都是由于在我们周围发生作用的法则产生出来的，这岂非有趣之事。

这样，从自然界的战争里，从饥饿和死亡里，我们便能体会到最可赞美的目的，即高级动物的产生，直接随之而至。"

按照达尔文的进化论思想，生物会产生各种变异。在生存斗争中，具有有利变异的个体获胜而生存下去；反之，具有不利变异的个体则失败而死亡，这就是"物竞天择，适者生存"。数字营销专家布莱恩·索利斯曾提出一个概念"数字达尔文"，他认为所有的企业，无论大小，都成为"数字达尔文"的受害者，如果不能适应数字化时代的规则，就会被快速淘汰。

按照"数字达尔文"的观点，新技术和新兴企业相对于传统技术和传统企业就是一种"变异"，未能适应新消费者和竞争新环境的企业及整个行业会遭到重创，在"物竞天择，适者生存"的过程中，会经历四个关键时刻：

（1）真理零时刻（The Zero Moment of Truth），即消费者开始搜索的时刻，当用户有了解的愿望时，零时刻就诞生了，在这个时刻，品牌要引导消费者进入下一个环节。

（2）真理第一时刻（The First Moment of Truth），这是消费者把某个品牌纳入最终决策环节的时候。

（3）真理第二时刻（The Second Moment of Truth），这发生在消费者购买了某个产品之后。在这个时刻，他们是否满意，是否会联系客服?

（4）终极真理时刻（The Ultimate Moment of Truth），即消费者对整个体验做

出评价，是糟糕还是很赞。无论是什么，这种经验都会被消费者分享出去。因此，有些人的终极真理时刻，会变成其他人的真理零时刻。

围绕这四个时刻，综合近年来有关研究和调研情况，我们用一些简短的结论来说明，可以帮助你更好地理解数字化与消费者行为的互动过程：

（1）大多数消费者会在1天内使用智能手机搜索信息（88%）。

（2）大多数搜索的目的都是奔着“预订、预约、购买、下载”去的（90%）。

（3）一些通过移动数字设备购买的消费者，购买前会进行咨询（10%）。

（4）许多消费者会在网上搜索以后再去实体店购买（69%）。

（5）绝大多数消费者认为个性化的购买体验至关重要（94%）。

上述这些结论实际上是要说明一个趋势，对于括号中的具体比值仅作参考，因为在不同国家、不同行业，这些数据的时效性都不同，但并不妨碍我们认知数字化对消费者行为的影响，进而引发我们去深刻思考，如同歌曲《达尔文》中所写的那样，企业要如何适应时代的发展而同步进化成更好的自己。

我的青春有时还蛮单纯
相信幸福取决于爱得深
读进化论我赞成达尔文
没实力的就有淘汰的可能
我的替身已换过多少轮
记忆在旧情人心中变冷
我的一生有几道旋转门
转到了最后只剩你我没分
有过竞争有过牺牲
被爱筛选过程
学会认真学会忠诚
适者才能生存
懂得永恒得要我们
进化成更好的人

市场经济运作的方式，遵循着一些类似自然界有机系统的规律，比如顾客的偏好形成了某种自然选择，导致适者生存；又如，当企业的规模达到一个境界时，就为它们向新的地理环境和市场范围拓展积累了能量。

于是，那些在产品组合质量趋于接近的企业便会因劳动成本低廉造成的优势具有了走向国际市场的本钱。新的战斗序幕拉开，原来的行业领先者自然不会坐以待毙，后来者取代领先者也不是历史的必然。于是，产业开始升级和调整，在产品达到成熟期，很难再产生差异化和领先优势时，便会试图在服务模式、营销手段上不断创新，以寻求巩固自身的竞争优势，实现更大突破和进一步发展。

弯弯的小船悠悠

什么是数字化？业务数据化与数据业务化的关系是什么？

比如，你开了一家药妆店，每天的消费数量 200 人次，客单价 50 元，日营业额达 1 万元，库销比为 3.6 等，这些内容就是基本的运营数据，如果把每天的收入、支出以及成本等数据都存储在计算机管理系统中，并形成电子报表可以查看，这就是一个简单的信息化运营。

说得复杂一些，这个信息化系统可以非常庞大，目前应用的企业信息化管理系统主要有：办公自动化的 OA 系统；管理客户关系的 CRM 系统；制造执行管理的 MES 系统；生产数据及设备状态信息采集分析管理的 MDC 系统；制造过程数据文档管理的 PDM 系统等。对于医疗美容机构，既有综合的经营管理系统，也有专门拓客系统、会员系统、支付系统、财务系统、网电系统等，从分诊咨询到术后维护，从客户运营到物资进销存，每个主菜单下面还有若干子菜单。

无论上述的系统简单或复杂，它们与当下所讲的数字化并不是同一概念。或者我们可以这样看，把数字化分为信息数字化与智能数字化，那么这些系统就可以归类到信息数字化的范畴里，而当下所讲的数字化更偏重于智能数字化。因此，为了简便讨论，我们把信息数字化称为“信息化”，把智能数字化称为“数字化”。

信息化与数字化的第一个区别是连接方面的不同，许多企业经过十几年的信息化建设及改造，应该说整个业务流程方面的功能是比较完备的，但当时的环境与现在对于互联网的认识不同，特别是随着移动互联的快速发展，最大的差异在于没有建立与顾客直接的连接。因此，面对消费市场和顾客需求的变化，及时响应的速度是不够的，尤其是对面向 C 端的企业而言，这几年一直在优化的就是去中间化的工作。

第二个区别在于数据孤岛的问题，传统的信息系统各单元相互独立，无形中就成为一个个数据孤岛，比如，要查询相关数据需要登录企业的不同系统，销售是一套系统、库存是一套系统、客户数据是一套系统，数据查询不仅要花费很多

的时间，并且要处理起来工作量相当大，而数字化就是要打通这些数据孤岛。

第三个区别在于效率提升的差异，信息化系统注重企业内部效率的提升，重点在于“管”，就是把涉及企业运营的各个环节通过信息化流程管起来，好处在于更加规范化、标准化，这是信息化系统设计的思路；而数据化系统则是在此基础上，更注重提高用户端的效率，这是另外一种系统设计思路。所以，我们讲的数字化转型就是遵循提高用户效率这一思路，以对现有的系统进行改造，比如从电脑端扩展到手机端、Pad 端。

第四个区别在于数字化是从数据出发来规划业务发展的，在信息化阶段，企业的运营管理水平体现在业务执行能力上，这更像是一种近战，比的是管理者谁更能身先士卒、冲锋在前；而在数字化阶段，企业的运营管理水平体现在数据运行能力上，强调的是如何更精准打击，如何运用更小的代价来获得更大的胜利。

如图 15－1 所示，信息数字化是通过业务数据化来实现的，智能数字化是通过数据业务化来实现的。

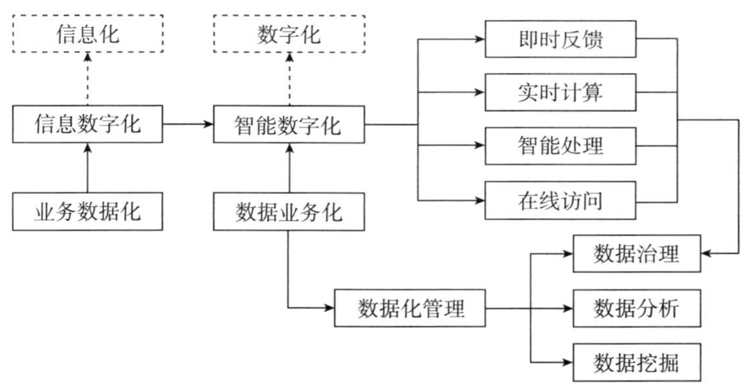

图 15－1 数字化的演变路径

以往的企业信息化从构建之初，所体现的思想就是一种管理思维。当时，企业建立信息化管理的主要指导思想是通过这一套管理工具能够把企业的各个环节、涉及进销存、涉及相关岗位的动作都能管起来，所要体现的信息化管理目标就是：管好、管严。

所以，那时的信息化系统设计的思路不是用户思维，也就是并没过多地考虑用户需求的便利化，更多关注的是管理的思维。目前来看，这种建立在管理思维环境下设计的企业信息系统，缺乏有效解决用户效率的思想，导致的结果是用户效率非常低，很多的用户需求得不到满足。某种程度上，从信息化到数字化，必须要有仰望星空的空间感，形成一幅整体的画面，由远及近，知道去哪儿，知道要做什么，就如同歌曲《弯弯的月亮》所写的那种意境：

遥远的夜空
有一个弯弯的月亮
弯弯的月亮下面
是那弯弯的小桥
小桥的旁边
有一条弯弯的小船
弯弯的小船悠悠
是我童年的阿娇

数字化并不是对企业以往的信息化推倒重来，而是需要整合优化以往的信息化系统，在整合优化的基础上，用新的技术手段提升核心竞争能力。

让风尘刻画你的样子

数字化时代带来了生产力和生产关系新的变革，生产力是人类社会生活和全部历史的基础，它作为一种不以人的意志为转移的既得的物质力量，既是前人实践活动所创造的客观成果，也是人们现实活动的物质基础和出发点，这就说明生产力永远不会停在一个水平上，它会随着人们历史活动的变化而变化。

科学技术作为先进生产力的集中体现和主要标志，在它的作用下，对生产力中劳动对象、劳动资料、劳动者三种要素不断赋予具体的、历史的内涵，也正是生产力的这种状况决定了生产关系的性质，进而影响分配、交换、消费等诸多关系体系。比如，以前企业和市场之间的关系是用产品连接的，现在企业和市场的关系是用数据来连接，这就需要从以产品为重心转向以数据为重心。

这种转变与以往最大的不同在于数字化下的时间尺度发生了变化，农业社会中春播秋收，时间是自然存在的尺度；工业社会中，时间是效率存在的尺度，用最低的成本、最高的效率，生产出产品，满足更多人的需求，效率就是金钱。而在信息社会中，时间是价值存在的尺度，重要的不再是围绕产品定义价值，而是围绕人、围绕顾客定义价值，企业不仅仅要满足于顾客对于消费需求的改变，更重要的是顾客要求参与创造和体验。

比如，网络购物中顾客更青睐于那些供货速度更快的商家，实际上这就是顾

客对时间价值认知的变化；同样，改变的还有对产品价值的感知。以前，一个产品顾客可以用好多年，它的产品价值体现在有没有损坏，还能不能用，但如今数字化产品不必等到它坏了才会去更换，而是顾客判断其价值的角度为新不新。这样的变化无论对企业还是对顾客，衡量时间尺度的时间坐标轴都在变短，产品生命周期在缩短，企业保持竞争优势的周期也在缩短。

因此，今天商业社会中任何行业和企业都必须接受“时间轴”变短了这一现实，同时还必须形成“数标签”的概念，就是如何通过数据定义顾客、定义顾客价值，这种定义的方法就是为“消费者”和“产品”打上标签。比如，当顾客想听音乐的时候，某款应用程序会为其提供个性化的音乐电台，这背后就是提供流媒体服务的公司已经将上百万的歌曲分类并打上了数百个标签。

数字化真正可怕的地方，在于让企业保持竞争优势的时间变短了。即使企业曾经非常强大，如果不能围绕数字化作出改变，其被淘汰的速度就会非常快。数字化的概念和以往完全不一样的地方，不是企业有没有竞争优势的问题，而是想保持竞争优势的条件越来越高、越来越难，不仅在技术创新的领域，在所有的产业都是这样。

由此带来一个突出的问题，就是企业进化速度与消费者进化速度之间的矛盾。对于医疗美容机构服务的求美者群体来说，无论是认知还是需求都在不断发生改变，如果要深入了解进化的程度如何，我们还是用数据来讲话更有说服力。

为了更好地了解女性，多芬公司曾启动了两次大型的调研项目，用以研究美丽对于女性意味着什么，通过采访 13 个国家的 10500 位女性发现，女性对自身外表越来越缺乏自信，由此产生的焦虑感在不断加重。

如表 15－1 所示，比如，当女性对自己的外形不满意时，便会放弃参与一些重要的活动，如亲友团聚活动、户外活动等，有些人还包括不愿参加工作面试、选择翘班或者不敢向别人寻求帮助。

表 15－1　成年女性关于美丽的看法　　单位：%

内容	全球平均	中国
希望媒体正面宣传一些在外貌、年龄、种族和外表方面各有特色的女性	71	81
对自己的外形不满意时，便会放弃参与一些重要的日常活动	85	61
如果对自己外形不满意，那么面对选择时会摇摆不定或无法坚持决定	70	51
通过节食或其他危害健康的方法以获得令人满意的外表	87	61
广告和媒体宣传的不切实际的完美外形，使女性的压力不断增加	69	67
认为社交文化在推动女性不断追求完美	56	47
因备感压力，甚至要求自己从不犯错或绝不示弱	78	57

同时，也有越来越多的女性开始直面美丽压力，强烈渴望挑战现有的审美标准，70%的成年女性和80%的未成年女性称，花时间关爱、呵护自己，会让自己变得更加自信。对当代女性而言，《你的样子》正在被压力与自信共同刻画。

我听到传来的谁的声音
像那梦里呜咽中的小河
我看到远去的谁的步伐
遮住告别时哀伤的眼神
不明白的是为何你情愿
让风尘刻画你的样子
就像早已忘情的世界
曾经拥有你的名字我的声音

从全球范围来看，不同国家和受宗教、社会习俗等影响，女性对美丽的看法表现出一定的差异性。

比如，在印度、南非、土耳其等国家生活在传统文化中的女性，比生活在美国、德国、英国等现代文化中的女性更为自信，96%的印度女性表示对自己的美丽很自信，而美国只有50%的女性对自己的美丽自信不疑；在墨西哥、巴西和俄罗斯，女性角色游走于传统主义与现代主义两者之间，她们的自信程度也随之起伏不定；相比其他国家的女性而言，日本女性虽然也看重外表，但似乎没受到很大压力。

如表15－2所示，不同国家女性对于身体自尊（人们对于自己身体所感受到的满意程度）的情况同样存在较为明显的差异。

表15－2　成年女性身体自尊的看法　　单位:%

序号	国家	满意占比
1	南非	64
2	俄罗斯	45
3	土耳其	42
4	印度	40
5	中国	37
6	墨西哥	36
7	德国	34
8	巴西	27

续表

序号	国家	满意占比
9	美国	24
10	加拿大	22
11	澳大利亚	20
12	英国	20
13	日本	8

对于中国女性来说，大多感觉到生活的方方面面给她们施加的压力，特别是感到在社交媒体上分享自己的感受要比在现实生活中容易许多。实际上，信息渠道越多，压力越大。47%的成年女性认为社交媒体会迫使人们用某种特定眼光看待事物；66%的成年女性表示她们非常注重自己在社交媒体上的形象；77%的未成年女性表示她们在虚拟网络中更有自信；64%的未成年女性坦言如果看到了模特、名人，也会期望能够拥有她们的容貌。

同时，80%以上的中国女性想要重新定义“美”，并愿意花时间呵护自己；85%的成年女性和77%的未成年女性追求展现最美的自己，而不是追随某种既定的审美标准；绝大多数女性相信自己有最美的地方，以生为女性而自豪，愿意接纳作为女性的一切。

可以看出，在数字化时代我们能够用更多数据来勾画出女性的群体“画像”。同时，女性作为求美者的主要群体，也受到了数字化的广泛影响，一个突出的特点就是无可避免地受到社交媒体的影响。

数字化使社交媒体发生了剧变，智能手机成为主流，各种便携式终端设备，尤其是可穿戴、虚拟现实、物联网等技术的兴起，消费者从过去单个的消费者变成了“连接的消费者”。这些消费者要求更高，他们期待即时反应、关注、个性化。随着消费者连接而来的，是一个巨大的信息网，这个信息网正在影响着消费者的体验、决策和市场生态。直接地说，就是求美者群体已经进化为数字化消费者，那么，如果我们的医疗美容机构没有进化成数字化运营的机构，势必无法及时地洞察消费者需求，又何谈有效地满足消费者需求。

你是魔鬼中的天使

企业数字化转型需要投入一定资源，但资源总是有限的，因此在投入与产出之间，想法与执行之间始终存在尖锐的矛盾。比如，营销环境犹如一个充满生机、错综复杂又相互关联着的系统，企业、广告商和媒体相互依存，当这样的营销生态系统处于进化的门槛上时，旧的结构和方式依然存在，同时也受到来自数字平台更具活力和创新性的挑战。

对有的医疗美容机构而言，面对传统和新兴的各种营销模式，其角色就如同《复仇者联盟》中的灭霸一样，成与败都在一个响指之间。众所周知，灭霸之所以具有毁灭性的能力，是因为获得了六颗宝石，分别是力量、空间、现实、灵魂、时间、心灵，我们就此对医疗美容机构的营销问题做一个用户画像。

（1）力量：快速强大的复制和模仿能力。你有什么竞品，我就有什么竞品，你打折我也打折，你采取什么模式，我也跟着采取什么模式，所以常常是一哄而上，而后又一哄而散，“劣币驱逐良币”。

（2）空间：潜在的求美群体和流量变现。这绝对是一件看上去很美的事情，市场蛋糕虽然大，每个人都垂涎三尺，但竞争也是很激烈，能不能吃得到是一个问题，能不能吃得饱也是一个问题，能不能吃得香还是一个问题，这三个问题叠加起来，如果总想吃肉，不想啃硬骨头，哪有这样的好事。

（3）现实：高企的营销支出和渠道费用。随便打开一家医疗美容机构的财务报表，营销费用的占比都高得惊人，但广告投放的精准性，中介渠道的有效性实际上难以考量，却振振有词、众口一词的只认一个“死理”：投比不投好。

（4）灵魂：无法自拔的低价引流和拓客。这既是痛苦的来源，也是自我陶醉的根源，低价获得的客流量看起来熙熙攘攘、门庭若市，赔本赚吆喝，貌似低成本的，但也是低质量的，后续转化很难，到头来还是高成本的。

（5）时间：基础薄弱的内部运营和管控。多年来的“短板”还是那块“短板”，漏洞还是那个漏洞，就如同在一个池子里注满水要 5 个小时，放完水要 3 个小时的数学题，不得要领，一而再、再而三的逢考必错，而真正的经营要领在于决策，管理要领在于效率。

（6）心灵：难以摆脱的路径依赖和循环。频繁地切换跑道和一再试错，实际上付出了很多学费，但未见得营销能力的明显提升，虽说逐渐学会了“不见兔子不撒鹰”，但对营销的路径依赖就像一个心魔，只要有些风吹草动，还是抑制不住赌一赌、试一试的冲动。

如此看来，就不难理解以往那些模式并不是模式本身的问题，而是采取的一些玩法把原来的跑道带进了沟里，最后搬起石头砸自己的脚。如同莎士比亚所写的：这样，重重的顾虑使我们全变成了懦夫，决心的赤热的光彩，被审慎的思维盖上了一层灰色，伟大的事业在这一种考虑之下，也会逆流而退，失去了行动的意义。

今天在广告支出上，许多医疗美容机构已经一改过去那种大手大脚、一掷千

金的作派，而是变得谨小慎微、瞻前顾后了，因为基于数字技术而涌现的大量变革把各行业推到了转折点上，消费者有了更多的自主权和选择权，更多广告平台的出现，企业不但要求广告定位更精准，而且要求广告支出也要更精准。

其实，无关支出多少、投入大小，而是我们需要深刻思考这样一个问题：在数字化时代，营销的初心有没有变？简要地说，我们认为以下三条结论始终成立，并同时存在。

（1）营销的初心依然是服务人性。

（2）市场营销的核心仍是管理有价值的客户关系。

（3）数字化就是用数字的形式来表达信息，价值全在于应用。

财富的秘密隐藏于人性之中，每一种人性都是过去数百万年有利于生存斗争自然选择的结果。企业处于竞争的环境中，它的生死存亡都是与周边的环境，各种各样的经济体相互联系、相互依赖、相互斗争的结果。长期主义的核心是回到人的本性、回到基本需求、回到承诺、回到信任，当企业能够从人最基本的本性出发时，就不会被淘汰。正如大卫·休谟在《人性论》中所写的：一切科学对于人性总是或多或少地有些关系，任何学科不论看起来与人性离得多远，它们总是通过这样或那样的途径回到人性。

好人也会犯下暴行，这种人的性格变化被称为“路西法效应”。社会心理学家菲利普·津巴多在“路西法效应”中提到过一个惊人的结论：越是多人目睹罪案的发生，这些人就越不会介入以及帮助。因为每个人都觉得我不需要做什么，其他人会做，如果其他人都不做，那表示我更不需要做什么。人们总是对其他人有期盼，也总是希望满足其他人的期盼，于是这时候人们就容易丧失自己的判断能力。

路西法曾经是天堂中地位最高的炽天使，是七大天使的天使长，拥有无上光荣。但他不满意上帝让天使向圣子下跪，在他看来，圣子没有什么力量，只是外形酷似上帝，并且被创造出来的时间还晚于自己。所以他拒绝臣服于圣子，率领天界 1/3 的天使举起反旗，经过 3 天的星辰之战被击溃，在混沌中坠落了九个晨昏才落到地狱，堕落成魔鬼。

医疗美容机构在数字化营销方面，最常见的问题就是，当你像别人一样发布了公众号、建立了网站、开设了网店，投了许多线上广告或者从 APP 应用进行了引流，就认为实现了数字化营销，并准备开始坐享渔翁之利时，其实正在一步步陷入“路西法效应”的误区。

事实上，数字化的确容易让营销人员产生错觉或自嗨，如果你总是把希望寄托在别人的流量上，数字化于你就是魔鬼，而如果你能运用数字化盘活自己的流量，数字化于你就是天使，两种场景的交替就如同歌曲《你是魔鬼中的天使》

所写的：

你是魔鬼中的天使
所以送我心碎的方式
是让我笑到最后一秒为止
才发现自己胸口插了一把刀子
你是魔鬼中的天使
让恨变成太俗气的事
从眼里流下谢谢两个字
尽管叫我疯子不准叫我傻子

将内外兼修的数字化比喻成魔鬼中的天使，不仅十分形象而且也非常贴切，我们把使用别人的流量称为“数字化的外营销”，把使用自己的数据称为“数字化的内营销”，两者要有机地结合在一起，才能发挥出最好的效果。这就好比一个人练习武功，“外营销”练的是招式，“内营销”练的是功力，只有招式而没有功力那就是花拳绣腿，只有功力而不讲招式也无法应用到实际中。

第十六章　沙　漏

是否找个人填心中空白

数字平台把传统营销生态系统转化为一个足不出户就可以分析解释的环境，在这个环境下，能够对顾客的购买决策行为进行放大、拆分、回放，你将看到顾客犹如置身于一个虚拟的购买漏斗中。如果你的产品或服务能让顾客知晓熟悉、符合偏好，则顾客会考虑体验进而决定是否购买，在这一过程中，漏斗就像具有层层筛选的功能一样。

漏斗模型作为经典的营销工具，发展至今已经 100 余年，提出者认为消费决策必然经历注意（Attention）、兴趣（Interest）、欲望（Desire）、记忆（Memory）和行动（Action）五个阶段，也称为 AIDMA 法则，主要是讲由广告发生功效而引导消费者产生的心理变化，并将其顺序模型化，最初应用在广告行业，后来广泛应用在营销行业，逐步发展出漏斗模型的各种变体。比如，在品牌营销上，细分为知晓（Awareness）、熟悉（Familarity）、偏好（Preference）、考虑（Consideration）、购买（Purchase）五个相互独立的过程。

许多市场营销人员都学过营销漏斗的概念，在一个漏斗的大开口顶端引入线索，然后把那些成为顾客的人从小端推进。在实践中，这种方法的问题在于所有的焦点都集中于从最小端逐利，而市场营销的真正回报来自于发展一种客户关系，这种关系可以将导入者转变为业务的推广者。

营销漏斗的核心理论是建立在概率论的基础之上，策略的本质源于营销效果的不确定性和难以定量评价，其得以实现的前提源于流量的廉价和营销的粗放，因此，在应用营销漏斗时大多根据经验来制定营销策略。

“AARRR 模型”是一个典型的数字漏斗结构，分别包括 Acquisition（用户拉新）、Activation（用户激活）、Retention（用户留存）、Revenue（商业变现）、Referral（用户推荐）。当用户被导入第一层之后，在接下来的步骤中你不得不接受一个现实，用户会层层流失，总有些用户变成了《最熟悉的陌生人》，也终究有些用户最终实现了转化和留存。

心碎离开
转身回到最初荒凉里等待
为了寂寞
是否找个人填心中空白
我们变成了世上
最熟悉的陌生人
今后各自曲折
各自悲哀

（1）Acquisition（用户拉新）。吸引用户的途径有很多的方式，比如，网站广告、媒体传播、线下推广、搜索引擎优化、官方微博、微信公众号等，现在是自媒体时代，不同的方式会有不同的效果，可以根据产品的特点获取用户的关注，吸引他们的注意力。

（2）Activation（用户激活）。当用户进来以后，运营人员需要对用户进行一定的指导和服务，如果在这个过程中比较复杂，就会导致一部分用户的流失；同时，需要有后台运营管理系统的支持与维护。

（3）Retention（用户留存）。用户的留存时间越长，他们对你的业务的价值就越大，这一过程在于运营人员能否真实了解到用户的痛点，以及在使用的过程中还有哪些问题，或者由客服人员为用户提供满意的服务，如果用户流失的比例不断升高，那么就需要找出这个环节的问题，并采取相应的措施增加用户黏性。

（4）Revenue（商业变现）。任何一个平台、一个产品，都是以商业价值为导向，进行各种产品的促销，广告的宣传，获取一定的收入，这也就是运营人员在这个过程中面临的一个指标。如果在这个过程中用户还没有流失，并且能为你带来一定的收入，那说明对于该产品的运营手段是比较合适的。

（5）Referral（用户传播）。用户通过你的产品，推荐引导他人来使用你的产品，起到了自传播的作用。比如，免费本身是很好的商业模式，低价也不意味着没有价值，但每个市场有它的特点，不同企业在不同阶段应采取的战略也不同。因此，通常要在价格和性能之间选取了一个平衡点，并且这个平衡点能够被预先锚定的、正确的目标群体所接受。

如表 16－1 所示，列出了 AARRR 模型在应用过程中，运营人员需要关注的一系列指标，以便及时根据数据变化情况，进行运营优化和产品迭代。

表 16－1 AARRR 模型的主要指标

环节	指标	内容
用户获取	渠道曝光量	有多少人看到产品推广的线索
	渠道转换率	有多少用户因为曝光转换成用户
	日新增用户数	每天新增用户是多少
	获客成本	获取一个客户所花费的成本
用户激活	日活跃用户数	一天之内，登录或使用了某个产品的用户数
	活跃用户占比	某一时间段内活跃用户在总用户量的占比
	页面浏览量 PV	用户每打开一次可以看作一个 PV
	独立访客数 UV	一定时间内访问的人数
用户留存	次日留存率	当天新增用户在第 2 天使用的人数/第一天新增总数
	第 3 日留存率	第一天新增用户在第 3 天使用的人数/第一天新增总数
	第 7 日留存率	第一天新增用户在第 7 天使用的人数/第一天新增总数
	第 30 日留存率	第一天新增用户在第 30 天使用的人数/第一天新增总数
商业变现	客单价	每位用户平均购买商品的金额
	付费用户占比	付费用户/用户总数
	付费用户的平均收入	总收入/付费用户数
	复购率	一定时间内，消费两次以上的用户数/总购买用户数
用户推荐	转发率	某功能中，转发用户数/看到该功能的用户数
	病毒系数 K	一个发起推荐的用户可以带来多少新用户

AARRR 模型是在 2007 年获客成本还比较低廉的时候提出的，这一模型最突出的特征就是专注于用户拉新（Acquisition），但随着广告和社交渠道的流量价格走高，获客成本也与日俱增，因此有人提出了 RARRA 模型，即 Retention（用户留存），Activation（用户激活），Referral（用户推荐），Revenue（商业变现），Acquisition（用户拉新），虽然只是对原来的内容顺序进行了调整，但逻辑和重心都发生了变化，更突出用户留存的重要性。

（1）把提高用户留存是产品增长的基础，通过群组分析找出产品的理想用户旅程，并鼓励新用户同样遵循该路径去体验产品。

（2）确保用户在使用时具有愉快的体验，知道用户的主要操作是什么，是进行购买还是分享，是进行社交还是评论内容。

（3）通过现金返还、折扣券、优惠券等推荐奖励机制，让已经留存下来的忠诚用户将产品推荐给周边的用户，并为潜在用户同样提供激励措施。

（4）有效识别追加销售和交叉销售机会，一方面，根据既有用户过去的消费喜好，提供更高价值、更多用途的产品或服务；另一方面，从购买行为中发现用户的多种需求，向其推销相关的产品或服务。

（5）优化获客渠道，通过群组效果分析找出最适合的获客渠道，再用存量带动增量，高频带动低频。

从数学的角度看，AARRR 通过随机排列一共有 120 种组合方式，实际上无论是 AARRR 还是 RARRA，如表 16－2 所示，各种模型的使用都要与市场环节和行业特征相匹配。

表 16－2　不同产品应用的漏斗模型

类别	逻辑顺序
音乐产品	A 用户拉新 > A 用户激活 > R 用户留存 > R 商业变现 > R 用户推荐
导航产品	A 用户拉新 > R 用户留存 > A 用户激活 > R 商业变现 > R 用户推荐
游戏产品	A 用户拉新 > A 用户激活 > R 用户留存 > R 用户推荐 > R 商业变现
平台电商	A 用户拉新 > R 商业变现 > A 用户激活 > R 用户留存 > R 用户推荐

事实上，AARRR 模型的每一环节都是用户的行为变量，行为是可以测量的，能够直接在数据上反映出来，比如，广告同时拍 A、B 两个版本，然后分别上线验证，如果 A 版本显著提升了获客水平，而 B 版本无明显变化，那么广告投放就可以选用 A 版本。如此，通过对消费者在 AARRR 这五个环节的数据表现进行验证和比对，就可以优化产品和营销。

谁都看出我在等你

不可否认，在传统媒体时代和 PC 互联网早期时代，营销漏斗模型拥有着极为广泛的适用性，但随着移动互联网的兴起，消费者的数字化触点呈现出爆发性增长，由此带来了一些营销关系的显著变化。

（1）消费者话语权的回归。消费主张从以企业为主导，消费者被动接收和接受的状态，转向了消费者主动参与互动，并以分享消费体验的方式，承担起营销信息制造和传播的角色，消费者有能力也有意愿将网络评论在消费渠道中迅速扩散，从而影响他人的购买决策行为。

（2）流量的去中心化。随着主体与客体相互作用的深入，以及认知机能的不断平衡和认知结构的不断完善，个体能从自我中心状态中解除出来，称为“去中心化”。“去中心化”总是相对于“中心化”而言，是一个动态的更替过程，比如，PC 互联网去除了传统媒体的中心化，移动互联又去除了 PC 互联网的中心化；超级 APP 去除了搜索引擎的中心化，小程序又在去除了超级 APP 的中心化等。实质上，去中心化并不是没有了中心，而是不断形成了更加多元化的中心，促进流量的共享，以至于个体也可以拥有很多的流量。

（3）消费旅程的隐性化。以往在线下购买产品或服务，消费旅程容易清晰地呈现出来，商家较为容易知道顾客处于询价、比价、砍价的哪个阶段，更能近距离观察到消费者的主观反映和感受；而在线上购买产品或服务时，原本可以直接观察到的人的行为细节转化为一个个隐性的数据，必须要运用新的分析逻辑进行还原，比如，麦肯锡提出了反映互联网时代消费者变化的旅程模型，包括考虑（Consider）、评估（Evaluate）、购买（Buy）、享受（Enjoy）、推介（Advocate）和建立纽带（Bond）6 个关键环节，用以描述消费者从产生需求到完成购买和产生互信的整个流程。

针对这些变化，有市场营销的研究人员在传统的漏斗模型基础上，提出了营销沙漏的概念，如图 16－1 所示，上半部分类似于漏斗概念，但扩展下半部分增加了对整体顾客体验的必要关注，以最终形成传播和营销动力。换句话说，就是在传统市场营销的基础上，把那些知晓、喜欢、信任你的人，转化为尝试、购买、复购和传播的行动，并由此产生动力推动更多的潜在客户。

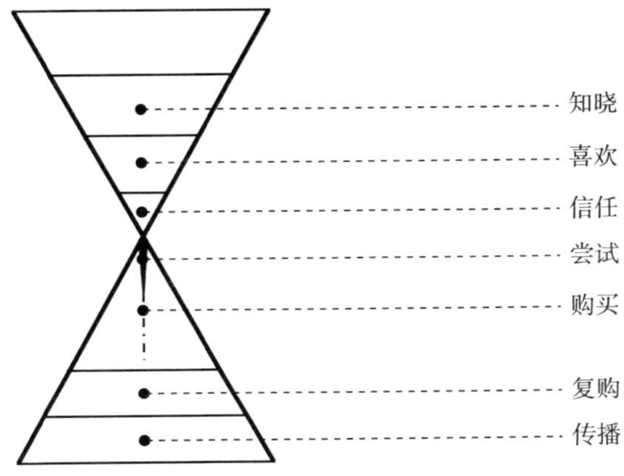

图 16－1 营销沙漏的层级结构

从营销沙漏的层级结构中可以看出，沙漏的运行是有一个层层筛选的机制，从“知晓”“喜欢”再到“信任”逐层递减，沙漏的瓶颈口决定了转化的速度，对应的就是在一定单位时间内有效转化的人数，并且从“尝试”到“购买”还会发生一定的衰减。

有太多的企业试图从“知晓”变成“购买”，并且想知道为什么这么难，就如同歌曲《哭砂》中所写的，你是我最苦涩的等待，让我欢喜又害怕未来。

你是我最苦涩的等待
让我欢喜又害怕未来
你最爱说你是一颗尘埃
偶尔会恶作剧地飘进我眼里
宁愿我哭泣
不让我爱你
你就真的像尘埃消失在风里
风吹来的沙落在悲伤的眼里
谁都看出我在等你
风吹来的沙堆积在心里
是谁也擦不去的痕迹

在数字化时代，消费者可不是容易俘获的观众群体，他们会利用网络精挑细选并对大量信息做出自己的判断，只停留在“知晓、喜欢、信任”的层面是不够的，没有准备好与之展开实质、深入、诚恳交流的企业就会遭他们排斥而被边缘化。特别是流量越来越贵，消费者选择越来越多，钱花了但流量也没上涨多少更是难以言表的痛。

为了深入思考营销沙漏的概念和机制，在沙漏的上部分你需要想清楚这些问题：

（1）你的初始产品是什么？

（2）你的免费或试用产品是什么？

（3）你的核心产品是什么？

（4）你能为会员提供什么？

（5）你如何提高产品的附加值？

（6）你的便捷转换方案是什么？

（7）谁是你的战略合作伙伴？

而在沙漏的下部分，你要考虑的是如何把从别处获取的流量转化为自有的流量，放到自己的池子里盘活、裂变，这个过程就相当于把营销沙漏倒置过来，让沉淀的客户资源流动起来。在这一章，我们主要讨论沙漏的上半部分，重点是如何利用平台和工具进行外部流量的转化，后面两章我们将讨论沙漏的下半部分，重点是如何利用算法和大数据盘活自有的流量资源。

绕过高山一起到海洋

旧的营销形式在当今这个数字化的新时代难以转身，这并不奇怪。在21世纪来临之前，流量就是线下门店的客流，地段位置是得天独厚的优势；进入2000年以来，线上流量开始崛起并迅速扩大，网络流量成为“流量”新的代名词。

近20年来，人们普遍享受着互联网流量的“盛宴”，在流量充沛的日子里，即使人们预见到它终究有一天会到达顶峰，可一切似乎还为时尚早，也许眼中曾会闪过一丝焦虑，但随之而来的是耳边鸣奏起《泉水叮咚响》的乐曲，仿佛流量总是那么欢快地、源源不断地奔流而来。

泉水叮咚泉水叮咚
泉水叮咚响
跳下了山岗
流过了草地
来到我身旁
泉水呀泉水你到哪里
你到哪里去
唱着歌儿弹着琴弦流向远方
请你带上我的一颗心
绕过高山一起到海洋

在网络流量迁徙过程中，流量入口不断变化，用户行为不断变迁，占用时间也在不停地发生转移。比如，在搜索为王的时代，谁拿到搜索入口，谁就掌握互联网流量的命门，而当PC端互联网的红利结束时，流量从PC端开始向移动端导入，人们的流量观念也随之发生变化，在超级APP的刺激下，移动应用成为了新的主战场，于是获客成本再次上演了PC时代的一幕，价格飙升的速度远高于流量的增速，并且用户增长率放缓，竞争个体数量仍在增加。一时间，网红电商、新零售、无人零售、社交电商、小程序电商、社区团购、直播电商、短视频、会员电商等热词，似乎变成解决流量问题的新的方法论。

互联网流量资源的本质是人群注意力和用户时间分配的转移，随着流量增速放缓必然导致流量价格上涨，因为增速放缓后，流量稀缺性更加突显，由大众资源变成稀缺资源则价格必然提高，这符合经济学的发展规律，也是市场竞争机制运行的结果。

实际上，无论互联网流量如何迁徙，通过对流量的存续运营，就有机会获得更多流量。换句话说，我们的建议是，千万不要小看任何一个流量入口，也千万不要盲目追逐那些热门的流量入口，无论所谓老的还是新的，有用的或没用的，关键在于怎么用；同时，因为流量欺诈的情况屡见不鲜，并且还是一个全球范围内需要解决的问题。

这里我们有两个消息，一个坏消息，一个好消息。

先讲坏消息，那就是互联网上一定比例的广告是无效的，广告流量中不少是伪造的虚假流量，并且虚假流量几乎无法被消灭。比如，当商家在电商平台、门户网站上买“广告位”，又或者在搜索引擎上买“关键词”，初期导入流量的效果特别好，要价也不贵。但渐渐地，“广告位”“关键词”的要价开始水涨船高，巨大的曝光率和用户流量背后，牵涉大量商业利益，这就在所难免地出现了利用“僵尸账户”和机器人程序的刷量行为。

再来看好消息，那就是虚假流量进入不了核心价值区域，这个道理很简单，因为虚假流量无法带来实际购买，在商业转化的时候，所有虚增的、作弊的流量数字都将现出原形。如此一来，似乎破解虚假流量也非难事，但现实情况却并非如此简单。

第一，尽管虚假流量的存在是一个众所周知的事实，可许多广告主在投放时也默许了它的存在，只要广告投入和销售增长在大方向上是一致的，有些虚增的流量是可以容忍的。

第二，没有哪个流量平台会公开承认自己有多少虚假流量的存在，尽管它们也在不遗余力地打击虚假流量，但对于同广告主的合作，仍基于现有流量的“客观数据”，大家都胸中有数、心知肚明，因为这是彼此沟通成本最小的一种选择。

第三，广告投与不投，最根本的问题不在于做出判断，而在于做出判断的依据。实际上不仅是广告，包括其他营销预算，都是基于一种回报预期的投资，投资都是有风险的。

随着各种数字营销渠道的出现和应用，市场营销投资回报的性质也在发生变化，这需要我们重新思考对于营销投资回报率的假设，重新定义市场营销行为的角色和价值。比如，以往我们关注投放量、覆盖面、转化率等指标，并作为评估

营销投资回报的重要依据，而如今那些过去被认为次要的活动，如顾客体验、顾客参与等，可能会带来更大的回报。如表 16－3 所示，通过对网站广告栏的点击率进行分析，利用数据洞察消费者的行为偏好，就可以找出产品创意更好的表达方式，并且还可以针对不同种类产品进行差异化设计。

表 16－3 不同产品广告栏的点击率情况

类别	设计	颜色	产品
女装	单色背景创意的点击率更好	粉色等柔和色调效果更好	只含商品的创意效果优于同时有商品的创意
运动	单色背景下产品的点击率高	灰色有助于提升点击率	纯商品的展现优于商品与模特组合
电器	增加促销元素会提升点击率	棕色系创意效果比非棕色好	商品创意展示优于人像或人像＋商品的组合展示
居家	体现品牌 Logo 会提升点击率	浅色系特别是白色效果更好	无商品展示比有商品展示的点击效果高

今天，市场营销活动已超越了简单的信息传播，它们必须引发顾客的对话回应。当顾客使用数字媒体搜索、购物、写博客、社交或寻找娱乐时，他们的举动不仅为营销者创造了获取深入了解顾客的机会，而且是改进品牌、销售和媒体组合的良机。这需要我们在更大的市场背景下来考虑营销的投资回报，不仅要涵盖顾客的购买行为，而且包括顾客与品牌的互动。简单地说，营销投入要从以“宣传推广”为导向转变为以“顾客体验”为导向。

实际上，大多数领先的企业都善于利用如博客、口碑传播和社交网络等互动媒体来接触顾客，这样他们就有了与顾客进行对话的机会。与此同时，他们改变了广告投放的渠道，既有数字的也有非数字的，并通过预测模型工具来确定和更新企业的媒体组合。

每天决斗观众都累了

流量不等同于效果，要使外部流量产生效果离不开对流量渠道的理解和运营。对医疗美容机构的营销人员来说，如果能精通各种流量渠道的运营，那绝对属于凤毛麟角的人才。通常来说，即使不够精通但要同步运营多种流量渠道，也并非易事，基本上会处于《牛仔很忙》的状态。

你们一起上
我在赶时间
每天决斗观众都累了
英雄也累了
不用麻烦了不用麻烦了
副歌不长
你们有几个
一起上好了
正义呼唤我
美女需要我
牛仔很忙的

鉴于搜索引擎营销已经在第十二章做过讨论，下面我们介绍一下除搜索引擎以外的其他数字营销渠道，主要阐述它们运行的逻辑要点。

（1）电子邮件营销。对于医疗美容机构来说，这种方式几乎没有人去使用，可时至今日，我们看到无论是国内还是国外的众多知名企业，仍然广泛应用电子邮件营销的方式。因此，作为医疗美容机构的营销人员，的确有必要思考一下为什么。

电子邮件是与客户保持联系最直接、最私密的方式，在客户生命周期的所有阶段都可以使用，包括吸引潜在客户、留存现有客户。电子邮件触达客户的角度相当广泛，你可以向客户发送优惠券、促销活动的邮件，也可以发送介绍产品或服务的推文，引导收件人回复并互动，这对于引发客户兴趣、让客户了解产品价值、升级现有客户等效果非常显著。

同时，这种方式触达客户的成本极为低廉，自动发送邮件非常容易，即便是那些在第一步就放弃与你接触的人，你仍然可以准备一封自动发送的邮件，实际上也的确可以起到唤回一部分人的作用。无论最后是否采用电子邮件这一渠道，医疗美容机构都有必要建立客户推送列表。

（2）网络论坛营销。作为元老级的网络推广方式，在当下新媒体营销成风的趋势下依然具有很大的作用，在搜索引擎收录方面也具有很好的价值。

做好网络论坛推广不仅可以增加品牌信息收录，品牌与产品相关的关键词也会得到较好的排名，从而起到维护品牌形象、助力网络推广、提升品牌关注度的宣传作用。但论坛并不是大量发布文字广告的场所，如果发送大量软文广告信息，不但没人愿意看，还很有可能会被版主删掉而前功尽弃。

因此，网络论坛营销的目的是让更多的用户看到帖子，不断优化做好帖子的搜索排名才是重要的。

（3）博客营销。博客营销是曾经非常风光的营销方式，但随着前些年肆无忌惮的挖掘和后来社交媒体的兴起，在许多人眼中博客营销逐渐成为一个“没落的贵族”，被认为没有什么价值可探索了。

实则不然，博客营销依然有诸多明显的优势，比如，与企业网站相比，博客营销的内容题材和发布方式更为灵活；与网络论坛营销的信息发布方式相比，博客信息显得更正式，可信度更高；与门户网站发布广告和新闻相比，博客传播具有更大的自主性；与移动应用营销相比，博客的打开方式适用于各种终端，并且可以便捷地穿插各种商业形式的内容等。

因此，如果能够运用好博客营销，与搜索引擎营销无缝对接，就一定可以获取到更多的高光时刻。

（4）社交媒体营销。社交媒体流量是移动互联网上最重要的免费流量，与搜索引擎、电子邮件等其他网络营销相比，社交媒体营销以信任为基础的传播机制和用户的高主动参与性，有效放大了它的传播效果。

我们可以用“一半是海水一半是火焰”来形容社交媒体营销的特点，一方面，所谓“海水”是指它可以成为你获取新客户的一片“蓝海”，特别是可以发现一些意想不到的用户，这就是社交媒体的强大之处；另一方面，所谓“火焰”是指你的竞争对手也在社交媒体上，他们可能有着比你更大的粉丝群或者更好的口碑，你必须要更加努力才行。

当然，人们把社交媒体作为日常网络生活的一部分，而不是为了你的营销而来，所以人们不会喜欢你发布的内容就像广告一样，而更希望看到的是有乐趣或者有意义的优质内容；同时，尽管社交媒体是免费的，但管理你的社交媒体、运营社交活动或者聘请网络公关公司等还是需要投入的，只是这些比起传统的广告投入更便宜，而且也容易看到回报。

（5）视频营销。视频营销特别是短视频营销和直播营销是近年来风生水起的营销方式，表象上网络视频与电视视频的内容相类似，只是应用平台不同，但根本的原因在于需求端的碎片化和多元化以及供给端的趣味性和低成本。

视频营销有几个发展特点非常明显：一是品牌视频化，很多广告主都开始将品牌广告通过视频展现出来；二是视频社交化，传播途径充分利用各种社交平台，同时社交平台也纷纷加强了视频功能建设；三是社交内容化，用户可以轻松找到自己感兴趣和偏爱的内容，也不排斥接受视频的影响而作出购买决策；四是内容原生化，视频制作者以普通人的身份进行讲解和示范，让用户感到距离更近也更加真实。

以前在视频营销上多采用单兵突击、单点投放的方法，现在要学会利用社会化、在线化和自媒体等媒介去传播。由于互联网视频营销的低门槛，你可以立即行动起来，但要想获得视频营销上成功，需要解决好三个问题，第一，你的视频有没有满足了人们好奇心？第二，你的视频能不能给目的受众带来价值？第三，你的视频会不会让人愿意分享？

（6）影响力人物营销。KOL 是 Key Opinion Leader 的简称，意为关键意见领袖，KOL 作为新媒体崛起后的产物，就是通过那些在特定领域拥有影响力的人物，让自己的品牌或产品与受众建立联系，并且保持互动，如果运作良好，这种营销可以给推广计划带来可信度，增强品牌属性，获得潜在用户。

KOL 不同于品牌代言人，也不一定是网红、明星，更不一定就是具体的人，比如，微信公众账号、活跃的 QQ 群、二次元形象等都可以成为 KOL 人格化的代表，用户与 KOL 的互动沟通，更像是一种社交行为，而非信息获取行为。从本质上看，用户的商业信任转移到人格化媒体中，基于这种信任，KOL 可以更加高效地促进交易的完成。

同时，需要注意的是，不一定每个有影响力的人都会达到期望的营销效果，如果一个平时不习惯于向用户介绍产品的人物，在付费的背景下突然推介起商品，这一举动可能会受到质疑，导致影响力下滑，因此，选择和管理 KOL 才是真正的难点所在。

（7）移动应用营销。随着移动互联技术的发展和超级 APP 的崛起，带来了数亿活跃用户，超级 APP 解决了内容的传播通路问题，通过内嵌浏览器内核，用户只需点击一个链接便可快速访问内容页面，极大地提高了用户获取内容信息的便捷性。并且，简单的“图 + 文”营销方式已经不能继续满足企业的营销需求，因此，越来越多的企业开始通过自建 APP、H5 搭建个性化的营销场景。

在进行移动应用的营销推广时，既不能一味地硬推广，也不能一味地软植入，用户经过长年累月的训练，眼睛已经可以充分避免看到广告了，特别是页面右侧的广告。因此，移动应用营销需要适时地对用户的使用习惯进行分析，对使用体验进行回访，了解用户的真实意见和需求，从而进行调整优化，以求为用户提供更多有价值的帮助。

同时，企业也必须学会运用新的运营评价标准，比如，落地页是以能最高效率地转化新用户或者获取访客信息为目标，那么其评价指标就是免费转化率；如果希望用户访问到转化页，那么评价指标就是最低跳出率；如果要评估结算页之前的整个用户体验，那么评价指标不是销售额而是购物车废弃率。

简要地说，移动应用营销的关键不在于技术本身，而在于你是否可以通过统计学上的简单计算，量化地评价出营销情况的好坏和趋势。

（8）搜索引擎优化。搜索引擎优化的目的是获取更多的免费流量，一般来说，排名越靠前就越容易获取更多流量，因此你所需要做的可以归结为两件事：一是让你的内容与关键词联系得更紧密；二是让你的链接与可靠渠道联系得更紧密。

在这方面，营销人员可以运用专业技巧来形成搜索引擎优化的策略，比如，在站内优化中如何做锚文本、如何进行次导航、如何选择关键词密度等；又如，在站外优化中如何附加锚文字、如何使用填表工具提高效率、如何让更多中立第三方的正面体验被潜在客户检索到等，这些你可以采用的技巧被称作“白帽子”，你学会多少就可以应用多少。

与之相对应的是“黑帽子”，属于被禁止和打击范围的，比如利用搜索引擎的策略缺陷或者是购买链接等。这些投机取巧的方法违反搜索引擎的规则，尽管短期内对获取更多用户访问量有效，但很难形成长期可持续的业务机制，并且还会伤害到用户体验，这样铤而走险的事情最好不要去做。

此外，关于数字营销渠道的技巧方面，这里再补充几点建议：

（1）文章页面内的广告作用并不大，没有推荐首页的效果好。

（2）搜索引擎广告上，精确的广告位置要胜于精明的创意内容。

（3）高质量的原生广告效果好，但投入费用比较高，需要先试水。

（4）行为定向广告最简单有效的方式是给新用户和老用户推送不同信息。

（5）要学习推广视频营销，这是年轻用户的趋势，也是流量巨大的聚集地。

（6）全网做一定量信息铺垫是开展网络推广的基本动作，之后再挑选平台进行深耕。

第十七章　算　法

曾经想拥抱的彩虹

进入 21 世纪以来，第三次工业革命的概念席卷而来，特别是近 20 年来，新技术、新产品、新模式等层出不穷，一切仿佛都是新的，可实际上任何新生事物都不会凭空而来。历史经验表明，无论科技如何发展，我们都不能盲目向前冲，并不是有了先进的思想、先进的知识、先进的技术就有了先进的能力。

冯·诺依曼曾说：用 4 个参数，我能拟合一头大象，用 5 个参数，我可以让它的鼻子扭动起来。数据根本上是科技发展的产物，是由数字组成的，我们讲的数据世界是指由 0 和 1 组成代码的数字世界。确切地说，就是所有数据都要转化成最基本的代码进行处理和运算，这一过程依靠的就是“算法”。

在计算机科学中，算法（Algorithm）要用计算机算法语言描述，算法代表用计算机解决一类问题的精确、有效的方法。算法与数据结构进行结合就是计算机程序，在计算机程序中包括了数据对象、数据元素、数据项等，数据结构又可分为集合结构、线性结构、树形结构、圆形结构等，对于非程序员的人们来说，大可不必了解得那么专业。

但是，了解算法是什么以及算法有什么用处还是必要的，我们可以把它讲得更简单一些，比如，你想要加工一个零件，零件结构很简单，就是在一块长方体的铁板上钻两个孔，这时你通过一个计算机软件进行绘制，软件名称叫作 CAD，意思是计算机辅助设计（Computer Aided Design）。我们当然假设你已经会使用这个软件，那么通过这个软件你就可以按照零件的长宽高和孔的大小及位置进行绘制，完成之后就可以把它保存为一份电子文档。

在整个过程中，你丝毫没有意识到自己在使用什么算法，那是因为算法已经固化在这款软件之中，即使是其他人使用，他也感觉不到算法，这种情况广泛存在于当今的应用类软件中，这种算法我们可以称为标准算法、固定算法、前台算法等。但对此切勿咬文嚼字，因为不管你把这一类算法称做什么，其实都与今天人们提及算法时所表述的概念不同。

当今，人们频频提及的算法概念是指机器学习算法，总体来说，机器学习的算法有五个学派，符号学派（The Symbolists）的主算法是逆向演绎，联结学派（The Connectionists）的主算法是反向传播，进化学派（The Evolutionaries）的主算法是遗传编程，贝叶斯学派（The Bayesian School of Thought）的主算法是贝叶斯推理，类推学派（The Analogizers）的主算法是支持向量机。

这样讲未免有些枯燥，我们还是举一些常见的事例来说明。比如，符号学派算法可以用于对疾病的诊断，联结学派算法可以用于人脸识别，进化学派算法可以用于企业生产调度，贝叶斯学派算法可以用于对垃圾邮件过滤，类推学派的算法可以用于电子商务网站上的产品推荐。

因为随着商业化的应用，通用算法将变得越来越廉价，这就使预测的成本会越来越低，由此人们会更加频繁地应用算法，这符合基本的经济学原理。同时，在经济学概念中，类似苹果和香蕉属于替代品，电脑和鼠标属于互补品这种关系，由于不同算法的出现，算法和算法之间的替代品会越来越多，这使得算法越来越廉价成为可能；同时，算法的增加也会使它的互补品会越来越多，而一旦算法变得廉价，则互补品的价值将会随之提高。需要说明的是，廉价算法并不是说算法本身的质量很差、能力很弱，廉价对应的概念只是就成本而言。

这样就会带来两个结果：一是廉价的算法将会更多地应用到以前不太需要运算能力的领域之中，比如音乐、社交等；二是廉价的算法将使得更多商业成本下降，比如物流配送、图像处理、广告投放等。因此，算法对于经济活动而言，最明显的作用是产生成本的变化，进而会对商业模式、行业结构等产生影响；从算法本身的作用来说，它体现的是预测能力，或者说它输出的是在不确定情况下的概率。

在计算能力上，算法已经大大超越了人类，同时通过机器学习算法所产生的结果，可能是人类运算思维远不能达到的，称为人工智能（Artificial Intelligence）或机器智能（Smart Machines）。

1950 年，阿兰·图灵在英国哲学杂志《心智》上发表了论文《计算机器和智能》，在文中他提出了著名的“图灵测验”的思想。简单地说，就是有两个房间，一个房间里有提问者，另一个房间里有一个人和一台机器作为被测试者，两个房间的信息传递可以通过类似键盘和显示屏的装置来实现，在一定时间内，如果被测试者超过30%的答复，不能使测试人确认出哪个是人、哪个是机器的回答，那么这台机器就通过了测试，并被认为具有人类智能。

阿兰·图灵是英国著名的数学家和逻辑学家，被称为计算机科学之父、人工智能之父，同时也是个悲剧式的人物，他因为同性恋倾向而被当时的英国当局定罪，不得不接受所谓“化学阉割”，就是注射雌激素，在持续的一年时间里，药物产生了很多副作用，这使他在身心上受到极大伤害。1954 年 6 月 7 日，图灵被发现死于家中的床上，床头还放着一个被咬了一口的苹果，警方调查后认为是因食用浸染过氰化物溶液的苹果死亡，调查结论为自杀。据说，苹果公司的标志一度被认为源于图灵自杀时咬下的半个苹果，但该图案的设计师和苹果公司都否认了这一说法。图灵的经历就如同歌曲《一颗苹果》所写的：

经过了漫长的等候
梦想是梦想
我还是一个我
那时间忘记挽留
最美时候
不经意匆匆的放过
曾经想拥抱的彩虹
盛开的花朵
那纯真的笑容
突然有风吹过
那一转眼只剩我
我不懂人世间的那些愁
他为什么要缠着我
到底这会是谁的错
还是我不放手

图灵测试囿于当时的计算条件当然无法实现，同时其所提出的测试标准也是囿于当时的计算环境，这个测试表面上看是要证明机器是否有智能，实际上其判断标准还是掌握在人的手中，就是说测试结果取决于人的意识，而与机器本身是否智能无关。

我像只鱼儿在你的荷塘

机器学习算法是建立在大数据基础上的，大数据是指海量数据，由于网络技术及信息技术的发展，使数据产生极其便利，如我们熟知的物联网、手机、平板、云计算及各种各样的终端传输设备，都是数据的来源或承载方式。原始数据体量庞大，犹如浩瀚烟海，但价值密度低，因此需要技术进行加工处理，从数以万亿数据中提取并利用，这就是大数据技术。

大数据有多大，我们可以直观感受一下，数据的级别可以分为 Byte、KB、MB、GB、TB、PB、EB、ZB、YB、DB、NB，每一个级别按照进率 1024（2 的十次方），1 张 DVD 可存储的数据量约为 4.7GB，相当于 5000 本 400 页的书；一辆无人驾驶汽车每天产生 4TB 的数据量，相当于 870 张 DVD；一家智能制造工厂每天将产生 1PB 的数据量，相当于 22 万张 DVD；2017 年全球的数据总量为 21.6ZB，相当于 5.5 万亿张 DVD，且全球数据的增长速度在每年 40% 左右，到 2020 年全球的数据总量将达到 40ZB。

从应用的角度来看，当数据量大到传统技术难以处理时，就可称为“大数据”了，但是大数据规模上的大并非唯一重要的，《大数据时代》一书中总结了大数据特点：第一，数据体量要巨大，从 TB 级别跃升为 PB 级别；第二，处理速度要快，一般要在秒级时间范围内给出分析结果；第三，数据类型繁多，包括网络日志、图片、视频、地理位置信息等；第四，合理利用数据并进行分析，将会产生价值回报，因此归结为 4V：Volume（大量）、Velocity（高速）、Variety（多样）、Value（价值）。

算法的预测离不开数据输入，计算机科学中有个词“GIGO”（Garbage in, Garbage out），意思是说输入的垃圾，输出的也是垃圾。这就意味着，如果数据不好，就会导致预测的失效，那么，这些大数据是怎么产生的呢？

大数据来源于人类直接或间接的活动以及与人类相关的环境数据，这里面包含了三个方面：一是人类直接活动产生的，比如人们浏览网页的数据，网上购物的数据，使用健身软件记录的数据等，可称为个人数据；二是人类间接活动产生的，比如人们开动机器时机器所产生的数据，房屋交易过程中所产生的数据等，可称为经济数据；三是与环境相关的，比如温度、湿度、大气污染、火山爆发、森林覆盖率等，可称为社会数据。当然，这些分类方法不是唯一的，如果把个人数据和经济数据结合起来，也可以称为商业数据。

传统意义上的定量分析是在一定数量的样本下进行研究，样本分析也是统计学的基础，大数据下，不再简单研究随机样本，而是依靠大数据技术采集所有总体数据，进行数据化分析。比如，利用大数据技术对社交网络信息、在线客户评论、博客、呼叫中心服务工单、用户体验反馈等信息进行深度挖掘和分析，充分洞察客户，分析客户的情绪，了解客户对产品的想法，获知客户需求的变化趋势，发现市场热点，从而对现有产品进行及时的调整和创新。

关于大数据分析有一个经典案例，就是啤酒与尿布的例子。美国沃尔玛超市对消费者购物行为分析时发现，男性顾客在购买婴儿尿片时，常常会顺便搭配几瓶啤酒来犒劳自己，于是尝试推出了将啤酒和尿布摆在一起的促销手段，但这一奇怪的举措居然使尿布和啤酒的销量大幅增加了。

原来，美国的妇女通常在家照顾孩子，所以她们经常会嘱咐丈夫在下班回家的路上为孩子买尿布，而丈夫在买尿布的同时又会顺手购买自己爱喝的啤酒。在这个案例中，丈夫的行为被预测出来，其预测的依据就是算法模型，假定不在尿布旁边放啤酒，爱喝酒的丈夫可能也会去买，但嫌麻烦或者酒瘾不那么大的丈夫可能就买了尿布，而想不到去买啤酒。因而，大数据分析就此产生了经济价值。

这种方法运用了大数据分析中的关联分析，它是用来发现隐藏在大型数据集中有意义的联系，数据之间的联系可以用关联规则或频繁项集的形式表示。如图17－1所示，关联分析进行活动研究主要包括三个部分：一是概念问题，其研究主要集中在建立描述关联分析的理论基础的框架；二是实现问题，将挖掘能力集成到现有的数据库技术中，同时产生高效的可以伸缩的挖掘算法；三是应用问题，是将关联分析应用到如广告学、传播学等领域。

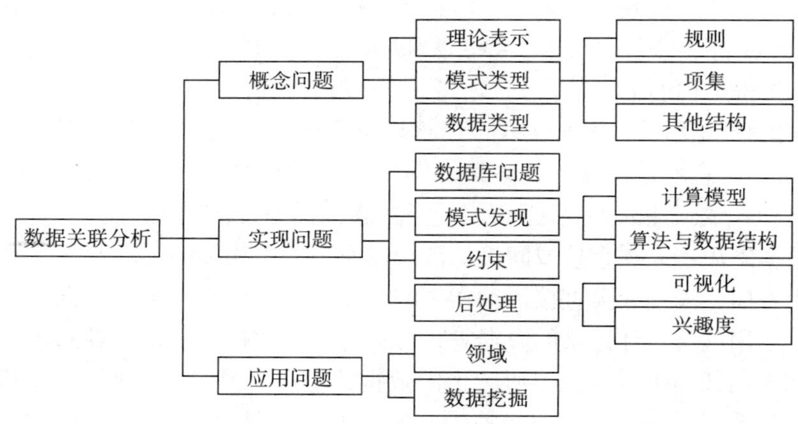

图17－1　数据管理分析的研究活动

大数据的核心应用在于对海量数据进行存储和分析，对一个组织来说，把所有可以得到的数据存储下来，称之为数据湖，把数据湖中想要用到的数据提取出来，放在一个地方叫作数据仓库，之后再按照分类形成一个个数据库。这就好比捕鱼，湖中的鱼很多，一网下去，有些鱼捕得到，有些鱼捕不到，这些捕不到的鱼就相当于我们还不知道怎么去利用的数据；即使捕到的鱼中还要进行筛选，小鱼要放生湖中，我们把捕上来的鱼放在仓库里，按照种类进行定价销售，这一系列的过程就相当于数据的存储、清洗、筛选、分析等挖掘过程。就如同歌曲《荷塘月色》所写的：

我像只鱼儿在你的荷塘
只为和你守候那皎白月光
游过了四季
荷花依然香
等你宛在水中央

数据本身是客观的，如果没有人为的扰动，数据湖里就是一潭死水，算法就位于水中央，它赋予了数据应用的价值。为了处理海量数据，还就需要云计算。云计算可以理解为一种超强的计算能力或载体。打个比方来说，我们要做菜，大数据相当于原材料，云计算相当于炊具和火源，而学习算法就是菜谱，这决定了我们要烧出一道什么样的菜肴，是清蒸还是红烧，是油炸还是爆炒，不同的口味相当于不同的学习算法种类。

当幸福来临的时候

利用数据改进产品或服务的能力，未来将会成为企业参与竞争的先决条件，对于大数据而言，算法实际上是对机器智能所表现出的预测能力提供了一个有条件的框架，这样讲也许不太容易理解，那让我们一起来看一个经典的营销案例。

肯·罗布有一个秘密，但实际上他并非那种不愿坦露心迹的人。他性格外向开朗，心里想什么就说什么，从不犹豫，这一点很好，因为他是迪克连锁超市的高级营销副总裁，这是一家在威斯康星州乡村地区拥有八家分店的超级市场。噢，原来这与当美国中央情报局的头不太一样，所以他的“秘密”也不可能让詹姆斯·邦德感兴趣。我们只是想说罗布知道一些不为其对手所了解的东西。

罗布的秘密是当他的顾客来商场采购时，他十分了解这些顾客想要买些什么。这一点连同超市所提供的优质服务的良好声誉，是迪克连锁超市对付低价位竞争对手及类别杀手的主要防御手段。迪克超市采用数据软件对扫描设备里的数据加以梳理，即可预测出其顾客什么时候会再次购买某些特定产品。接下来，该系统就会“恰如其时”地推出特惠价格。

它是这样运行的：在迪克超市每周消费25美元以上的顾客每隔一周就会收到一份定制的购物清单。这张清单是由顾客以往的采购记录及厂家所提供的商品现价、交易政策或折扣共同派生出来的。顾客购物时可随身携带此清单也可以将其放在家中。当顾客到收银台结账时，收银员就会扫描一下印有条形码的购物清单或者顾客常用的优惠俱乐部会员卡。无论哪种方式，购物单上的任何特价商品都会被自动予以兑现，而且这位顾客在该店的购物记录会被刷新，生成下一份购物清单。

“这对于我们和生产厂家都很有利，因为你能根据顾客的需求定制促销方案。由此你就可以做出一个与顾客商业价值成正比的方案。”罗布说。

迪克超市还依靠顾客特定信息，跨越一系列商品种类把定制的促销品瞄准各类最有价值的顾客。比如，非阿司匹林产品的服用者可以被分成三组：全国性品牌，商店品牌和摇摆不定者。这些组中的每组顾客又可以根据低、中、高用量被分成三个次组。用量就代表着在某类商品中顾客对迪克超市所提供的长期价值。

假设超市的目标是要把泰诺用户转变成商店品牌的用户，那么罗布就会将其最具攻击性的营销活动专用于用量大的顾客，因为他们最有潜在价值。给予大用量顾客的初始折扣优惠远高于给予低用量和中等用量的顾客。促销活动的时间会恰好与每一位顾客独有的购买周期相吻合，而对这一点，罗布通过分析顾客的以往购物记录即可做出合理预测。

“顾客认为这太棒了，因为购物清单准确地反映了他们要购买的商品。如果顾客养有狗或猫，我们就会给他提供狗粮或猫粮优惠；如果顾客有小孩，他们就可以得到孩童产品优惠，比如尿布及婴幼儿食品；常买很多蔬菜的顾客会得到许多蔬菜类产品的优惠，”罗布说，“如果他们不只在一家超市购物，他们就会错过我们根据其购物记录而专门提供的一些特价优惠，因为很显然我们无法得知他们在其他地方买了些什么。但是，如果他们所购商品中的大部分源于我们商店，他们通常可以得到相当的价值回报。我们比较忠诚的顾客常会随同购物清单一起得到价值为30~40美元的折价券。我们的目标就是回报那些把他们大部分的日常消费都花在我们这儿的顾客。”

这就是大数据与算法相结合的应用场景，实际上还可以做得更多，比如，以往的网络购物体验都是“先买后寄”，就是说消费者先购买了商品，然后由物流配送，但以后会越来越多的出现“先寄后买”，就是说会把商品先寄送给消费者，如果想要购买就留下并支付，如果不喜欢就原路退回，消费者不需要为此承担费用。这种新消费体验的好处是可以更多地激发出潜在的购物需求，其背后仍是基于大数据的消费需求预测，算法模型的精准度也会要求更高。

现实中，在中国电商企业的策划和推动下，每年的11月11日俨然成为一个全民网络购物的狂欢日，被称为“双十一”。在这一天零点到来的那一刻开始，消费者开始下单购买他们心仪的各类商品，当然价格比平常更加优惠，此时如果你刚刚支付完订单，正沉浸在成功购买到了一款限量商品的幸运喜悦之中，门铃响了，打开门一看，快递员已经把这款商品送到了你的面前，你会不会感到不可思议，因为这距离你支付订单之后仅仅几分钟而已，物流的速度简直匪夷所思。但这的确是真实发生的，快递员也并非穿越时空而来，其实他早就带着商品等在了你家的楼下。

那么，《当幸福来临的时候》，这一切又是怎么发生的呢？

星星出来日头往西走
望着秋风落叶又一秋
相逢太慢时间怎么偷
等待的你是我一生所有
当幸福来临的时候
我的心向寂寞挥挥手
美丽誓言常伴你左右
爱的港湾从此有你守候

其实，背后的逻辑并不复杂，我们从头来捋一下，当你选择了一款准备购买的商品时，在未支付订单之前，你通常会把商品添加在购物车中，这样就会产生了潜在购买的数据信息，此时结合你以往的购物记录、消费能力等用户标签信息，通过运用相关的算法模型，就可以预测出你会实际购买这款商品的可能性，当算法判定成为这是大概率事件时，你十有八九真的会选择购买。“双十一”只是一个触发的点，电商系统可以得知你所在的小区里有多少人把同一款商品放在了购物车里，算法可以进一步预测出这些人在那个时点支付订单的可能性，即使你没有下单也没有关系，还会有小区的其他用户下单，只不过是快递员敲开了别人家的门。

上述的购物场景只是其中的一种情况，称为“已知的已知”，在这方面只要有丰富的数据，就可以做出良好的预测，类似的场景还有信用卡盗刷防范、医疗图像诊断等，这方面机器的预测能力会优于人类的预测。

另外还有三种情况，分别是“已知的未知”“未知的未知”和“未知的已知”，对“已知的未知”来说，比如预测地震、海啸等自然灾害又或是棒球的飞行轨迹等都属于这一类应用场景，由于没有足够的数据，当前机器的预测能力并不如人类胜任。对“未知的未知”来说，比如发现新的物种又或是有一部新的文学作品产生都属于这一类应用场景，无论是机器还是人类这都是难以预测的。最后一种情况是“未知的已知”，比如，一个人拥有足够的金钱，但未必会去高额消费，可能把钱用于储蓄或投资。又如，一个女人买了许多衣服，但未必都会去穿，可能会束之高阁或退货。究其原因，不是在于有没有数据或算法，而是机器学习只能无法完全理解人类决策的过程，特别是在预测人的偏好时，机器能学习到的东西有必然的局限性。

亚里士多德说：在知识领域，没有什么东西不是凭借感觉来形成的；莱布尼茨又补充说：除了知识本身。大卫·休谟提出这样的问题：在概括我们见过的东西以及没见过的东西时，怎样才能做到合理？他的意思是说，知识本身是由归纳得来的，因此知识也是有问题的。辩证地来看，机器智能可以得出一个准确的结论，但也可能错得离谱。

又见树下一盏风存

没有永远成功的企业，只有时代的企业。当下，我们进入了数字化时代，面临的不仅仅是个技术问题，更是商业模式探索和重建的问题，无论在哪个时代，活着才有机会拥抱变化。作为企业追求的目标不仅是要活着，而且还希望活得更好，那么这就需要能够形成穿越周期的商业模式。

对于医疗美容机构来说，经营管理就是运营一家企业，要保证活着并活好，就必然要跟上时代发展的节奏。具体到市场营销环节，我们可以划分为五个阶段，营销 1.0 阶段，是线下广告，比如车身、公交站台平面广告；2.0 阶段是线上广告，比如搜索引擎竞价排名、楼宇广告；3.0 阶段是会销、电销、渠道带客；4.0 阶段是微信、网店、APP 推广；5.0 阶段是大数据驱动，数字化营销。

可以看出，从 1.0 到 4.0 阶段的营销活动都是费用支出，也是成本投入，如果没效果或者效果不好就会白白浪费钱，事实上这些效果随着时代的发展变化正

在减弱，甚至变差。曾经有一家医疗美容机构在店面附近的公交站台投放了一个月的广告，结果《凉凉》，根本没有一个因此广告来院的顾客，令人唏嘘。

凉凉十里
何时还会春盛
又见树下一盏风存
落花有意
流水无情
别让恩怨爱恨凉透那花的纯

也许有人会说，这个例子很极端，难道平面广告就没有一点效果吗？当然，我们并不会因为一个事例就一竿子打翻一船人，这里，只想说明的是，这个事例是真实的，同时这个事例所反映的就是现实。

从 1.0 到 4.0 的营销阶段都是时代发展的产物，也曾经创造出非常辉煌、非常耀眼的营销业绩，时至今日这些营销方法仍在使用或是叠加使用，未来一段时间也不会消亡。但时代在发展，不可能有一劳永逸、一成不变的营销模式和方法，否则也不会有从 1.0 到 4.0 的营销阶段。同样，营销进入 5.0 阶段也是时代进步的必然结果，唯一的差别在于，这次变化并不是以往传统意义上的升级，而是一种颠覆。

这种颠覆意味着医疗美容机构必须要正视数字化转型这一命题，在数字化浪潮面前，早走一步、走对一步就会领先一步、胜人一筹；反之，如果停滞不前、等待观望甚至是走慢了，都将会在激烈的市场竞争中被淘汰出局，这不是危言耸听，而是大势所趋。

我们讲要“形成穿越周期的商业模式”，所谓穿越周期就是顺势而为，遵循时代发展的大趋势，把准新的商业模式脉搏，以此构建起可持续发展的竞争力，未来一段时期，这种竞争力将来自智能商业，其含义就是网络协同加数据智能。

尽管我们把当前营销阶段定义为 5.0 数字化营销阶段，实际上这一定义的边界没有那么分明，因为数字化营销并不是孤立存在的，它可能与智能化营销同时展开。从发展逻辑上来说，数字化营销是基础，如果把数字化营销定义为 5.0 阶段，那么智能化营销可以看成是 6.0 阶段，但在实际应用上，智能化营销也可以归结到 5.0 的升级阶段。至于究竟是 5.0 还是 6.0 阶段，大可不必纠结于此，这仅是一个定义的代号而已，真正需要关注的问题在于什么是数字化加智能化的营销。为了便于分析，我们统称为“数字智能营销”。

下面，我们来看一下，在数字智能营销中，如何运用算法对大数据进行分析和挖掘的。比如，通过对以往消费行为数据进行分析筛选，运用机器学习进行训练，再经过检验不断修正优化，以此实现对顾客价值群体的区分。

我们采用人工神经网络中的 BP 算法进行建模求解，人工神经网络是从数学和物理方法以及信息处理的角度，对人脑神经网络进行抽象，建立某种简化模型，其在本质上是由许多小的非线性函数组成的大的非线性函数，反映的是输入变量到输出变量间的复杂映射关系。人工神经元是人工神经网络的基本信息处理单位，如图 17－2 所示，在人工神经元模型中，给定 n 个输入变量以及相应的连接权重，经过激活函数处理形成输出变量，一般激活函数采用 Sigmoid 函数或双曲函数；W 代表输入量与神经元之间连接的强度，取正值代表激活，取负值代表抑制。

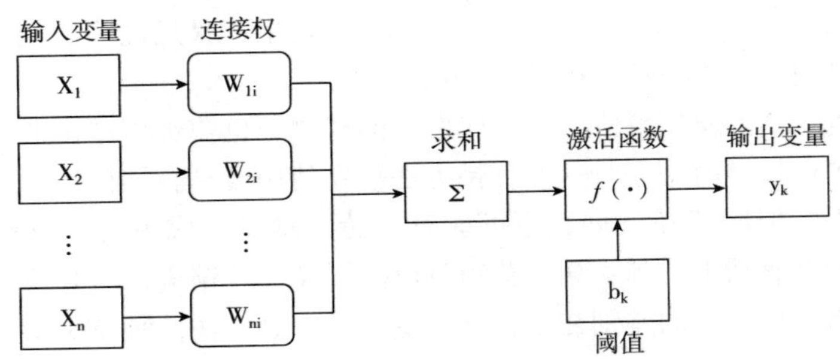

图 17－2　人工神经元模型

最开始，要收集一定数量的顾客样本，其中 70% 用于训练，余下的 30% 用于测试，由于最初的样本数据中字段变量较多，为适应 BP 人工神经网络对数据的要求，应减少网络复杂度，可以对这些变量进行相关性分析，以去除那些对模型无用或意义不大的变量，并规约派生有用的新变量，最终形成若干关键变量作为顾客购买意向分级筛选要素。比如，包括顾客年龄、会员类型、首次来院日期、上次来院日期、最近追踪日期、首次消费项目、首次消费金额、上次消费项目、上次消费金额、累计来院次数、累计消费次数等变量。

如表 17－1 所示，我们这里引用了数据营销产品“召美精算盘”关于数据标签的分类，可以看出，尽管有 33 个数据标签，但相对于客户数据信息来说，还可以分解出更多标签，这里面就存在一个取舍验证的环节。实际上，我们现在看到的这 33 个标签已经是经过整理后最终留存下来的，它们有的是直接用于数据关联分析，有的是匹配报表输出信息。

表 17－1 数据标签列表

序号	属性类型	字段名称
1	基本信息	会员编号
2		会员标识
3		会员类型
4		性别
5		年龄
6		来源分类
7		来源渠道
8		客户状态
9		客户质量度
10		客户消费状态
11		转介绍
12	订单信息	订单号
13		订单状态
14		订单日期
15		订单项目
16		订单应收金额
17		订单实收金额
18		订单折扣类型
19	历史信息	首次来院日期
20		上次来院日期
21		最近追踪日期
22		首次消费项目
23		首次消费金额
24		上次消费项目
25		上次消费金额
26		累计来院次数
27		累计消费次数
28	咨询信息	了解途径
29		渠道咨询
30		渠道职位
31		现场咨询
32		咨询日期
33		咨询项目

接下来，我们将人工神经网络模型的数据处理分为输入、处理、输出三层网络模型，由于BP人工神经网络的最大特点就是非线性函数的逼近，而且只含有一个隐藏层的BP网络就可以实现，因此采用一个隐藏层。输入层节点的个数为顾客购买意向分级筛选要素的数目，输出结果为顾客购买意向分级筛选指数，对应顾客价值群体的分类。

通过应用如图17－3所示的算法流程，对模型开始训练，分正向传播和反向传播两步进行，正向传播时，输入的样本从输入层到隐藏层处理之后，传向输出层，每一层神经元的状态只对下一次神经元的状态产生影响。在输出层把现行输出和期望输出进行比较，如果现行输出不等于期望输出，则进入反向传播过程。

反向传播时，把误差信号按原来正向传播的通路反向传回，并对隐藏层的神经元权系数进行修改，以期望误差信号趋于最小。

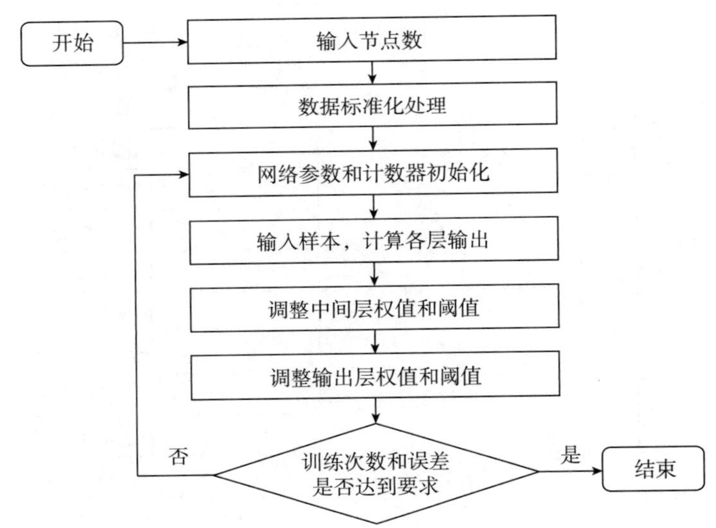

图17－3　基于BP人工神经网络的算法流程

将顾客购买意向分级筛选要素作为输入神经元，对顾客其需求的期望值按照程度在［1，5］间赋值，基于BP人工神经网络的顾客购买意向分级筛选指数越高，顾客购买意愿越强，则顾客价值度越高；反之，则代表顾客的购买意向越低。

（1）当基于人工神经网络的顾客购买意向分级筛选指数∈［1，2）时，表明顾客的购买行为和意向很弱，短期内购买兴趣很小，购买可能性很低，则这类顾客可筛选为低价值顾客。这类顾客无论是当前还是今后为企业带来的收益是最少的或可能是负的，因此企业无须过多关注，甚至可以鼓励其转向竞争对手。

（2）当基于人工神经网络的顾客购买意向分级筛选指数∈［2，3）时，表明顾客的购买行为和意向存在，短期内购买兴趣不大，购买可能性较低，则这类顾客可筛选为一般价值顾客。对这类顾客，企业需要尽量维持目前的关系状态，但无须再投入过多资源，并可适当减少相关维护成本。

（3）当基于人工神经网络的顾客购买意向分级筛选指数∈［3，4）时，表明顾客的购买行为和意向较强，短期内购买兴趣较大，购买可能性较高，则这类顾客可筛选为重要价值顾客。对这类顾客，企业应当投入适当的资源，促进客户关系的发展，缩短客户价值转化的周期，进而获得预期的利润。

（4）当基于人工神经网络的顾客购买意向分级筛选指数∈［4，5）时，表明顾客的购买行为和意向非常强，短期内购买兴趣很大，购买可能性非常高，则这类顾客可筛选为高价值顾客。对这类顾客，企业应投入大量资源用以维护良好的客户关系，除了获得当前利润外，还有可能促使其向更高阶段发展，从而实现客户价值最大化。

按照这个算法模型，我们可以把它应用在医疗美容机构具体的营销场景中，假如现在有 1000 名老客，你想要在其中选择一些人来参加营销活动，常规的做法是你可以每个人都联系一遍，但这样不仅费时费力，而且精准度不高。又或者是你准备免费赠送 100 份体验项目，你最希望来的人一定是那些体验后极有可能购买的人，可联系了 1000 个人后，来了 500 人，这样就大大超过了你的成本预算或接待能力，这种做法当然不可取。

此时，也许有人会说：我为什么要把 1000 个人都联系一遍，只要愿意参加体验的人达到第 100 个，其他的人就不再继续联系了，这个问题不就解决了吗！当然，你有可能只联系了 200 名顾客，其中就有 100 人愿意来参加体验，可问题在于这 200 个人也是 1000 名顾客中的一部分，那你是怎么选出这 200 个人的？或者说，当你准备联系第 1 名顾客时，这个人是不是随机选择的？如果不是的话，那有什么选择依据吗？

又或许这 1000 名顾客来自医疗美容机构的会员，他们中有的是普通会员，有的是 VIP 会员，那么是不是应该优先联系那些 VIP 会员，可问题在于我们的目的不是赠送福利，是希望通过顾客体验环节来形成新的订单消费，你依然无法保证 VIP 会员就是体验后极有可能购买的人。

其实，无论上面怎么选择，都是人选的过程，而不是机选的结果，两者的差异在于：第一，不同的人会选择出不同结果，机选则相对稳定；第二，如果在 1000 个人里面选择，人工尚可应付，但如果规模扩大，要在几万个人里面选择，则机选的效率优势就更加明显；第三，人工的经验再丰富，也很难把顾客所有历史信息汇总起来靠脑力去分析，而机器学习通过算法则可以轻而易举地实现。

这个问题的实质并不是去比较人和机器哪个更聪明或者哪个更智能，而是说我们要学会运用机器智能的优势，就像人们发明了计算器但不会去和它比较谁计算得更快，人们发明了起重机不会去和它比较谁的力气更大一样，目的是希望它们比人工做得更好，这样人们才能更多的获益。明白了这个道理，你就应该相信，在顾客价值分析和分类这件事上，运用机器智能进行大数据挖掘所得出的结果，的确有可能优于人为的判断。

在达成了思想共识以后，接下来的操作就非常简单了，你只需要一台联网的电脑，一个数字智能营销的分析软件和一份含有1000名顾客的数据文档，然后把文档拖动到软件中，几秒钟的运算后就可以看到一系列分析结果。

不同的数据分析软件得出的结果也会不同，因为算法和建模都不一样，这里我们以“召美精算盘”软件实际测评的过程为例，当输入1000名顾客样本数据后，可以得出如表17-2所示的分析结果。可以看到，四种顾客价值群体分别对应不同的人数，当然如果每次输入的顾客数据不同，那么分布结果也会发生变化，此外对应各个群体还会生成具体的顾客名单，便于后续进行营销联系。

表17-2　顾客购买意向数据挖掘结果的示例　　单位：人

序号	类别	人数
1	高价值顾客	99
2	重要价值顾客	144
3	一般价值顾客	203
4	低价值顾客	554

根据数据挖掘结果，医疗美容机构就可以有效运用其开展精准营销活动，如表17-3所示，一方面，对顾客价值群体进行组合；另一方面，采取不同的针对性营销策略，既能够节约营销资源，又可以更大化医疗美容机构的收益。比如，赠送体验项目要选择高价值顾客，因为这两个群体消费意愿最强，一旦实现转化，那么就可以有效覆盖体验项目的成本；又如，对于一般价值顾客，可以通过加大优惠力度来促进这类群体增加购买数量。

表17-3　不同顾客价值群体的精准营销策略

序号	类别	策略
1	高价值顾客	赠送体验项目
2	高价值顾客+重要价值顾客	赠送疗程类项目（单次）

续表

序号	类别	策略
3	重要价值顾客	两人同行，一人免单（同项目）
4	重要价值顾客＋一般价值顾客	促销专场活动邀请
5	一般价值顾客	一次消费多个项目，折上折
6	低价值顾客	发放现金抵用券

这里，可能会有人提出疑问，为何要采取不同策略？比如，发放现金抵用券为什么只对低价值顾客，难道对一般价值顾客或者其他顾客就不行吗？这个问题点不在于行与不行，而是我们讨论的前提是要实现收益的更大化，向特定的人群发放特定的优惠券，可以有效形成完全价格歧视，有利于最大化消费者剩余，这方面内容在《医疗美容机构的管理赋能》有系统的论述，需要进一步了解的读者朋友可以翻阅一下。

以上就是人工智能算法在数据挖掘中的应用实例，它的优势在于比人为的分类判断更科学、更准确，同时效率也更高，在第十八章，我们将进一步讨论医疗美容机构通过数字智能营销，还可以在哪些方面形成新的优势。

第十八章　优　势

填满一生全是数字

构筑医疗美容机构新的数字化营销优势，终极的使命目标是：挖掘数据价值，实现数据变现。之所以把它称为使命目标，是因为数字化驱动的运营模式可能需要相当长的时间，才能接近传统运营模式产生的规模经济效益。但是，当你理解了数字化后，你会看到数字化带来的帮助，它可以改变传统的价值结构，所以，当你充分挖掘出数据价值的时候，效率和收益也是完全变化的。越是在困难时期，越要相信数字化的力量，并坚定不移地走下去，努力成就你的《数字人生》。

填满一生全是数字
谁会真正知是何用意
烦恼一生全为数字
圆满的掌握问谁可以
明明刨正23为何弹出41
谁人能够预知
4点34价位暴升变左1004
凭号码来认识
你的IQ你的身家
你的体魄你的一切
人与数字有许多怪事
看看计数机里幽禁几多人质

有效的数字化转型需要企业打通内部各个数据单元的连接，打通企业与外部资源和客户的连接，各种数据关系集中反映和满足了不同场景的数据需求，并且通过核心数据关系进一步整合挖掘企业的数据价值，提升数字化运营能力，推动企业经营的更大发展。事实上，挖掘数据价值这个使命目标没有那么高不可攀，医疗美容机构也并非毫无基础，如图 18-1 所示，只要走对了关键的这三步，就能够快速跃升到一个新阶段。

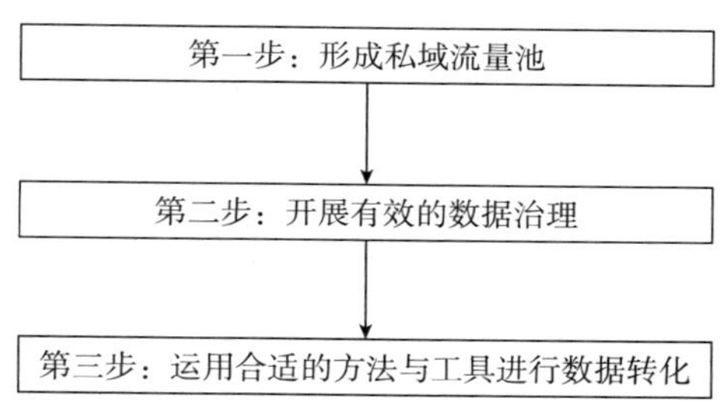

图 18-1 挖掘数据价值的关键步骤

从本质上讲，以私域流量为主体的营销模式就是经营用户的营销模式。下面，我们从第一步开始，谈一谈如何形成私域流量池，通俗地说就是如何进行数据积累，先从流量的分类谈起。

营销的发展史就是流量的争夺史，互联网的发展史也是流量的争夺史，当营销遇上互联网，流量争夺的主战场从线下移到了线上。比如，我们要在线下开一家店，一般会围绕店址周边 3000 米进行市场调研，如果店址 3000 米范围内有 1 万人，那么这 1 万人就是客流量。或者我们在地铁通道租赁一个店铺，通道每天的人流量就是对应的日流量；在商场设定一个专柜，商场每月的客流量就是对应的月流量。

可以看出，我们讲到的客流量、日流量、月流量等既包括实际消费者，也包括潜在消费者，它们都属于广义的流量概念，并非指到店客流量、到店日流量、到店月流量，这种在公共区域的广义流量被称为“公域流量”。

对应到线上，公域流量广义上泛指所有的互联网用户，包括 PC 端和移动端，具体可以指各种流量平台的用户，比如，淘宝、京东、百度、亚马逊这些就属于公域流量的平台。

或者我们从供需关系来理解更为方便，对需求方来说，凡是供给方把流量分配给你的，都可以看成是来自于公域的流量，在公域里有大大小小许多不同的供给者。如图 18-2 所示，在公域流量中以收费方式供给的流量称为商域流量，供给方出于经营需要，就会从自己掌控的公域流量中划出一部分，作为商域流量进行售卖，比如信息流广告，而需求方为了获得更多机会和更好的流量位，就会付费购买，通常会采用竞价的方式进行。

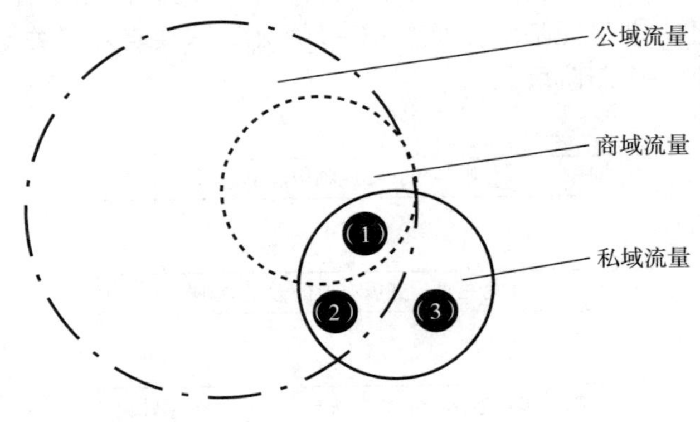

图 18－2　线上流量的结构

由此，我们就可以很好地理解私域流量的概念，从定义上讲，私域流量是指需求方自己掌握分配权的流量，从图 18－2 可以看出，私域流量的（1）部分来自于商域流量，（2）部分是公域流量中非付费部分，（3）部分来自于自有方式获取的流量，比如直客或者转介绍而来的顾客。

需要注意的是，对于（1）和（2）部分，如果需求方只有使用权而不能转化成分配权，那么这两个部分是不能计入私域流量的，问题的原因可能来自于两个方面，一方面是供给方只提供了一次性使用权，另一方面是需求方自己没有把流量进行有效转化。

私域流量之所以发展起来，有两个方面的重要因素：一是公域流量平台上的获客成本越来越高，商域流量要花钱买的，而且越来越贵；二是互联网去中心化的发展趋势，私域流量是一个重点。

对医疗美容机构来说，建设私域流量池的成本有三部分：一是开发成本，如微信商城、小程序、服务号等；二是获取用户成本，包括存量用户导入以及用户裂变获取新增用户等；三是维护成本，既要有好的运营团队负责用户端，也要有好的设计团队负责产品端，可以通过自建或外包进行，但这是固定费用支出。因此，私域流量并不是完全免费的。或者说，私域流量就是自己可以反复利用并低成本直接触达用户的流量。

医疗美容机构的私域流量搭建起来以后，运营人员要把“促进用户连接，增加黏性，增强忠诚度，实现销售”作为运营的核心内容，所有的资源投入和方案

策划，都应符合这个逻辑关系。因此，私域流量运营的目标：一是销售单价更高、毛利更高的品项，二是降低获客成本，三是带来持续的订单。三个目标都能实现是最好的，不能的话，实现一两个也可以，这需要医疗美容机构根据实际情况来进行设定，有条件的一齐上，条件不成熟的分阶段进行。

尽管私域流量尚处于红利增长期，但从风险的角度看，一旦形成负面口碑，公域流量因其漏斗型不会向上传导，而私域流量中一个声音就可能污染一个群，所以粉转黑，忠粉变维权是比较大的运营风险。

黎明的那道光

当前，有些医疗美容机构不舍得投资管理信息系统和数据积累，主因是没有充分认识到这些业务数据、用户数据的价值，不知道数据有什么用。其实，医疗美容机构不是没有数据，而是没有对数据进行有效管理。未来的市场竞争环境完全不同以往，现在不积累数据，而是靠经验做决策，那么成本和风险都将非常高。

因此，第二步是开展有效的数据治理，这一过程就是把所需要的数据加工成信息，其中涉及两个概念性的区别需要先讲一下。如图 18－3 所示，一个是数据管理与数据治理的区别，数据管理包含多个不同的领域，其中最显著的领域就是数据治理。也就是说，数据治理是数据管理的一部分。另一个是信息与数据的区别，信息是那些容易应用于业务流程并产生特定价值的数据，要成为信息，数据通常需经历一个严格的治理流程，把有用的数据和无用的数据分离出来，并采取措施增加有用数据的可信度，形成有用信息，进而提取出应用信息。简单地讲，就是所有的信息都是数据，但并不是所有的数据都是信息。

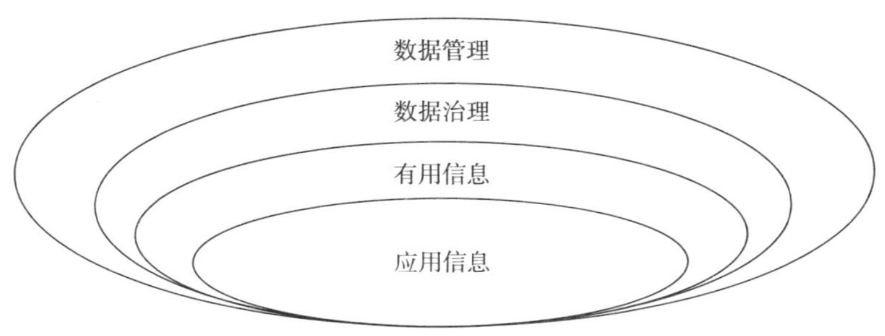

图 18－3　数据治理涉及的包含关系

关于数据治理，国际数据管理协会为其定义了 11 项职能，分别是数据架构、数据模型与设计、数据存储与操作、数据安全、数据集成与互操作性、文件和内容、参考数据和主数据、数据仓库和商务智能、元数据、数据质量等。为了方便理解，我们搭建了大数据平台的逻辑结构，如图 18－4 所示，这样有助于形成一个总体的概念，可以看出，整个流程的主线是从数据接入开始，到数据应用结束。数据治理不仅需要完善的保障机制，还需要理解具体的治理内容，比如，数据该怎么进行规范，元数据该怎么来管理，每个过程需要哪些系统或者工具来进行配合，等等，这些问题都是数据治理过程中最实际的问题。

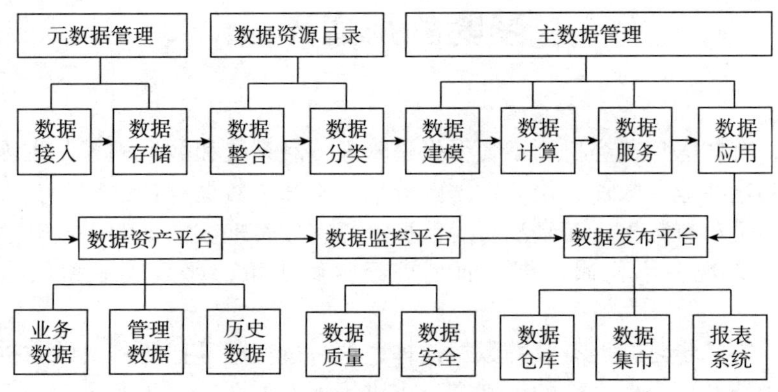

图 18－4　大数据平台的逻辑结构

这时，我们需要考虑一个问题，那就是私域流量池处于大数据平台逻辑结构中的什么位置？实际上，私域流量池并非特指大数据平台中的某一部分，而是一个关于数据分配权归属的代名词。如表 18－1 所示，通过不同渠道产生的用户相关数据，有的是渠道与私域流量池共享的，有的是只有其中一方留存。这样一来，通过数据接入，那些沉淀到私域流量池中的数据，有的成为业务数据，有的成为管理数据。因此，我们可以把私域流量池看成是数据资产平台的一部分。

表 18－1　不同渠道数据留存的比较

序号	渠道	用户基本数据	用户行为数据	用户交易数据
1	电商平台	√	√	√
	私域流量池	√	×	×

续表

序号	渠道	用户基本数据	用户行为数据	用户交易数据
2	信息流广告	×	√	×
	私域流量池	√	×	√
3	线上引流	√	√	×
	私域流量池	√	×	√
4	线下引流	√	×	√
	私域流量池	√	√	√

无论是企业、政府，还是其他组织机构，对于数据资产的管理越来越重视。然而，并非所有数据都是数据资产，由于缺乏有效的管理机制和某些人为的因素，在数据流转过程中，存在数据维护错误、数据重复、数据不一致、数据不完整的情况，导致产生大量的垃圾数据，这表明，我们需要治理的是能够为企业创造价值的数据资产，而不是全部数据。如表 18 －2 所示，通过数据预处理环节，可以从数据中提取出想用的信息。

表 18 －2　数据预处理

序号	方法	内容
1	数据清理	通过填写缺失的值、光滑噪声数据、识别或删除离群点等方式清洗数据，以达到格式标准化、清除异常和重复数据、纠正错误数据的目的
2	数据变换	对数据进行格式化操作，通过平滑聚集、数据概化、规范化等方式，将数据转换成适用于数据挖掘的格式
3	数据集成	将多个数据源中的数据结合起来并统一存储，消除数据冗余和不一致性，建立数据仓库
4	数据规约	将数据集进行规约表示，减小数据采集和数据挖掘时的数据量，但仍接近于保持原来数据的完整性

对医疗美容机构来说，实施数据治理需要因地制宜，不论建立什么样的数据治理体系、采用什么样的数据治理技术，其目的都是通过有效的数据资源控制手段，对数据进行管理和使用，提升数据变现的能力，这就是我们给到的《你的答案》。

低着头期待白昼
接受所有的嘲讽

向着风拥抱彩虹
勇敢地向前走
黎明的那道光
会越过黑暗
打破一切恐惧我能
找到答案
哪怕要逆着光
就驱散黑暗
丢弃所有的负担
不再孤单

由此，我们可以进一步认识到，数据治理根本上是资产治理，高质量的数据对任何企业都是战略性资产，数据治理正在成为一个关键的业务优势，能否有效挖掘数据价值和变现比以往任何时候都显得尤为重要。

所有梦想都开花

当完成了流量池搭建和基本的数据治理之后，我们来到了数据价值挖掘和变现最关键的那一步，运用合适的方法与工具进行数据转化。但这一步不急着走，有几个问题先说明一下，实践中，我们在多家医疗美容机构调研时，普遍会问到这样几个问题：

（1）是不是必须要形成私域流量池，没有它能不能进行数据分析和挖掘？

（2）数据治理、分析、挖掘什么的，太专业太复杂了，我们做不了怎么办？

（3）我们医疗美容机构最关心的就是变现，有没有什么直接的办法？

事实上，提出这样的问题并不奇怪，这是整个商业社会中常见的共性诉求，绝大多数采购第三方数据营销服务的企业，说到底关心的不是数据本身，而是基于数据的洞察和指导行动的建议，更希望直接告诉他们下一步应该做什么。

打个比方，如果你是开发商，想要建房子，诸如设计、施工、装修这些活都可以外包，但前提是你得提供土地，并且要建造中式的还是欧式的，是一层还是多层，你要有明确的想法。同样，对于医疗美容机构来说，数据治理、分析、挖掘这些工作完全可以通过借用外力进行，前提是你要提供原始数据，并且你要知道自己想要什么。比如，对营销人员的工作绩效进行评价，有助于发现哪些人真

正为机构创造了价值；对哪些营销渠道更有效、哪些项目更受欢迎进行分析，可以预测出哪些顾客复购的可能性更大，以及可能会复购什么项目等。

目前，市场上提供数据营销服务的产品很多，但大多是面向各个行业强调普遍的适用性，如果在医疗美容行业应用就缺乏针对性，因为有效的算法模型必须要通过医疗美容的数据进行训练和验证才行。

这里，我们推荐一款在医疗美容机构中使用情况比较好的数字智能营销产品，名为“召美精算盘”，上一章节中提到过这款 SaaS 软件，因为它是专门适用于医疗美容机构的精准营销，所以我们结合它的功能来分析一下医疗美容机构如何实现数据变现，希望这款产品能够为你增添一双《隐形的翅膀》。

每一次
都在徘徊孤单中坚强
每一次
就算很受伤也不闪泪光
我知道
我一直有双隐形的翅膀
带我飞
飞过绝望
不去想
他们拥有美丽的太阳
我看见
每天的夕阳也会有变化
我知道
我一直有双隐形的翅膀
带我飞
给我希望
我终于看到
所有梦想都开花
追逐的年轻歌声多嘹亮
我终于翱翔
用心凝望不害怕
哪里会有风
就飞多远吧

根据“召美”微信公众号上的资料，我们整理了一下“召美精算盘”产品功能的运行逻辑，如图 18－5 所示，对应“运用合适的方法与工具来进行数据转化”这一步骤，我们可以把“数据转化”看作等同于内容转化、促销转化、活动转化的第四种转化方法。

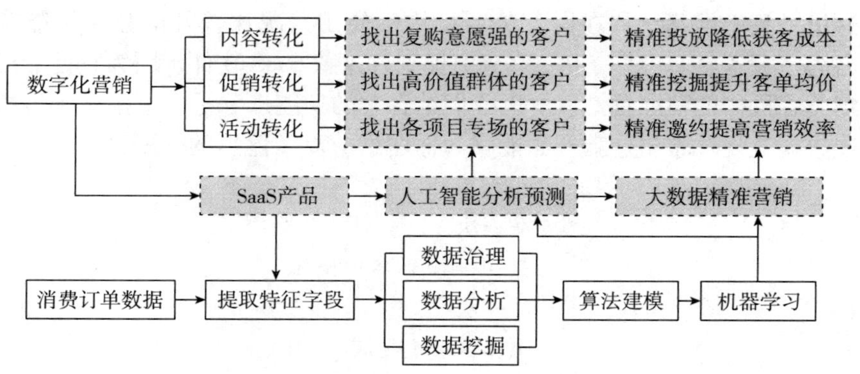

图 18－5　数字智能营销的运行逻辑

“召美精算盘”这款产品最突出的特点，是把数据挖掘和变现直接应用到医疗美容具体的业务场景中，比如，医疗美容机构有两名现场咨询人员的月销售额都是 100 万元，那么这两个人的工作绩效是一样好还是哪个更好些？

销售额都是 100 万元，只能说业绩一样，但并不能说是一样好。因为如果一个人卖的都是高附加值的项目，而另一个卖的都是低价引流的项目，那么前者的工作绩效肯定好于后者。同样，如果一个人销售业绩是 100 万元，另一个人销售业绩是 80 万元，也不能想当然地以为一定是销售 100 万元的人工作绩效好，因为这个比较的还是收入，而不是利润，可能卖了 100 万元的减去成本是亏的，而销售 80 万元的减去成本是赚的。如果我们把这些消费订单集合起来进行数据化处理，匹配相应的评判规则，那么每个销售人员工作绩效的表现就会一目了然，这一过程运用的方式是数据分析。

下面，我们举一个示例说明，比如某医疗美容机构现有销售人员 19 人，取他们当月的销售数据进行对比分析，如图 18－6 所示，A～S 分别代表着不同的销售人员，方块的折线是销售金额，三角的折线是销售数量，柱状图则是数据化处理后对应的销售业绩。可以看出，从 A 到 S 的销售业绩由高到低排列，这是根据每个人的销售金额和数量通过算法加权得出的结果，接下来，我们就看看其中能解读出什么奥妙。

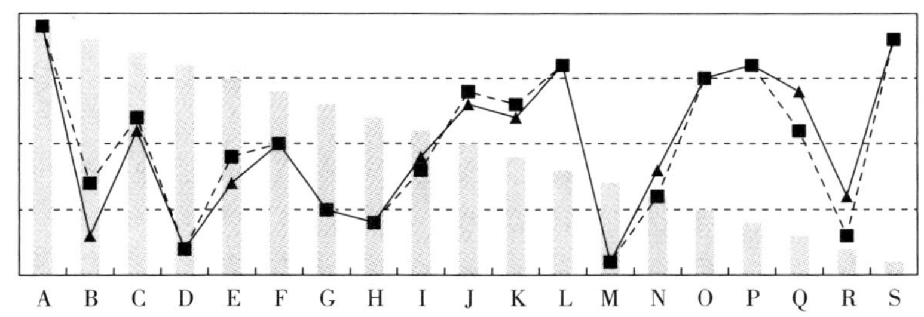

图 18-6　销售人员工作绩效对比分析

A：无论是销售金额还是销售数量都是最高的，评估下来的销售绩效也是最好的，是当之无愧的金牌销售。与 A 类似的还有 C、E、F，当然绩效表现上没有 A 那么突出。

B：如果按照销售金额或销售数量来考核的话，这类人员很容易被"误伤"，比如相比销售人员 L，B 的销售金额和销售数量都不高，但实际上 B 的销售绩效比 L 的销售业绩要好得多，原因就在于 B 的客单质量更好。与 B 类似的还有 D、G、H。

J、K、L：这类销售人员通常是比较卖力的，他们多是靠销售数量多带动了销售金额，但销售的客单价并不会太高，利润贡献有限。

M：这类销售人员多是新手，虽然工作绩效还不突出，但有较好的销售潜力可挖，假以时日销售业绩应该可以提升上来。

N、R：这类销售人员都属于表现平平的，当然销售业绩也不够好，比较类似我们前文讲到的"不拉马的士兵"。

O、P、Q、S：这类销售人员如果从销售金额和数量上看，貌似表现不错，但实际上他们的绩效较难为医疗美容机构带来利润，因为多数是销售低价引流的项目，完全是靠量来带动流水，贡献度较低。当然，出现这种情况根本上是与医疗美容机构的考核导向有关，如果只是按照销售金额来决定销售人员个人收益的话，那么自然就会有人倾向于销售低价的项目，因为更容易成交，所以问题的根源并非出自个体，而是组织设计的规则造成的。

又如，分析顾客潜在消费能力，当顾客来院后，根据顾客的行为特征和基本资料，现场咨询人员可以对顾客消费能力进行判断。一般来说，越有经验的咨询人员判断得越准，而经验少的咨询人员判断能力就差些，这会带来一个问题，那就是对顾客消费能力的判断水平参差不齐。而在一家医疗美容机构中，必然有经验丰富的人员，也有经验不足的人员，管理者当然希望销售团队整体的判断能力越高越好，因此常规的做法是进行培训，以老带新，花费一定的人力、物力不说，这种办法的效果也因人而异。

运用数字智能营销，就是把那些金牌咨询的判断结果进行数据化整理，通过机器学习而形成分析方法，再通过算法形成人工智能模型，并不断辅之以校验和新数据的训练。这样，机器学习系统就具备了金牌咨询的那种最好的分析能力，减少了由于人为经验不足带来的分析失误，因此整体上就可以保持一个较高的判断水平，并且比人为判断的效率更高，这一过程运用的方式是数据决策。

再如，怎样找出高价值群体的顾客，这是一个关于选择顾客数量最多化还是顾客价值最大化的决策问题。长久以来，市场营销最重要的着力点是力求顾客数量最多化。这个努力方向并没有错，许多企业都采用这样的营销模式，但在新的市场环境下需要朝着顾客价值最大化的方向转变。

如果医疗美容机构要做 100 万元的流水，可以通过找到 100 个顾客，通过平均客单价 1 万元的方式去实现，也可以增加顾客数量到 200 个，那么平均客单价就是 5000 元，这类方法是围绕顾客数量最大化来进行的。又或者，想办法找到 10 个顾客，平均客单价 10 万元也可以完成销售目标。也许有人会说："我也想 1 个顾客就能销售 100 万元！可这个太难了，绝对属于小概率事件，大多数营销人员做不到甚至碰不到。"不可否认，在以前和现实的条件下的确不容易，但你又必须得挑战不可能。

为什么要这么做？

第一，拉新越来越难，成本越来越高，随着竞争激烈，大家抢市场的节奏不会慢、力度不会小，未来还是这样的趋势。

第二，医疗美容项目的同质化越来越明显，差异化越来越难，对于一般顾客很难区分这家医疗美容机构和别家有什么不同。

第三，医疗美容市场的消费结构已经发生了巨大变化，比如，"70 后""80 后"从原来的新兴群体变成了中坚力量，"90 后""00 后"直接跳过了培育期进入发展期，如果不采用新的市场模式就抓不牢新的消费群体。

第四，围绕经营客户价值，在移动互联、大数据、人工智能等技术手段和工具的加持下，从传统营销模式转向打造高价值顾客群体成为了可能。

利用数字智能营销工具，我们可以便捷地区隔出不同价值顾客群体，其算法原理在第十七章做了介绍，这一过程就是应用大数据和人工智能算法进行数据挖掘。同样，我们还可以挖掘出哪些顾客更有可能购买哪些项目，这样在市场营销活动中，就可以有的放矢地向目标顾客进行推荐。

因此，如果找到类似"召美精算盘"这种数据营销应用工具，那么医疗美容机构只需要两个步骤就可以启动数据变现之旅了，第一步是把客户资源集中化，第二步是把集中的客户资源数据化，进行分类分级，形成数据标签。有些机构的客户资源散落在每个销售手里，之所以存在这样的情况，是因为担心自己的资源被别人占用又或者是为企业所有后导致个人利益得不到保障。实质上，客户资源集中化不仅是企业正确的选择，也是实现个体利益更大化的最优选项。道理就在于数据的分析和挖掘是为一线人员赋能，数据价值变现后获益者既包括医疗美容机构也包括销售人员个体。

同时，更为关键的是整个数据分析和挖掘的过程，并不需要使用到客户的敏感信息，比如客户的联系方式、手机号码等，这些与消费项目、消费意愿、消费能力的预测并无关联，因此担心客户资料外泄实属“杞人忧天”，至少正规的数据服务商不会要求也不需要医疗美容机构提供这方面的数据资料。但是，有些客户信息在数据分析和挖掘时的确是需要的，比如客户的年龄、性别等，这些可以用于群体性的关联分析或预测。

比如，“召美精算盘”的新客预测功能，我们可以想象这样的场景，当一名新顾客来到医疗美容机构，接待人员通过移动终端输入顾客的年龄、性别、咨询项目、来源渠道等信息，就可以预测出这名顾客当天是否会成交以及还可能消费的其他项目。通过这种方式赋能给一线人员，再加上现场的主观判断，就可以有效促进营销效率和客单转化的同步提升。整个过程貌似神奇，但这些都是运用人工智能技术开展精准营销应有的且完全可以达到的能力。

其实，真正的神奇之处在于如果能够有效运用自然语言处理技术（NLP），那么就可以极大地提高营销活动的认知智能。自然语言处理是一门融语言学、计算机科学、数学于一体的学科，NLP 就是研究如何让计算机理解并生成人类的语言，从而和人类平等流畅地沟通交流，主要由自然语言理解和自然语言生成这两个技术领域构成。比如，在不知道拼音的情况下搜索一个生僻字，输入“4 个火读什么”，通过 NLP 技术得出的搜索结果会直接告诉你这个“燚”字读“yì”，而不是其他的匹配结果，因为计算机已经理解了你想要的结果是读音。又如，在商业运用上，通过自动分析用户的留言评论，其输出结果就可以帮助商家进行产品分析或者辅助用户进行消费决策。

实际中，在医疗美容机构的营销过程中，存在大量的与顾客沟通的信息，如表 18－3 所示，记录了顾客面诊时的情况，这些文本信息属于非结构化数据，运用 NLP 技术先把它们转化成结构化数据，经过机器学习以后再把运算结果转化成文本，那么就可以对顾客开展“一对一”的营销活动。比如，自动推送特定的项目、定时进行术后回访、适时询问顾客的消费意愿等，此时智能营销系统对于每位顾客的了解程度一定高于营销人员的平均水平，甚至在某些方面还会优于那些最好的营销人员。当然，它的应用目的不是完全替代，而是希望好上加好，为营销工作提供更精准、更现代化的利器。

表 18－3　某机构顾客面诊记录

顾客	状态	项目	面诊记录
C1	成交	祛斑	下午四点半来院做祛斑体验，顾客是雀斑
C2	成交	脱毛	已做脱上唇毛，腋毛包年，建议注射瘦脸，说在备孕
C3	未成交	瘦脸	咨询国产瘦脸针，顾客说前几天有想法，现在单位很忙，年后再考虑
C4	再消费	祛眼袋	眼睛恢复得挺好的，咨询进口瘦脸针，老公陪同不想让老公知道
C5	成交	除皱	自己和儿媳妇一起过来的，建议做线条的眉毛，自己舍不得，纠结好久让申请送东西，告知是送不了的，鱼尾纹特价，今天鱼尾纹治疗
C6	成交	脱毛	腋毛包年已做，其他部位也有，特别是腿毛，想做但是因为腋毛包年便宜先体验，后期觉得好再做其他部位
C7	成交	瘦脸	过来注射瘦脸针，还要咨询隆鼻，给顾客看了案例都挺满意的，自己觉得脸大，注射瘦脸针也没有用，所以想让鼻子立体起来显脸小
C8	未成交	吸脂整形	自体脂肪填充太阳穴、额头、苹果肌、下巴和下颌缘，自诉不想变化太大，建议活动比较划算的，要回去商量
C9	未成交	眼部整形	咨询想打泪沟，以为泪沟可以用玻尿酸，告知不建议玻尿酸，推荐了爱贝芙、双美或者自体脂肪，顾客倾向自体脂肪，但是目前不会做

科学地讲，任何机器学习得到结果的都是一种概率，选择的都是大概率事件，比如阿尔法狗打败了人类最好的围棋高手，它走的每一步都有多种选择，但最后决定落子的一定是概率最大的那一步，而且每下一步都在重新计算。通过大数据挖掘得出的高概率项目，如果只推荐一个项目想要达到 100% 准确是不可能的，但如果同时推荐两个项目，那么准确性就大大提高。

根据机器学习结果，同时输出三个推荐项目成功概率是相当大的，但达到四个项目或更多的时候，概率值的增加有限。而且推荐项目越多，对实际的指导性越差。因此，一般数据挖掘输出三个左右的单体项目或项目组合比较合理。需要特别说明的是，结果准不准与医疗美容机构提供的数据质量密切相关，如果上传的数据不完整，那么在计算过程中会有很多缺省值，就很难保证输出结果的质量，所以医疗美容机构应确保尽可能地完整输入数据，这也是对自己负责。

我们小结一下，可以看出，数字营销的过程实际上就是客户价值开发的步骤：

（1）通过对产品特性和客户特征之间的关联进行分析，确定特征或特征组合与需求之间的关联度，从而确定不同特征客户对产品的需求模式。

（2）结合行业特点和企业实际，对需求模式匹配方法进行对比分析，确定客户潜在需求的挖掘方法。

（3）根据客户需求挖掘方法进行客户信息整理和录入，实现客户需求挖掘的实时化、自动化、智能化。

（4）形成动态更新机制，持续对客户需求挖掘的方法和算法模型进行迭代优化，以更好地应对市场环境和客户需求变化。

带着赤子的骄傲

市场竞争必然是一个大浪淘沙的过程，不断规范化、透明化、分层化的医疗美容市场本身就会孕育出变革的力量，在下一波浪潮来临之时，要么随波逐流，要么迎难而上，唯一不同的是谁能始终怀有一颗《追梦赤子心》，那时，当潮水退去，随波逐流者又回到了原点，迎难而上者已驶向远方。

向前跑
迎着冷眼和嘲笑
生命的广阔
不历经磨难怎能感到
命运它无法让我们跪地求饶
就算鲜血洒满了怀抱
继续跑
带着赤子的骄傲
生命的闪耀
不坚持到底怎能看到
与其苟延残喘
不如纵情燃烧吧
有一天会再发芽

在数字化时代，任何产业都值得重做一次。未来的日子里，我们认为有三件事对医疗美容机构以及市场营销工作至关重要：一是重塑品牌；二是重构关系；三是重建场景。

（1）未来一定是属于那些主动拥抱变革的企业，我们需要深入思考如何在数字化时代，通过新的营销方式、新的工作方式和新的服务方式来重塑企业品牌与形象。

莎士比亚在《哈姆雷特》中写到：生存还是毁灭，这是一个值得考虑的问题；默然忍受命运的暴虐的毒箭，或是挺身反抗人世的无涯的苦难，通过斗争把它们扫清。这两种行为，哪一种更高贵？死了；睡着了；什么都完了；要是在这一种睡眠之中，我们心头的创痛，以及其他无数血肉之躯所不能避免的打击，都可以从此消失，那正是我们求之不得的结局。死了；睡着了；睡着了也许还会做梦；嗯，阻碍就在这儿：因为当我们摆脱了这一具朽腐的皮囊以后，在那死的睡眠里，究竟将要做些什么梦，那不能不使我们踌躇顾虑。

许多时候，向死而生是一种经营态度，它并不意味着真正消亡，而是脱胎换骨。身处于数字化的时代浪潮之中，给医疗美容机构的市场营销工作来带来很多冲击和启示，但也创造了无数畅想与可能。如果有一天，当医疗美容机构的管理者转变为超级 KOL，当销售人员化身为超级主播，那么今天你在消费者眼中还只是一家医疗美容机构，可明天你的样子就可能是一个传播美丽文化的媒介平台，一家致力于打造美丽生活的高科技公司，又或者是一个提供高端定制化服务的品牌供应商。

未来有无数种可能，既然医疗美容机构能够帮助求美者的形象发生变化，那么为何不能让自身的形象也发生变化呢？医疗美容机构之名只是行业中的特定称谓，它不是消费者当下选择与否的唯一标签，也不是消费者今后青睐有加的认知标准。未来的日子里，品牌不再由企业单方面来定义，而是通过市场培育的消费者生态来塑造它。

管理大师彼得·德鲁克讲过：企业是什么？只能由顾客来回答。通过这句话，我们可以认识到，并不是企业创造了顾客，而是顾客选择了企业，光收集大量的顾客信息还远远不够，成败关键取决于利用这些信息对顾客制定出量身定做的服务政策。

（2）相信科学才能产生持久的价值创造，我们需要深入思考如何以客户为中心，用科学管理和科学技术来重构客户关系价值体系。

亚里士多德说：不论现在，还是最初，惊奇都是人进行哲学思考的起点，人最初对身边不懂的东西感到奇怪，继而逐步前进，对更重大的事情发生疑问，例如月象的变化、太阳和星辰的变化、万物的生成等。如果有人感到疑难和惊奇，就会觉察到自己的无知。显然，我们追求它不是为了实用，正如我们把只为自己不为他人而存在的人称为自由人，在各种科学之中，唯有这种科学才是自由的，只有它才仅仅为了自身而存在。

现代企业的管理是一个科学体系，医疗美容机构要想真正做好市场营销，不仅要在前端搭建社会化的营销体系，更要在后端加强营销的系统化、数字化、智能化的建设，从线索到客户、到咨询、到报价、到订单、到应收款项等环节，不

断提升整体运营效率和客户体验，要通过科学管理的方法和科技工具的运用，连接客户、连接服务、连接终端，连接上下游、连接合作伙伴，建立起跨价值链的新型客户关系。

医疗美容机构获客并不是根本目的，根本目的是要形成有价值的客户关系，进而盈利。有人会说，如果顾客连来都不来，还谈什么盈利。这句话说对了一半，顾客不来当然不能产生盈利，但如果顾客即便来了，可没有消费，又或者消费金额太低了，那么都会导致不盈利，甚至亏损。其原因就在于，任何获客都是有成本的，比如广告费、营销人员工资等都会平摊到获客成本中，而医疗美容机构真正从投入到产出的起点，是从形成客户关系的那一刻开始，这才是价值链的起点，也是打造未来竞争优势的起点。

（3）数字化所做的不是管控而是决策和赋能，我们需要深入思考是如何用数据支撑起新的价值逻辑和价值体系，以重建业务活动的应用场景。

李斯托威尔说：因为爱是这样的一种冲动，它驱使我们永恒向前，去实现人类高尚的命运；它不断地把真正的人性的东西，从我们天性中的那些粗野的世俗的东西中拯救出来；它把我们燃烧着的对于精神上的完满的追求，世世代代地保持下去；同时，它又把我们内心经验深处的那种对于宗教、神圣和艺术的珍贵而又深挚的感情保持下去。的确，就是这样一种奇异的创造性的力量，把人生神圣化、理想化。

当下，面对数据世界所呈现出的美好，人们表现出了一种义无反顾的爱，但面对不断增加的复杂性和新形成的复杂性，这种爱容易迷失方向，容易被滥用。当数据量足够大的时候，远远超过人类大脑的处理能力，用户面对成百上千万的搜索结果，在无限多、无限大的可能性面前，往往不知从何下手，这时人工智能算法就成为降低选择成本的利器，它可以帮助用户进行筛选和推荐，一次、两次，慢慢地就会产生依赖性，但在不知不觉中付出的不仅仅只有时间成本，还有用户的选择权，甚至是自由意志。

医疗美容机构在数据运营的过程中，“不作恶”是重要的道德底线和经营底线，要像敬畏自然一样敬畏数据，这样即便在未来某个路口相离或相遇，我们都不会形同陌路，即便在未来某个奇点相爱或相恨，我们都可以汇聚道德与情感的力量，让爱成为永恒。

未来已来，改变的力量无处不在又历久弥新，世界历史一如既往地发展，人类向往美好生活的脚步从未停歇，未来是每一个人的未来，因为有爱，只因为有爱，生命才能支撑住，才能进行。最后，把一首歌《为爱前行》送给大家，以此共勉，以飨读者。

时光如流水
能否转回到从前
没有私心杂念
没有非分之想
看一看，谁旧时模样
找一找，致青春诗篇
你方唱罢我登场
轰轰烈烈去远方
回首过往多闪亮
一路跌跌撞撞
是什么力量
成全了我的心愿
是什么荣光
照亮了我的方向
向前闯，飞越山巅
不远千里万里，也要与你相见
向前闯，跨越重洋
不远千里万里，我们不见不散

我们一起牵着手
转回画面到从前
相约七彩人生
相伴青青校园
听一听，那大师的言
闻一闻，这书墨的香
学海无涯苦也甜
万水千山总相连
有爱拥有全世界
一路跌跌撞撞
是你赐力量
成全了我的心愿
是你予荣光
照亮了我的方向
向前闯，飞越山巅
不远千里万里，也要与你相见

向前闯，跨越重洋
不远千里万里，我们不见不散
永不忘那句誓言
不远千万年，让爱永驻我们心田
除了爱，一切都不重要

语　录

- 企业发展进化到数字化是一个必然的过程。
- 数字化就是用数字的形式来表达信息，价值全在于应用。
- 市场营销的真正回报来自于发展一种客户关系。
- “去中心化”并不是没有了中心，而是不断形成了更加多元化的中心，促进流量的共享。
- 互联网流量资源的本质是人群注意力和用户时间分配的转移。
- 千万不要小看任何一个流量入口，也千万不要盲目追逐那些热门的流量入口。
- 人们把社交媒体作为日常网络生活的一部分，而不是为了你的营销而来。
- 并不是有了先进的思想、先进的知识、先进的技术就有了先进的能力。
- 利用数据改进产品或服务的能力，未来将会成为企业参与竞争的先决条件。
- 越是在困难时期，越要相信数字化的力量。
- 营销的发展史就是流量的争夺史，互联网的发展史也是流量的争夺史。
- 数据治理根本上就是资产治理，高质量的数据对任何企业都是战略性资产。
- 任何机器学习得到结果的都是一种概率。
- 向死而生是一种经营态度，它并不意味着真正消亡，而是脱胎换骨。
- 未来的日子里，品牌不再由企业单方面来定义，而是通过市场培育的消费者生态来塑造它。
- 相信科学才能产生持久的价值创造。
- 数字化所做的不是管控而是决策和赋能。
- “不作恶”是重要的道德底线和经营底线，要像敬畏自然一样敬畏数据。

附　录

伴读歌单

1.1 《你的眼睛背叛了你的心》
1.2 《掌声响起来》
1.3 《糊涂的爱》
2.1 《太委屈》
2.2 《水中花》
2.3 《一天一点爱恋》
3.1 《偏偏喜欢你》
3.2 《冲动的惩罚》
3.3 《一百万个可能》
3.4 《晚安》
4.1 《和自己赛跑的人》
4.2 《你快乐所以我快乐》
4.3 《钻石》
4.4 《我和我追逐的梦》
5.1 《特别的爱给特别的你》
5.2 《勇敢的心》
5.3 《有一点动心》
5.4 《偶然遇上的惊喜》
5.5 《兰花草》
6.1 《我希望》

6.2　《听海》
6.3　《味道》
6.4　《涟漪》
6.5　《都要微笑好吗》
6.6　《等待》
7.1　《你是我的眼》
7.2　《领悟》
7.3　《野狼 Disco》
7.4　《爱的天堂》
8.1　《套马杆》
8.2　《像雾像雨又像风》
8.3　《女人花》
8.4　《你到底爱不爱我》
9.1　《爱的代价》
9.2　《谁的眼泪在飞》
9.3　《朋友别哭》
9.4　《世界这么大还是遇见你》
10.1　《哲学家》
10.2　《倾国倾城》
10.3　《风筝误》
10.4　《怒放的生命》
10.5　《看我七十二变》
11.1　《左右为难》
11.2　《咱们屯里的人》
11.3　《解脱》
11.4　《嘻唰唰》
11.5　《偷心》
12.1　《分手快乐》
12.2　《让我轻轻地告诉你》
12.3　《穿过你的黑发的我的手》
12.4　《明明白白我的心》
13.1　《起点》
13.2　《用心良苦》
13.3　《我们不一样》

13.4 《没有情人的情人节》
14.1 《山路十八弯》
14.2 《刀马旦》
14.3 《红豆》
14.4 《我相信》
15.1 《信仰》
15.2 《达尔文》
15.3 《弯弯的月亮》
15.4 《你的样子》
15.5 《你是魔鬼中的天使》
16.1 《最熟悉的陌生人》
16.2 《哭砂》
16.3 《泉水叮咚响》
16.4 《牛仔很忙》
17.1 《一颗苹果》
17.2 《荷塘月色》
17.3 《当幸福来临的时候》
17.4 《凉凉》
18.1 《数字人生》
18.2 《你的答案》
18.3 《隐形的翅膀》
18.4 《追梦赤子心》
18.5 《为爱前行》

参考文献

［1］戴维·L. 马瑟斯博，德尔·I. 霍金斯．认识顾客［M］．陈荣，许销冰译．北京：机械工业出版社，2019.

［2］加布里埃尔·温伯格，贾斯汀·迈尔斯．拉新：快速实现用户增长［M］．谢天译．北京：中信出版社，2019.

［3］史蒂夫·科廷．卓越服务：使客户服务从平庸到卓越的七个简单方法［M］．王玉婷译．北京：民主与建设出版社，2019.

［4］菲利普·科特勒．营销革命 4.0：从传统到数字［M］．王赛译．北京：机械工业出版社，2018.

［5］张良均等．Python 数据分析与挖掘实战［M］．北京：机械工业出版社，2018.

［6］迈克尔·所罗门．消费者行为学（第 12 版）［M］．杨晓燕译．北京：中国人民大学出版社，2018.

［7］肖恩·埃利斯，摩根·布朗．增长黑客：如何低成本实现爆发式成长［M］．张溪梦译．北京：中信出版社，2018.

［8］威廉·庞德斯通．知识大迁移：移动时代知识的真正价值［M］．闾佳译．杭州：浙江人民出版社，2018.

［9］彼得·范霍夫，埃德温·库奇，娜塔莎·沃克．大数据分析：创造价值，做聪明的市场决策［M］．张永泽，李敏敏，赵会如译．北京：人民邮电出版社，2018.

［10］史蒂芬·卢奇，丹尼·科佩克．人工智能（第 2 版）［M］．林赐译．北京：人民邮电出版社，2018.

［11］大卫·戴伊，卡琳·赫特．深度管理［M］．苏健译．北京：中国友谊出版公司，2018.

［12］李东临．新媒体运营［M］．天津：天津科学技术出版社，2018.

［13］李明轩．运营有道：重新定义互联网运营［M］．北京：机械工业出

版社，2017.

［14］琳达·哥乔斯．产品经理手册（原书第4版）［M］．祝亚雄，冯华丽，金骆彬译．北京：机械工业出版社，2017.

［15］克里·史密斯，丹·哈努福．体验式营销［M］．黄巍译．北京：人民邮电出版社，2017.

［16］大卫·贝尔．不可消失的门店：后电商时代的零售法则［M］．苏健译．杭州：浙江人民出版社，2017.

［17］佩德罗·多明戈斯．终极算法：机器学习和人工智能如何重塑世界［M］．黄芳萍译．北京：中信出版社，2017.

［18］查尔斯·沃格．社群运营的艺术［M］．靳婷婷译．北京：华夏出版社，2017.

［19］张盾．超越审美现代性［M］．南京：南京大学出版社，2017.

［20］埃里克·格林伯格，亚历山大·凯茨．数字营销战略［M］．马宝龙，张琳译．北京：清华大学出版社，2016.

［21］黄海林．视频革命重新定义电商［M］．北京：电子工业出版社，2016.

［22］董璐．传播学核心理论与概念（第二版）［M］．北京：北京大学出版社，2016.

［23］丹尼尔·S. 哈默梅什．颜值经济［M］．倪云松译．北京：东方出版社，2016.

［24］保罗·R. 蒂姆．客服圣经：如何成功打造顾客忠诚度（原书第6版）［M］．韦福祥，张晓等译．北京：机械工业出版社，2015.

［25］吴声．场景革命：重构人与商业的连接［M］．北京：机械工业出版社，2015.

［26］苏尼尔·古普塔，唐纳德·R. 莱曼．客户终身价值：企业持久利润的源泉［M］．王霞，申跃译．北京：电子工业出版社，2015.

［27］莫其逊．审美人类学的西方理论视野［M］．北京：人民日报出版社，2014.

［28］贝蒂尔霍特，尼可拉斯布劳依斯，马库斯范迪克．感官营销［M］．朱国玮译．上海：格致出版社，2014.

［29］李渔．闲情偶寄［M］．北京：中国书画出版社，2013.

［30］唐·舒尔茨，海蒂·舒尔茨．整合营销传播：创造企业价值的五大关键步骤［M］．何西军，黄鹂等译．北京：清华大学出版社，2013.

［31］菲利普·科特勒，加里·阿姆斯特朗，洪瑞云等．市场营销原理（亚

洲版·第3版）［M］．北京：机械工业出版社，2013.

［32］韩家炜，坎伯等．数据挖掘：概念与技术（原书第3版）［M］．范明，孟小峰译．北京：机械工业出版社，2012.

［33］张兴会．数据仓库与数据挖掘技术［M］．北京：清华大学出版社，2011.

［34］舒斯特曼．身体意识与身体美学［M］．程相占译．北京：商务印书馆，2011.

［35］薛薇．统计分析与SPSS的应用（第五版）［M］．北京：中国人民大学出版社，2011.

［36］张法．中西美学与文化精神［M］．北京：中国人民大学出版社，2010.

［37］德里克·艾伦，特尼鲁·拉奥．客户满意度数据分析［M］．陶峻译．大连：东北财经大学出版社，2005.